JN275416

ロースクール刑法各論

編集

町 野　　朔
丸 山　雅 夫
山 本　輝 之

信 山 社

編者はしがき

　本書は，法科大学院開講の刑法演習（既習者コースは1年次，未習者コースは2年次）の教材として作られたものである。法科大学院によっては，4単位が予定されていることもあるが，それにも対応できるものとなっている。

　すでに刊行されている第1分冊・総論は12テーマであり，今回の第2分冊・各論は13テーマである。1テーマ当たり原則として3つの判例を「設例」の形で取り上げることとし，それぞれについて，導入部の「入口の質問」と「設例解題」を設け，双方向の対話型の演習では，解題に続く「展開質問」を中心に議論されることが想定されている。さらに，各テーマの全体に渡るものとして，「出口の質問」が設定されている。

　1回の演習で3つの判例を取り上げて，これを消化するのは，教員にも学生にもかなり大変である。そこで，判例を設例化して，事実の整理に要する労力を削減し，刑法の解釈・適用の問題に多くのエネルギーを傾注することができるようにした。しかし，判決文に直接あたることは学習上有益であり，自分なりの新しい論点を見出すことにもつながる。法曹を目指す者は，その大切さを忘れてはならない。

　他方，判例の取捨選択に関しては，従来のリーディングケースよりも，平成に入ってからの新しい判例をピックアップした。だが，新しい判例を理解するためには，古いものであってもリーディングケースの理解が不可欠であるし，議論の前提として，基本書・教科書に書かれている基本事項の理解も必要である。そのうえで，当該事案において妥当な結論は何か，そこに至る論理は如何なるものかが，よく検討されねばならない。

　刑法においても，他の法領域においても，法技術の習得ばかりでなく，法的センスの獲得も必要である。これらは，新司法試験においても，また，実務に入っても，必要なことである。学習者には，本書を用いた演習授業に積極的・自発的に参加し，自身の法的センスと法技術を磨き上げていくことが求められている。

＊　　　　　＊　　　　　＊

　本書が法科大学院の開講になんとか間に合ったのは，ひとえに，法科大学院開設準備で多忙な折，執筆の労をとって下さった先生方のおかげである。心よりお礼を申し上げたい。

　また，本年度が法科大学院初めての授業であり，先生方に使っていただくうちに，改善すべき点も出てくると思う。至らぬ点については，先生方や読者諸氏にご教示をお願いしたい。切磋琢磨のなかで，より良い演習授業と演習書を作り上げたいと思う。

2004年8月

町　野　　　朔
丸　山　雅　夫
山　本　輝　之

ロースクール刑法各論

目　次

編者はしがき

　凡　例

13　刑法における生命の保護 ……………………………………〔辰井聡子〕…1

　　1　積極的安楽死 (1)

　　　設例Ⅰ　東海大安楽死事件（横浜地判平成7年3月28日）(1)

　　　入口の質問 (1)

　　　設例Ⅰ解題　積極的安楽死と同意殺人 (1)

　　　展開質問1 (3)

　　2　胎児性致死傷 (4)

　　　設例Ⅱ　熊本水俣病事件（最三小決昭和63年2月29日）(4)

　　　入口の質問 (4)

　　　設例Ⅱ解題　胎児に対する加害行為と人に対する罪の成否 (4)

　　　展開質問2 (6)

　　3　人の始まりと終わり，堕胎の意義 (6)

　　　設例Ⅲ　堕胎未熟児遺棄事件（最三小決昭和63年1月19日）(6)

　　　入口の質問 (6)

　　　設例Ⅲ解題　人の始まりと終わり，堕胎の意義 (7)

　　　展開質問3 (9)

　　　出口の質問 (9)

　　参考文献 (9)

14　刑法における性的自由の保護 …………………………………〔臼木　豊〕…10

　　1　強制わいせつ罪の罪質 (10)

　　　設例Ⅰ　復讐目的での裸体写真撮影事件（最一小判昭和45年1月29日）(10)

　　　入口の質問 (10)

　　　設例Ⅰ解題1　強制わいせつ罪と性的意図 (10)

　　　展開質問1－1 (11)

- 設例I解題2　性的意図の要否と根拠，強制わいせつ罪の法益とわいせつ行為　(11)
- 展開質問1－2　(15)

② 暴行・脅迫の意義　(16)
- 設例II　油断に乗じたわいせつ行為事件（大判大正14年12月1日）(16)
- 入口の質問　(16)
- 設例II解題　性的暴行と強制わいせつ罪の成否　(16)
- 展開質問2　(19)

③ 夫婦間での強姦罪の成否　(19)
- 設例III　夫および第三者による妻の輪姦事件（広島高松江支判昭和62年6月18日）(19)
- 入口の質問　(19)
- 設例III解題　婚姻関係と強姦罪　(19)
- 展開質問3　(22)
- 出口の質問　(22)

参考文献　(23)

15　名誉毀損罪とプライバシー侵害　〔辰井聡子〕…24

① 公然性の意義　(24)
- 設例I　放火の噂伝播事件（最一小判昭和34年5月7日）(24)
- 入口の質問　(24)
- 設例I解題　伝播性の理論と公然性　(24)
- 展開質問1　(26)

② 事実の公共性——230条の2の意義　(26)
- 設例II　月刊ペン事件（最一小判昭和56年4月16日）(26)
- 入口の質問　(26)
- 設例II解題　事実の公共性とプライバシー　(27)
- 展開質問2　(28)

③ 真実性の誤信　(29)
- 設例III　夕刊和歌山時事事件（最大判昭和44年6月25日）(29)
- 入口の質問　(29)
- 設例III解題　真実性の誤信はどの範囲で，なぜ許容されるべきなのか？　(29)
- 展開質問3　(31)

(出口の質問)（31）

参考文献 （31）

16 業務妨害罪 ……………………………………………〔川本哲郎〕…32

1 業務の要保護性 （32）

(設例Ⅰ) 新宿ホームレス退去妨害事件（最一小決平成14年9月30日）（32）

(入口の質問) （32）

(設例Ⅰ解題) 違法な業務の要保護性 （32）

(展開質問1) （34）

2 公務執行妨害罪との関係 （34）

(設例Ⅱ) 新潟県議会事件（最一小決昭和62年3月12日）（34）

(入口の質問) （35）

(設例Ⅱ解題) 業務と公務——威力業務妨害罪と公務執行妨害罪との関係 （35）

(展開質問2) （36）

3 威力と偽計 （36）

(設例Ⅲ) 猫の死骸発見事件（最二小決平成4年11月27日）（36）

(入口の質問) （36）

(設例Ⅲ解題) 威力業務妨害罪と偽計業務妨害罪の関係 （37）

(展開質問3) （39）

(出口の質問) （39）

参考文献 （39）

17 刑法における財産の保護 ……………………………〔鋤本豊博〕…40

1 奪取罪の保護法益 （40）

(設例Ⅰ) 自動車金融事件（最三小決平成元年7月7日）（40）

(入口の質問) （40）

(設例Ⅰ解題) 買房特約付売買と本権説・占有説 （40）

(展開質問1) （42）

2 権利行使 （42）

(設例Ⅱ) 債権回収事件（最二小判昭和30年10月14日）（42）

(入口の質問) （42）

(設例Ⅱ解題) 権利行為と恐喝 （43）

(展開質問2)（44）
　3　不法原因給付（44）
　　(設例Ⅲ)　盗品あっせん者代金着服事件（最三小判昭和36年10月10日）（44）
　　(入口の質問)（45）
　　(設例Ⅲ解題)　不法原因給付と横領（45）
　　(展開質問3)（46）
　4　誤振込み（46）
　　(設例Ⅳ)　誤振込金払戻し事件（最二小決平成15年3月12日）（46）
　　(入口の質問)（46）
　　(設例Ⅳ解題)　誤振込みと財産犯の成否（47）
　　(展開質問4)（50）
　　(出口の質問)（50）
　参考文献（51）

18　窃　盗　罪 〔鋤本豊博〕…52

　1　不法領得の意思（52）
　　(設例Ⅰ)　犯行発覚防止対策事件（東京地判昭和62年10月6日）（52）
　　(入口の質問)（52）
　　(設例Ⅰ解題)　不法領得の意思（52）
　　(展開質問1)（54）
　2　財物の概念（55）
　　(設例Ⅱ)　新薬産業スパイ事件（東京地判昭和59年6月28日）（55）
　　(入口の質問)（55）
　　(設例Ⅱ解題)　財物性と情報（55）
　　(展開質問2)（58）
　3　占有の概念（58）
　　(設例Ⅲ)　ベンチ財布置忘れ事件（東京高判平成3年4月1日）（58）
　　(入口の質問)（58）
　　(設例Ⅲ解題)　占有の意義（58）
　　(展開質問3)（60）
　4　親族相盗例（60）

vi 　目　次

- 設例Ⅳ　再従兄弟間窃盗事件（最二小決平成6年7月19日）(60)
- 入口の質問 (61)
- 設例Ⅳ解題　親族相盗例の適用要件 (61)
- 展開質問4 (63)
- 出口の質問 (63)
- 参考文献 (63)

19　強盗罪　〔島田聡一郎〕…65

1　1項強盗罪 (65)

- 設例Ⅰ　強姦後の領得意思事件（札幌高判平成7年6月29日）(65)
- 入口の質問 (65)
- 設例Ⅰ解題　強取とは何か？ (65)
- 展開質問1 (67)

2　2項強盗罪 (68)

- 設例Ⅱ　被相続人殺害事件（東京高判平成元年2月27日）(68)
- 入口の質問 (68)
- 設例Ⅱ解題　行為者の法令違反と信頼の原則 (68)
- 展開質問2 (70)

3　強盗致死傷罪 (71)

- 設例Ⅲ　「倒れろ」事件（大阪高判昭和60年2月6日）(71)
- 入口の質問 (71)
- 設例Ⅲ解題　強盗致死傷罪の成立要件 (71)
- 展開質問3 (74)
- 出口の質問 (75)
- 参考文献 (75)

20　詐欺罪　〔長井　圓〕…77

1　詐欺行為 (77)

- 設例Ⅰ　同和商品先物取引事件（最三小決平成4年2月18日）(77)
- 入口の質問 (77)
- 設例Ⅰ解題　欺罔の意義 (77)
- 展開質問1 (79)

2 処分行為 (80)

- 設例Ⅱ　無銭飲食・宿泊事件（最一小決昭和30年7月7日）(80)
- 入口の質問　(80)
- 設例Ⅱ解題　錯誤による財産交付の要件　(80)
- 展開質問2　(82)

3 財産上の損害 (82)

- 設例Ⅲ　大阪府くい打ち請負工事事件（最一小判平成13年7月19日）(82)
- 入口の質問　(82)
- 設例Ⅲ解題　財産上の損害と個別財産説　(83)
- 展開質問3　(84)
- 出口の質問　(85)
- 参考文献　(85)

21 横領罪と背任罪 〔近藤和哉〕…86

1 横領罪における不法領得の意思 (86)

- 設例Ⅰ　國際航業事件（最二小決平成13年11月5日）(86)
- 入口の質問　(86)
- 設例Ⅰ解題　不法領得の意思の具体的内容　(87)
- 展開質問1　(89)

2 横領と背任 (89)

- 設例Ⅱ　森林組合員外貸付事件（最二小判昭和34年2月13日）(89)
- 入口の質問　(89)
- 設例Ⅱ解題　横領・背任の区別に関する具体的基準　(89)
- 展開質問2　(91)

3 背任罪における事務処理者 (91)

- 設例Ⅲ　質入株券除権判決事件（最三小決平成15年3月18日）(91)
- 入口の質問　(92)
- 設例Ⅲ解題　背任罪にいう「事務」の存否・範囲　(92)
- 展開質問3　(93)
- 出口の質問　(93)
- 参考文献　(94)

22 盗品等関与罪 〔東　雪見〕…95

1 追求権 (95)

（設例Ⅰ）自転車サドル売却あっせん事件（最一小判昭和24年10月20日）(95)

（入口の質問）(95)

（設例Ⅰ解題）盗品等関与罪の罪質と追求権 (95)

（展開質問1）(97)

2 本犯被害者への運搬，有償処分のあっせん (98)

（設例Ⅱ）盗品手形買取り要求事件（最一小決平成14年7月1日）(98)

（入口の質問）(98)

（設例Ⅱ解題）本犯被害者への運搬・有償処分のあっせんと追求権の内容 (98)

（展開質問2）(100)

3 財産犯の共犯と盗品等関与罪 (101)

（設例Ⅲ）本犯幇助者による盗品保管事件（最二小判昭和28年3月6日）(101)

（入口の質問）(101)

（設例Ⅲ解題）財産犯の共犯と盗品等関与罪 (101)

（展開質問3）(102)

（出口の質問）(102)

参考文献 (103)

23 放　火　罪 〔丸山雅夫〕…104

1 焼損の意義 (104)

（設例Ⅰ）東京交通会館放火事件（東京地判昭和59年6月22日）(104)

（入口の質問）(104)

（設例Ⅰ解題）焼損の意義と不燃（難燃）性建造物 (105)

（展開質問1）(107)

2 建造物の一体性 (108)

（設例Ⅱ）平安神宮放火事件（最三小決平成元年7月14日）(108)

（入口の質問）(108)

（設例Ⅱ解題）建造物の一体性の判断基準 (108)

（展開質問2）(110)

3 現　住　性 (111)

設例Ⅲ　保険金騙取目的放火事件（最二小決平成9年10月21日）（111）
　　　入口の質問　（111）
　　　設例Ⅲ解題　現住建造物等放火罪の保護法益と現住性　（111）
　　　展開質問3　（113）
　4　公共の危険　（114）
　　　設例Ⅳ　駐車車両放火事件　（114）
　　　入口の質問　（114）
　　　設例Ⅳ解題　公共の危険および認識の要否　（114）
　　　展開質問4　（116）
　　　出口の質問　（116）
　　参考文献　（116）

24　文書偽造罪——有形偽造と無形偽造　〔清水一成〕…117

　1　名義人の承諾　（117）
　　　設例Ⅰ　交通事故原票事件（最二小決昭和56年4月8日）（117）
　　　入口の質問　（117）
　　　設例Ⅰ解題　名義人の承諾があれば私文書偽造にならないか？　（118）
　　　展開質問1　（121）
　2　通称名の使用　（121）
　　　設例Ⅱ　再入国許可申請書事件（最二小判昭和59年2月17日）（121）
　　　入口の質問　（121）
　　　設例Ⅱ解題　通称名を使用した場合の私文書偽造罪の成否　（121）
　　　展開質問2　（124）
　3　同姓同名の利用　（125）
　　　設例Ⅲ　同姓同名の弁護士事件（最一小決平成5年10月5日）（125）
　　　入口の質問　（125）
　　　設例Ⅲ解題　同姓同名であることを利用した場合の私文書偽造罪の成否　（125）
　　　展開質問3　（127）
　　　出口の質問　（127）
　　参考文献　（128）

25 賄賂罪——職務関連性 〔北野通世〕…129

1 賄賂罪の保護法益・職務関連性 (129)
- 設例Ⅰ　ロッキード事件丸紅ルート（最大判平成7年2月22日）(129)
- 入口の質問　(129)
- 設例Ⅰ解題　賄賂罪の保護法益・一般的職務権限論 (129)
- 展開質問1　(132)

2 職務密接関連行為 (133)
- 設例Ⅱ　大和郡山市工業団地外土地あっせん事件（最一小判昭和51年2月19日）(133)
- 入口の質問　(133)
- 設例Ⅱ解題　職務密接関連行為とその諸類型 (133)
- 展開質問2　(135)

3 賄賂と職務行為との対価関係 (135)
- 設例Ⅲ　和歌山大学付属中学校ギフトチェック事件（最一小判昭和50年4月24日）(135)
- 入口の質問　(136)
- 設例Ⅲ解題　社交儀礼上の贈与と賄賂罪の成否 (136)
- 展開質問3　(137)

4 職務権限の変動 (138)
- 設例Ⅳ　市長の再選後の職務に関する収賄事件 (138)
- 入口の質問　(138)
- 設例Ⅳ解題　職務権限の変動と賄賂罪の成否 (138)
- 展開質問4　(140)
- 出口の質問　(140)
- 参考文献 (140)

[凡　例]

(1) 基本書の引用に関しては，以下の略語を使用した。

浅田ほか・各論	浅田和茂＝斎藤豊治＝佐久間修＝松宮孝明＝山中敬一・刑法各論（青林書院，補正版，2000）
井田・各論	井田　良・刑法各論（弘文堂，2002）
伊東・各論	伊東研祐・現代社会と刑法各論（成文堂，第2版，2002）
植松・各論	植松　正・刑法概論Ⅱ各論（勁草書房，再訂版，1975）
内田・各論	内田文昭・刑法各論（青林書院，第3版，1996）
大越・各論	大越義久・刑法各論（有斐閣，第2版，2001）
大塚・各論	大塚　仁・刑法概説（各論）（有斐閣，第3版，1996）
大谷・総論	大谷　實・刑法講義総論（弘文堂，新版追補版，2004）
大谷・各論	大谷　實・刑法講義各論（弘文堂，新版追補版，2002）
香川・各論	香川達夫・刑法講義（各論）（成文堂，第3版，1996）
吉川・各論	吉川経夫・刑法各論（法律文化社，1982）
木村・各論	木村亀二・刑法各論（法文社，復刊，1957）
小暮ほか・各論	小暮得雄＝阿部純二＝板倉宏＝大谷實編・刑法講義各論（有斐閣，1988）
斎藤・各論	斎藤信治・刑法各論（有斐閣，第2版，2003）
曽根・各論	曽根威彦・刑法各論（弘文堂，第3版補正版，2003）
瀧川＝竹田・各論	瀧川春雄＝竹内正・刑法各論講義（有斐閣，1965）
団藤・各論	団藤重光・刑法綱要各論（創文社，第3版，1990）
中・各論	中　義勝・刑法各論（有斐閣，1975）
中森・各論	中森喜彦・刑法各論（有斐閣，第2版，1996）
西原・各論	西原春夫・犯罪各論（筑摩書房，第2版，1983）
西田・各論	西田典之・刑法各論（弘文堂，第2版，2002）
林・各論	林　幹人・刑法各論（東京大学出版会，1999）
平川・各論	平川宗信・刑法各論（有斐閣，1995）
平野・概説	平野龍一・刑法概説（東京大学出版会，1977）
藤木・各論	藤木英雄・刑法講義各論（弘文堂，1976）
前田・各論	前田雅英・刑法講義各論（東京大学出版会，第3版，1999）
牧野・各論上下	牧野英一・刑法各論上下（有斐閣，追補版，1954）
町野・現在	町野　朔・犯罪各論の現在（有斐閣，1996）
山口・各論	山口　厚・刑法各論（有斐閣，2003）
山口・探究各論	山口　厚・問題探究刑法各論（有斐閣，1999）

(2) 判例解説の引用に際しては，以下の略語を使用した。

百選Ⅰ総論・Ⅱ各論	芝原邦爾＝西田典之＝山口厚編・刑法判例百選Ⅰ・Ⅱ（有斐閣，第5版，2003）
重判解	重要判例解説（ジュリスト増刊，1966〜）
セレクト	判例セレクト（法学教室別冊付録，1986〜）
「時の判例」法教	「時の判例」法学教室
最判解刑事篇	法曹会編・最高裁判所判例解説刑事篇（1955〜）
「時の判例」ジュリ	「時の判例」ジュリスト
判例各論	西田典之＝山口厚＝佐伯仁志・判例刑法各論（有斐閣，第3版，2002）
大コンメ	大塚仁＝河上和雄＝佐藤文哉＝古田佑紀編・大コンメンタール刑法（青林書院，第2版，1999〜）

(3) その他の参考文献は，文末に番号を付して掲記し，本文中の引用にあたってはその番号を付した。

13 刑法における生命の保護

論 点
1. 積極的安楽死
2. 胎児性致死傷
3. 人の始まりと終わり，堕胎の意義

1 積極的安楽死

設例 I 東海大安楽死事件
　大学付属病院に医学部助手として勤務する医師Xは，末期癌（余命4，5日から1週間と診断）の患者Aの主治医となって2日後，患者の家族から，患者を楽に死なせるため，点滴やカテーテルを外して全面的に治療をやめるよう強く求められた。Xは悩んだ末に，治療を全面的に中止したが，患者が高いいびきをしていることを気にする家族から「楽にしてやってくれ」と強く頼まれ，いびきを小さくするための薬を投与した。しかし，その後1時間経っても患者の様子に変化がなかったため，家族はさらに強い口調で「まだ息をしているじゃないか」「早く今日中に家に連れて帰りたい」などとXに迫った。Xは，追いつめられたような心境になり，家族の要求通りAをすぐに死亡させようと，心停止作用のある薬物を投与し，Aを死亡させた。なお，心停止作用のある薬物を投与した際のAは，意識レベルが下がり疼痛刺激に全く反応を示さない状態であった。【横浜地判平成7年3月28日判時1530号28頁，判タ877号148頁［百選I総論21事件］参照】

入口の質問
1. 「間接的安楽死」と「積極的安楽死」をそれぞれ説明せよ。
2. 尊厳死とは何か。
3. 家族の求めに応じて行う積極的安楽死，本人の求めに応じて行う積極的安楽死は，それぞれ何罪の構成要件に該当するか。

設例 I 解題 積極的安楽死と同意殺人

(1) 判 例
　横浜地裁は，医師が末期患者を死なせる行為が積極的安楽死として許容されるための要件として，次の4要件を挙げた。

「①患者が耐えがたい肉体的苦痛に苦しんでいること，
②患者は死が避けられず，その死期が迫っていること，

③患者の肉体的苦痛を除去・緩和するために方法を尽くし他に代替手段がないこと，
　④生命の短縮を承諾する患者の明示の意思表示があること」。

　判例において，積極的安楽死の許容要件が掲げられたのはこれが初めてではない。かつて，名古屋高裁は，以下の6つを要件として挙げていた（名古屋高判昭和37・12・22高刑集15巻9号674頁［百選Ⅰ総論〈3版〉21事件］）。

「①病者が現代医学の知識と技術からみて不治の病に冒され，しかもその死が目前に迫つていること，
　②病者の苦痛が甚しく，何人も真にこれを見るに忍びない程度のものなること，
　③もつぱら病者の死苦の緩和の目的でなされたこと，
　④病者の意識がなお明瞭であつて意思を表明できる場合には，本人の真摯な嘱託又は承諾のあること，
　⑤医師の手によることを本則とし，これにより得ない場合には医師によりえないと首肯するに足る特別な事情があること，
　⑥その方法が倫理的にも妥当なものとして認容しうるものなること」。

　名古屋高裁の要件のうちの②③⑥をみてほしい。これらはいずれも，殺される患者ではなく，殺す側にかかわる事情である。④が，患者が意思を表明できない場合には本人の同意は不要との趣旨を含んでいる点からみても，名古屋高裁は，積極的安楽死が認められる根拠を，本人の事情や本人の意思よりも，「憐れみによる殺人」である点，すなわち行為者の動機に，より多く認めていたことが分かる。

　これに対し，横浜地裁は，①②③といずれも患者の病状に関わる要件を挙げ，④において，患者の明示の意思表示を必須としている。すなわち，横浜地裁は，患者が死ぬ意思を表明しており（④），かつその決断が客観的にも理由あるものと認めうる（①②③）場合にのみ，積極的安楽死を許容することとしたわけである。

　東海大安楽死事件においては，殺された患者はすでに疼痛反応を失っていたのであるから，肉体的苦痛を感じてはいなかったことになる。したがって，名古屋高裁の6要件をそのまま採用したとしても，②の要件が否定されることにより，医師の行為は違法とされたかもしれない。しかし，名古屋高裁の6要件の基礎にある「『可哀想だから殺した』場合には殺人は適法となる」という考え方は，殺される側には到底承服できないであろう。横浜地裁がこの考え方を排し，新たに患者の自己決定を「許される安楽死」の基礎に据えたことには，大きな意味が認められる。

(2) 積極的安楽死の正当化根拠

　安楽死として一般に問題とされるのは，肉体的苦痛を緩和するための措置（鎮痛剤の投与など）が不可避的に死期の短縮を伴う場合である「間接的安楽死」と，肉体的苦痛から解放するために患者を殺害する「積極的（または直接的）安楽死」の2つである。前者は一般に許されると考えられているが，後者が許されるか，また許されるとしたら，その根拠は何かについては議論がある。

　古くは，積極的安楽死は，人道主義的な観点から許容されうるとする見解が少なくなかった。これによれば，患者の意思表示がなくても，積極的安楽死は認められることになる。名古屋高裁の6要件は，この見解の流れをくむものである（町野・現在30頁以下参照）。

　しかし，すべての医療的措置は患者自身の決定に基づいて行われるのだという「患者の自己決定権」が重視されるようになった現在では，「人道主義」「憐れみの感情」は，積極的安楽死を正当化する充分な根拠とはいえない。積極的安楽死が許容されるとしたら，それは患者の自己決定に基礎をおくものでしかありえない。これは，現在のすべての学説が前提とするところである（例えば大谷・各論26頁，同・総論305頁は，積極的安楽死を許容すべき理由として「人道主義」を挙げるが，死の決定が患者の自己決定に基づかな

ければならないことは前提とされている)。現在の問題は，患者の自己決定があれば積極的安楽死は許容されるか，それとも，自己決定があってもなお違法とされるべきかにある。この問題は，同意殺人が違法とされている現行法に合致する形で解決される必要がある。

(3) 同意殺人と積極的安楽死

被害者の同意があっても，殺人は可罰的だというのが現行法の立場である(刑202参照)。同意殺人が違法であることの根拠を，自殺の違法性に求める場合には，患者の自己決定に基づく積極的安楽死も違法だということになろう。もし，同意殺人は(そもそも自殺が違法であるがゆえに)一般に違法であるが，末期患者についてだけは適法だとするならば，それは「残りわずかな生命」「病める者の生命」の保護は，余命が長く健常な者の生命よりも薄くてよいとすることにつながる(井田・各論17頁以下参照)。このような解釈を採ることは困難であろう。

これに対し，「自殺は適法であるが，同意殺人は違法である。なぜなら，同意殺人は『不任意の死』を発生させる危険性があるためだ」と考えるならば，積極的安楽死を適法とする余地はあると考えられる。「死にたい」という本人の意思は，一般に動揺した心理状態における決定であることが多く，状況が変われば(例えば真に死に直面すれば)変化しうるものである。自らの手で自己を殺害する場合には，止めたくなればいつでも止めることができるが，他人の手を介する場合には，心理的にも，物理的にも，死に向かう過程を押しとどめることは困難になる。すなわち，それは，死の時点では被害者が死を欲していないのに殺されてしまう「不任意の死」を生じさせる危険性のある行為であるがゆえに，違法なのである。――このように考える場合，被害者の死ぬ意思が真摯であり，変転の可能性がないことが明らかな場合には，同意殺人を適法と認めてもよいことになる。したがって，もし，横浜地裁が挙げた3つの事情(①②③)のような，患者が積極的安楽死を求める典型的な状況の存在が，類型的に，被害者の死ぬ意思の真摯性を担保するものだと考えられるならば，それらの要件を備えた積極的安楽死は適法だということになりうるのである。もちろん，それらの諸事情が本当に死ぬ意思が真摯であることの証拠として充分なものであるかは，関係諸領域の知見を総動員して検討されなければならない問題である。

展開質問1

1. 同意殺人が犯罪として処罰される理由を考察せよ。同意殺人が犯罪であることは，自殺・自殺未遂が処罰されないことと矛盾しないか。
2. 積極的安楽死の適法性には議論があるのに対し，間接的安楽死は一般に適法と認められていると述べた。その理由はどこにあるか考察せよ。間接的安楽死と積極的安楽死との間に本質的な違いはあるか。
3. 自殺を適法であると認めつつ，同意殺人を違法とする見解のなかには，本人の自殺意思がどれほど真摯であっても，他人の関与は禁じられているとする見解もある(西田・各論15頁，林・各論29頁，山口・各論12頁)。この結論を正当化する理由を考えよ。

② 胎児性致死傷

> **設例Ⅱ** 熊本水俣病事件
>
> 化学製品の製造を業とするK社の社長Xと同社のM工場の工場長Yは，M工場のアセトアルデヒド製造工程で発生する有毒なメチル水銀を含む廃水を，水俣川河口海域に継続的に排出させていた。妊婦Aが同海域で捕獲された魚介類を摂食したところ，それらは廃水中のメチル水銀により汚染されており，Aの胎内にあった胎児Bは水俣病に罹患した。Bの病は出生後も悪化を続け，12歳のときに水俣病に起因する栄養失調・脱水症により死亡した。X，Yは，同工場排水に水俣病の原因毒物が含まれていることを認識していなかったが，関係諸機関の調査によりすでに水俣病と同会社の工場排水との関係が指摘されていたことから，X，Yはそれを認識しうる状態にあったと認定された。【最三小決昭和63年2月29日刑集42巻2号314頁［百選Ⅱ各論3事件］参照】

入口の質問

1. Bが胎内で死亡した場合，X，Yの罪責はどうなるか。
2. 熊本水俣病事件よりも前に，ドイツではサリドマイド禍事件が問題となっていた。同事件では，母親が妊娠初期に催眠薬の一種であるサリドマイドを服用したために，胎内の子供に奇形が生じ，奇形を持った状態で子供が生まれてきたことが問題となった。サリドマイド禍事件と，熊本水俣病事件の間の違いを考察せよ。
3. 妊婦が階段で転倒した結果，胎児に傷害が発生し，その傷害は出生後もしばらく悪化を続けた。何罪の成否が問題となるか。胎児がその結果死亡したときはどうか。これらの場合，人に対する罪で妊婦を処罰することは妥当と感じられるか。

設例Ⅱ解題 胎児に対する加害行為と人に対する罪の成否

(1) 判　例

設例Ⅱの事案では，胎児（であるB）に対する加害行為から，人（となったB）に対する死亡結果が発生している。殺人罪や傷害罪，過失致死傷罪など，人の生命・身体に対する罪は，人に対する加害行為から人に対する死傷結果が発生するのが通常であるため，設例のような例外的な場合にも，人に対する罪を認めてよいかが問題となる。

設例Ⅱのもとになっている熊本水俣病事件の上告審決定は，次のように述べて，X・Yに業務上過失致死罪の成立を認めた原審を是認した。

「現行刑法上，胎児は，堕胎の罪において独立の行為客体として特別に規定されている場合を除き，母体の一部を構成するものと取り扱われていると解されるから，……胎児に病変を発生させることは，人である母体の一部に対するものとして，人に病変を発生させることにほかな

らない。そして，胎児が出生し人となつた後，右病変に起因して死亡するに至つた場合は，結局，人に病変を発生させて人に死の結果をもたらしたことに帰するから，病変の発生時において客体が人であることを要するとの立場を採ると否とにかかわらず」業務上過失致死罪が成立する。

胎児性致死では，「人」に結果が発生しさえすれば，「人」に対する加害行為がなくても，過失致死罪を認めてよいかが議論の対象となった。熊本水俣病事件では，第1審が，「人に対する致死の結果が発生した時点で『人』が存在するのであるから，これをもって足りる」と述べていた。しかし，これに対しては，母親が転倒して，子供が出生後に死亡したような場合に，母親に過失致死罪が成立することになってしまうとの批判があった。最高裁が，「胎児は母体の一部」という，必ずしも一般的ではない認識を前提に，胎児への加害を母体への加害と評価したことは，母親の過失による胎児侵害を自傷行為として不可罰とする意図があったと考えられる。また，母親に対する加害から生まれた子供の死亡という結果が生じた場合には，「結局，人に病変を発生させて人に死の結果をもたらしたことに帰するから」業務上過失致死罪が成立するという解釈は，錯誤論における抽象的法定符合説を前提とするものである点にも，注意が必要である。

(2) 胎児性致死傷の可罰性

設例IIの事案は，過失が問題となっていたが，話をわかりやすくするために故意による胎児性致死傷の事案を考えてみよう。Xは，現在は胎児であるBを，生まれて人となった後で死亡させるべく，胎児Bに遅効性の毒を服させ，出生後，人であるBを死亡させた。これは殺人罪で処罰されるべきだろうか。

学説の多くは，これを殺人罪で処罰することに反対する。この事例の場合，行為によって人が死亡したことは明白であり，殺人罪の文言だけをみると，構成要件該当性を否定することはむしろ困難である。反対説が，それにもかかわらず，殺人罪（を含む人に対する罪）が否定されるべき理由として挙げるのは，胎児性致死傷の処罰は胎児への加害に関する現行法制と齟齬をきたすという点である。

現行法上，胎児への加害は，故意による生命侵害が堕胎罪として処罰されうるだけで，それ以外は不可罰である。しかも，その法定刑は，殺人罪と比べると著しく軽い。そこで，まず指摘されるのは，故意で胎児に強い攻撃を加えて，胎内で直ちに死に至らしめれば堕胎罪として軽く処罰され，攻撃が軽かったためにしばらく生き延び，人となってから傷害が悪化したり死亡したりすれば，傷害罪・殺人罪として重く処罰されるのは不均衡だという点である。なるほど，これは不均衡ということもできる。しかし，一般に，罪の重さは主として結果の重さに対応するのであるから，この場合も，現に「人」の侵害という，胎児の侵害よりも違法性が高いと評価される結果が発生している以上，行為態様の如何に関わらず，重く処罰されるのは仕方がないと考えることも可能である。

さらに，すでに述べたように，胎児性致死傷を認めれば，最高裁のように「胎児は母体の一部」との見解を採らない限り，母親の過失により，胎児が母体外で死亡した場合に，母親が子供の過失致死罪に問われるという結論に至ることも，かねてから指摘されている問題である。確かに，その場合に母親が処罰されるとすれば，妥当ではないであろう。しかし，母親が何をしても処罰されないとすれば，それも妥当ではないかもしれない。例えば，夫を憎んでいる妻が，子供が生まれるのを楽しみにしている夫を苦しめるため，「かわいい我が子との別離」を味わわせようと，胎児に遅効性の毒を含ませて「人」となった後に死亡させたとする。これを処罰することが不当でないとすれば，胎児性致死傷の成立を認めることそのものが本質的に問題だというわけではないことになる。

母親の過失行為は確かに処罰されるべきではない。しかし，胎児性致死傷全般を否定しなけ

れば母親の免責が不可能かといえば，そうではないと思われる。例えば，妊婦は，子供とは独立に自己の生活を営む存在でありながら，その行為の影響が一定程度必然的に胎児に及んでしまうという特殊な立場にあることを考慮して，寒い戸外への外出や飲酒，高いところでの作業など，幸福追求のために一般に許容されるような行為については，正当行為として正当化されるといった立論も可能である。

胚の操作技術が著しく向上した現在では，胚に意図的に操作を加えることで，胎内で成長しその後出生した「人」を死亡させることすら，考えられないことではない。胚，胎児と人との連続性は，いっそう強く実感されるようになっており，胎児性致死傷の可罰性についても，あらためて検討する必要が生じている。

展開質問 2

1. Xが，前方不注意により，臨月の妊婦が運転している車に衝突したところ，妊婦と胎児Aの双方の健康状態が悪化し，出生後A が直ちに死亡した。Xは，Aの死亡について，業務上過失致死罪で処罰されるか。
2. Xが妊婦に毒性のある物質を含む食物を食べさせたところ，その影響で胎児の指が変形した。障害はその時点で固定し，そのままの状態で胎児は出生した。この事例と，設例IIの事例との違いを意識して，Xの罪責を論ぜよ。
3. 入口の質問3の事例について，妊婦の罪責を論ぜよ。

3 人の始まりと終わり，堕胎の意義

設例III　堕胎未熟児遺棄事件

母体保護法指定医であるXは，妊婦Sから堕胎手術を依頼され，妊娠26週に達する胎児を母体外に排出させた。排出された子供はしばらく生きていたが，Xが子供を保育器に入れる等，未熟児保育に必要な措置をとらなかったため，子供は2日後に死亡した。【最三小決昭和63年1月19日刑集42巻1号1頁［百選II各論8事件］参照】

入口の質問

1. 堕胎罪の保護法益は何か。妊婦の同意がある場合とない場合に分けて解答すること。
2. 判例上「堕胎」はどう定義されているか。
3. 着床前の受精卵は堕胎罪の客体か。試験管の中で保管されている受精卵をつぶす行為は何罪にあたるか。

設例Ⅲ解題　人の始まりと終わり，堕胎の意義

(1) 判例

判例によると，堕胎とは，自然の分娩期に先立って人工的に胎児を母体から分離・排出することだとされている（大判明治44・12・8刑録17輯2183頁）。母体保護法により許容される人工妊娠中絶については，同法2条2項が「胎児が，母体外において，生命を保続することのできない時期に，人工的に，胎児及びその附属物を母体外に排出すること」としている。これらによると，堕胎ないし人工妊娠中絶は，母体外に排出された子供の死亡を待たずに成立する。そこで，母体外でなお生存している子供を放置して死亡させる行為あるいは積極的に殺害する行為が，堕胎罪ないし適法な人工妊娠中絶のほかに，遺棄致死罪，殺人罪を構成するかが問題となる。

最高裁は，設例Ⅲと同様の事案において，堕胎により母体外に排出された子供を放置して死なせる行為は，保護責任者遺棄致死罪に当たると判示している。大審院時代の判例にも，堕胎により母体外に排出された子供の殺害を殺人罪としたものがあった（大判大正11・11・28刑集1巻705号）。ほとんどの学説が採用する一部露出説ないし全部露出説を前提とすれば，母体外に排出された子供はその時点で「人」であることになるから，これを死なせれば，人に対する罪が成立するとの解釈は，一見当然のようにみえる。

しかし，堕胎・人工妊娠中絶は，一般に，胎児の生命を終わらせるために行うものである。判例のように，堕胎・人工妊娠中絶により母体外に排出された後なお生存している子供を，堕胎・人工妊娠中絶行為の一環として死亡させる行為まで，人の生命侵害として評価するのでは，人工妊娠中絶が一定の限度で許容され，堕胎が殺人よりもはるかに軽い罪として規定されていることの意味が失われてしまうことにならないだろうか。判例の結論を是認する学説も少なくないが，これを不都合とする学説は，以下のように，排出後の生命侵害を不可罰とする道を探っている。

(2) 堕胎の概念と排出後の子供の地位

古く，未熟児医療が発達していなかった時代には，母体外への排出は，まず間違いなく子供の死を意味した。おそらくこのことが，堕胎が「母体外への排出」と定義された理由であろう（西田・各論23頁参照）。しかし，現在では，母体外へ排出されても，手厚い看護により無事に生育させることが可能となっている。もし，母体外への排出後，生きている子供をみて気が変わり，子供として育て続けたならば，肝心の保護法益は失われなかったのであるから，これを堕胎罪で処罰する必要はないとも考えられる。ここからは，堕胎は，母体内外を問わず，胎児が死亡したときに初めて既遂に達すると解することが提案されることになる（平野・後掲①263頁，西田・各論23頁）。

しかし，胎児殺をもって堕胎とすれば，母体外での殺害に対して人に対する罪の成立が問題とならないかといえば，そういうことでもない。一部露出説ないし全部露出説を前提とすれば，母体外に排出された時点で胎児が「人」となることは否定できない。死亡を待って堕胎罪の既遂を認めるとしても，排出後の「人」の死は，やはり別個に評価されざるをえないであろう。「人」の死が，殺人よりもはるかに軽い罪である堕胎罪によって，評価され尽くされているとすることはできないからである。ある見解は，胎児殺をもって堕胎としたうえで，排出された子供に生育可能性がない場合には，作為・不作為ともにその致死は堕胎罪以外の罪を構成しないとする（西田・各論24頁以下）。しかし，生育可能性があろうとなかろうと，そこには「人」が生きているのである。これを死亡させることが，人の生命侵害にあたらないとするのは難しい。

結局，排出後の子供を死亡させることが，人に対する罪を構成しないとするためには，その子供が「人」でないというほかはないように思われる。堕胎の定義の如何に関わらず，排出後の子供が「人」の定義に当てはまる以上，それは当然「人」として保護されなければならないものである。

(3) 人の始期

人の始期に関し，通説は一部露出説を採っており，全部露出説も有力である。すでに述べたように，一部露出説ないし全部露出説を前提とすると，堕胎・人工妊娠中絶によって母体外に排出された子供は「人」の定義に当てはまることになる。それにもかかわらず，排出後の子供の殺害を殺人として処罰することが妥当ではないとすれば，それは，当然，一部露出説および全部露出説それ自体の妥当性に対する疑念を呼び起こすことになる。——一部露出・全部露出した子供の殺害を殺人と評価するべきでないということは，一部露出・全部露出という要素が，「人」の定義としてふさわしくないということではないのだろうか。

一部露出説は，一部でも体が母体外に出れば，母体を経由することなく子供を直接的に攻撃することが可能であるから，「人」として保護する必要があるということを主たる論拠とする。これに対しては，「人」であるからその攻撃を重く処罰しなければならない，とするのが論理の筋道であって，攻撃できるから「人」だというのはおかしいとの批判がある。

他方で，一部露出説は，次のように理解することも可能である。胎内の子供はすでに「人」というにふさわしい実質を持ってはいる。しかし，要保護性を考慮すれば，法律上の保護は一部露出以降で足りる。——それでは，胎内の子供はいつ「人」というにふさわしい実質を身につけるのだろうか。考えられるのは，母体外で独立に生存することが可能な段階にそれを求めることである（平川・各論37頁など）。この考えを推し進め，母体外での独立生存可能性をもつに至った段階で直ちに「人」として保護するべきだとする説もある（伊東・各論18頁以下）。

しかし，独立生存可能性といった，生物学的・医学的な要素を「人」の本質とすることには，疑問の余地もある。「人」は，生物学的・医学的にどれほど弱く，瀕死の状態にあったとしても，「人」として保護されなければならないというのが前提である。それでは，「人」の定義を，生物学的・医学的性質にかからしめることは，生物学的・医学的な強さ，発達度によって，等価であるはずの生命を差別的に扱うことにはあたらないだろうか。肯定するにせよ否定するにせよ，この点は，より意識的に論じられてよい問題である。

一方の全部露出説は，出産という困難な過程を終えたことをもって，「人」としての意義を認めるものである。これには，侵害可能性や，生物学的・医学的な性質により「人」を定義するという難点はないが，なぜ困難な過程を経なければ「人」と認められないかは，必ずしも充分に説明されてはいない。結論においても，まさに生まれてこようとしている子供を殺害することが殺人に当たらないとすることが妥当であるかには疑問の余地があろう。

こうしたことから，最近では，人としての保護を早めすぎるものとしてわが国ではほとんど支持者がいなかった出産開始説を再評価する動きもある。さらに，生物学的・医学的要素や物理的環境の変化に「人」の意義を見いだすことが困難な点を意識し，出生の社会的意義に着目して，いわば通過儀礼としての「出生」を経たことをもって「人」とする見解も主張されている（これによれば，堕胎・人工妊娠中絶により母体外に排出された子供については，「出生」を経ていないとして，人としての保護を否定することが可能になる）。人の始期は，古典的な論点ではあるが，なおいっそうの検討が必要とされている問題なのである。

展開問題 3

1. 一部露出説または全部露出説を前提として、人工妊娠中絶および堕胎のために母体外に排出された子供を殺害する行為の罪責を論ぜよ。
2. 妊婦Xは、自分の子供である胎児Aを死なせようと母体外に排出させたが、Aの顔を見て気が変わり、手厚い未熟児医療を頼んでAを保護育成した。Xの罪責を論ぜよ。
3. 産婦人科医Xは、難産でなかなか母体外に出てこない子供を吸引する際の過失により、子供の体に傷をつけてしまった（その時点で子供は母体外に出ていなかった）。Xの罪責を論ぜよ。

出口の質問

1. 末期患者に対する積極的安楽死は許容されるべきか。生命の保護に対する現行法の態度を示し、それと矛盾のないように、自らの意見を説明せよ。
2. 人の始期についての諸学説、とくに一部露出説・全部露出説・独立生存可能性説について、改めてその論拠と妥当性を検討したうえで、人の始期を決するべき要素はどのようなものであるべきかを考察せよ。

参考文献

① 平野龍一「刑法における『出生』と『死亡』」犯罪論の諸問題（下）（有斐閣、1982）259頁
② 甲斐克則「安楽死・尊厳死」刑法の争点（3版、2000）40頁
③ 辰井聡子「生命の保護」法教283号（2004）51頁
④ 町野朔「安楽死」現在17頁

（辰井聡子）

14 刑法における性的自由の保護

論 点
1. 強制わいせつ罪の罪質
2. 暴行・脅迫の意義
3. 夫婦間での強姦罪の成否

1 強制わいせつ罪の罪質

設例Ⅰ 復讐目的での裸体写真撮影事件

Xは，内妻Kが逃げたのはY女（23歳）の手引によるものと考え，これを詰問すべく自室にY女を呼び出し，その後仲直りしていた内妻Kとともに，Y女に対し，「よくも俺を騙したな。俺はあんたに仕返しに来た。硫酸もある。お前の顔に硫酸をかければ醜くなる。」と申し向けるなどして約2時間にわたりY女を脅迫し，Y女が許しを請うのに対し，Y女の裸体写真を撮ってその仕返しをしようと考え，「5分間裸で立っておれ。」と申し向け，畏怖しているY女をして裸体にさせ，背部にオーバーをまとって立っている姿を写真撮影した。【最一小判昭和45年1月29日刑集24巻1号1頁［百選Ⅱ各論13事件］参照】

入口の質問
1. 刑法上の「わいせつ」概念は一般にどのように解されているか。公然わいせつ罪（刑174），わいせつ物頒布販売罪（175），強制わいせつ罪（176）においてすべて同じか。
2. 刑法典各則22章の罪のうち，公然わいせつ罪やわいせつ物頒布販売罪は社会的法益に対する罪であるが，強制わいせつ罪や強姦罪（刑177）は個人的法益に対する罪と解するのが現在一般的である。ここで議論されている社会的法益，個人的法益とはどのようなものか。
3. 強制わいせつ罪は，強要罪（刑223），強姦罪（177），同未遂罪（177・179）とどのような関係にあるか。

設例Ⅰ解題1 強制わいせつ罪と性的意図

(1) 判 例

設例Ⅰの事案で，第1審判決と控訴審判決は，強制わいせつ罪の法益は相手方の性的自由である以上，行為者に自己の性欲を刺激・興奮させる目的は不要であり，報復・侮辱のために行われても本罪は成立するとしていた。だが最高裁

判所は，これを解釈適用の誤りとし，「強制わいせつ罪が成立するためには，その行為が犯人の性欲を刺戟興奮させまたは満足させるという性的意図のもとに行われることを要し，婦女を脅迫し裸にして撮影する行為であつても，これが専らその婦女に報復し，または，これを侮辱し，虐待する目的に出たときは，強要罪その他の罪を構成するのは格別，強制わいせつの罪は成立しないものというべきである。」とした（第 1 審判決・控訴審判決と同様の立場を主張する 2 名の裁判官の反対意見がある）。

なお，弁護人は，第 1 審と控訴審においても，強制わいせつ罪は行為者に自己の性欲を刺激興奮させる目的が必要であると主張していたが，これが退けられたため，上告趣意では，同様の主張のほか，おもに，婦女を裸体にして写真撮影した本件行為は「わいせつ」行為にあたらないとの主張をしていた。

(2) 傾向犯としての強制わいせつ罪

行為者の一定の内心傾向の表出・発現として行われることを要する犯罪として，「傾向犯」という概念が用いられることがある。従来，強制わいせつ罪はその典型として，行為者に性的な動機・意図があることが要件であり，それがなければ成立しないとされてきた。客観的には同じ行為，例えば女性の性器に触れる行為でも，医師が診療として行う場合は不可罰（13歳未満の者に対する176条後段の罪や13歳以上の者に対する準強制わいせつ罪は不成立）であるが，それは内心がわいせつな動機ではなく診療目的であるためだからだ，とされてきたのである。最高裁判所判決（多数意見）もこの立場を採った。しかし，なぜそのような性的意図が必要なのかという理由は特に示していない。

他方，強制わいせつ罪の法益を（主として，あるいはもっぱら）被害者の性的自由とする理解が一般化している現在，学説では第 1 審判決・控訴審判決や反対意見と同様に性的意図を不要とする見解が多数説となっており，この最高裁判所判決に対しては批判が強い。

性的意図必要説も，解釈論的構成としてはいくつかの立場がある。だが，強制わいせつ罪の成立につき被害者の個人的法益の侵害のみでは足りず性的意図まで必要とする立場は，実質的には，刑法が善良な性道徳をも保護対象としこれに反する悪しき心情を処罰根拠としていることなのではないかが問題なのであり，これは主観的違法要素について常に問題とされる，行為無価値論と結果無価値論の対立点なのである。

> 展開質問 1 - 1
> 1. 学説が主観的違法要素として問題としているものは，ほかにどのようなものがあるか。
> 2. 違法根拠を客観的な法益侵害・危殆化に求める結果無価値論は，基本的に主観的違法要素を否定するが，一部には結果無価値論にたちつつ限定的に主観的違法要素を肯定する立場もある。それはどのような考え方か。

> 設例 I 解題 2　性的意図の要否と根拠，強制わいせつ罪の法益とわいせつ行為

(1) 傾向犯説（性的意図必要説）

強制わいせつ罪を傾向犯としてその成立要件に性的意図を要求する見解は，これを行為の「わいせつ性」の要素とする。行為のわいせつ性を認めるためには，主観的要件として行為者に性的意図があることが必要であるとし，医師が行う診療行為は，医療目的であって主観的要件を欠くためわいせつ行為にあたらず不可罰となる，という（大塚・各論99頁，西原・各論174頁，植松・各論211頁など）。客観的に同様の行為でも，性的意図の有無により，違法で可罰的な「わいせつ行為」と，適法で不可罰な「非わいせつ行為」

とが分かれることになり，性的意図は主観的構成要件要素・主観的違法要素ということになる。

だが，なぜそのような性的意図が必要なのかという理由は，学説においても必ずしも明らかではない。むしろこれまでは，強制わいせつ罪が傾向犯であり性的意図が必要であることは，自明の前提とされていたように思われる。「わいせつな行為」を解釈する際，それは性的な行為であり，性的な行為といえるためには行為者に性的な意図がなければならないとするのは，ある意味で自然なことだったのかもしれない。そして，前述のように，最高裁判所は，弁護人の上告趣意がわいせつ行為の存否を争ったのに対して，性的意図の有無を問題とする判示をしており，食い違った答え方をしたようにみえるが，それも，性的意図をわいせつ行為の主観的要素とする立場が前提になっているなら，主張に対する判断として齟齬はないといえるのかもしれない。

古い下級審判例によれば，強制わいせつ罪における「わいせつな行為」とは，「徒に性欲を興奮又は刺戟せしめ，且つ普通人の正常な性的羞恥心を害し，善良な性的道義観念に反する」行為とされる（名古屋高金沢支判昭和36・5・2下刑集3巻5・6号399頁など）。このような3要素によるわいせつ性概念は，わいせつ物頒布販売罪における文書等のわいせつ性概念（最一小判昭和26・5・10刑集5巻6号1026頁，最三小判昭和27・4・1刑集6巻4号573頁，最大判昭和32・3・13刑集11巻3号997頁［チャタレー事件，百選Ⅰ総論44事件］など）とほぼ同様である。性的意図必要説は，このわいせつ性概念から，主観的要件として性的意図の必要を導き出そうとするもののようである（大塚・各論98頁）。

だが，わいせつ物頒布販売罪における文書等のわいせつ性判断につき，最高裁判所は，「純客観的に，つまり作品自体からして判断されなければならず，作者の主観的意図によって影響されるべきものではない」として，主観的わいせつ概念を否定し，客観的わいせつ概念を明示しており（前掲最大判昭和32・3・13など），論者もこれを認めている（大塚・各論522頁など）。したがって，強制わいせつ罪におけるわいせつ概念にこれを転用したならば，主観的要素の必要性が出てくるものではない。例えばその第1要素「徒に性欲を興奮又は刺戟せしめること」からは，行為が一般的・客観的に行為者の性欲を刺激・興奮させるに足りる性質のものである必要があるとはいえても，行為者が主観的に性欲の刺激・興奮を目的とする必要があることまでは，導き出せるものではない。わいせつ文書頒布販売罪の場合は客体たる文書等のわいせつ性が問題であるから判断は純客観的に行うべきであるが，強制わいせつ罪においては行為のわいせつ性が問題であるから行為者の主観面も考慮しなければならない（植松・各論204頁参照）とは直ちにはいえないのである。

やはり必要説においては，「性的倫理違反性」が，違法根拠・処罰根拠として重視されているのであろう。前述のわいせつ概念も，健全な性風俗に対する罪，風俗犯としてのわいせつ物頒布販売罪において展開されてきたものであり，その重点は第3要素の「善良な性的道義観念に反する」点にある。わいせつ物頒布販売罪においては行為が不特定多数の人々に不当な性的心情を喚起することが，強制わいせつ罪においては行為者に不当な性的動機のあることが，すなわち，いずれにせよ反倫理的な心情無価値が発生・存在することが，違法根拠・処罰根拠として重視されているのである。

その意味では，強制わいせつ罪の法益として，被害者の性的自由という個人的法益よりも，わいせつ文書頒布販売罪等と共通する健全な性風俗という社会的法益を重視する見解が，性的意図必要説を主張すること（日髙・後掲①70頁以下）は，一貫しているといえるかもしれない。しかし，性的風俗・倫理がそれ自体法益たりうるかはわいせつ物頒布販売罪等の解釈においてまさに争われているところであり，そこで保護される社会的法益を「公衆の感情」と解する立場も

有力である。社会的法益を抽象的な性道徳ではなく「人々の性的感情」とするなら、個人の性的自由が理由なく侵害される事態が発生すれば、行為者の動機内容の如何に関わらず、このような意味の社会的法益は侵害されるといえるのである（曽根・後掲②79頁参照）。

逆に、強制わいせつ罪の法益として被害者の性的自由という個人的法益を重視するならば、そのような前提にたちつつなお性的意図必要説を採ることは、整合しないといえる。強制わいせつ罪の解釈として被害者の性的自由の侵害を主眼とすることを謳いつつ、わいせつ行為の主観的要件として行為者の性的意図をも掲げること（大塚・各論98頁）や、わいせつな動機による性的自由の侵害のみが犯罪を成立させるとすること（同101頁）は、やはり一貫性を欠くといえよう。

(2) 性的意図不要説

近時の一般的理解に従い、強制わいせつ罪の法益を個人の性的自由と解するなら、性的意図不要説にたつべきことになる。これによれば、わいせつ行為とは被害者の性的自由を侵害するに足りる行為であり（中森・各論64頁、西田・各論91頁など。なお、山口・各論103頁以下）、客観的に暴行・脅迫を用いて相手方の性的自由を侵害する行為があれば構成要件該当性が肯定され、主観的にはこれに対応する認識として故意があれば本罪は成立するのであって、さらに性的意図のような特殊な主観的要素は必要ないとされる。

性的意図不要説の論者の多くは、設例Ⅰの事案においても本罪の成立を認めるべきものとするが、全裸写真の撮影行為は客観的にわいせつ行為としていまだ不十分なものであるとして、最高裁判所が性的意図の存在の立証があれば本罪が成立しうるとしたのは主観的要件による処罰範囲の不当な拡大であると批判するものもあることに、注意しなければならない（平野・後掲③309頁以下、町野・現在283頁以下）。性的意図不要説からは、性的意図必要説は、処罰範囲の不当な限定だけでなく不当な拡大をもはらむものということになる。

なお、性的意図不要説からは、医師の触診行為が不可罰であるのは、治療目的であるためわいせつ行為性が欠けるからではなく、わいせつ行為には該当するが、患者の承諾により、あるいは客観的に正当な治療行為として、違法阻却されるためであるとする（曽根・後掲②79頁、町野・現在280頁、林・各論94頁など）。

性的意図必要説からは、客観的に正当な医療行為であっても医師の内心に性的意図が生じれば可罰的となりえ（日髙・後掲①74頁はこれを認める）、逆に治療として必要性・相当性を越えた客観的に不当な行為であっても医師が診療目的であるかぎり不可罰となるが、性的意図不要説からは、こうした帰結は不当とされるのである（町野・現在280頁、前田・各論95頁、曽根・後掲②79頁など）。

(3) 性的意図と個人的法益侵害

性的意図必要説のなかにも、性的意図を、行為による個人的法益侵害とは別個の反倫理的心情無価値を基礎づけるものとしてではなく、被害者が行為者の性的意図を認識することが法益侵害性を高めることになるという意味で、法益侵害性を高める主観的違法要素として位置づける見解もある。行為者に性的意図があることが被害者にとって明らかな場合には被害者の羞恥心侵害は著しくなるとするのである（西原春夫・百選Ⅱ各論〈2版〉37頁）。

だが、単なる性的羞恥心ではなく、他人の性的意図を感じることによる性的羞恥心を問題とするこのような考え方によるなら、逆に、被害者が行為者の性的意図を認識しないかぎり、可罰的法益侵害は肯定できないことになり、治療行為と欺罔してわいせつ行為を行う場合や、意識喪失している者にわいせつ行為を行う場合に、準強制わいせつ罪が不成立ということになりかねないとの批判もある（町野・現在280頁参照）。

(4) 性的自由と性的感情

現在の通説的立場は、強制わいせつ罪（および

強姦罪)を個人的法益に対する罪と位置づけ、法益は個人の「性的自由(性的自己決定の自由)」であるとする。だが、前述したところにも表れているように、しばしば念頭に置かれ問題とされているのは、むしろ「性的羞恥心」「性的感情」とその侵害である。学説のなかには、性的自由と性的感情を一応区別しつつ双方とも法益として「個人の性的自由ないし性的感情」とする見解(大谷・各論114頁、曽根・各論71頁)や、「人格的自由としての性的自由」(団藤・各論489頁)、「性的人格権」(前田・各論94頁)、「人が性的羞恥心を抱くような事項についての自己決定の自由」(山口・各論102頁)などとして性的感情を性的自由に含ませる見解もある。

これに対して、性的自由と性的感情を峻別し、法益は性的自由のみであって性的感情は含まれないとする見解もある。具体的事案で被害者が性的羞恥心を感じない(怒りや恐怖のみを覚える)場合もあることや、意識喪失やわいせつ行為自体の不認識などによりおよそ性的羞恥心を感じなくとも成立しうる準強制わいせつ罪の存在を根拠に、強制わいせつ罪の成立に性的羞恥心の侵害は不要とするのである(町野・現在92頁、浅田ほか・各論117頁［山中敬一執筆］、林・各論92頁)。こうした立場では、法益である性的自由(性的自己決定の自由)は、行動の自由の一種としての性的行動の自由であり、すなわち、誰といつどのような性行為をするかを決定する自由ということになろう(林・各論95頁参照)。

(5) わいせつ行為の範囲

1 強制わいせつ罪につき風俗犯としての性質も重視する見解は、わいせつ行為は同じ風俗犯である公然わいせつ罪のそれに準じて解釈すべきものとする。例えば接吻は、公衆の面前で合意に基づき行う場合に公然わいせつ罪にいうわいせつ行為にあたらないのであれば、暴行・脅迫を用いて相手方の意思に反して行っても強制わいせつ罪におけるわいせつ行為には含まれないとする(植松・各論203頁以下、日髙・後掲①71頁など)。他方、設例Iのような全裸写真撮影行為は、合意により公然と行う場合に公然わいせつ行為といえる以上、強制わいせつ罪においてもわいせつ行為にあたることになる(日髙・後掲①72頁)。もっとも、このような考え方によるなら、公然と自己の裸体や性行為を見せたり性的な言辞を弄する行為が公然わいせつ罪を成立させうる以上、行為者が特定の相手方に暴行・脅迫を用いて無理やりに自己の裸体や性行為を見せたり性的な発言を聞かせたりする行為も、強制わいせつ罪を成立させうることになろう。

他方、判例は、わいせつ行為につき風俗犯としてのわいせつ文書頒布販売罪におけるそれと同様の定義をするが、接吻も相手方の意思に反し暴行・脅迫を用いて行われる場合には「一般人の正常な性的羞恥心を害し、善良な性的道義観念の許容しないところ」であり、強制わいせつ罪におけるわいせつ行為にあたるという(前掲名古屋高金沢支判昭和36・5・2など)。このような基準によるなら、設例Iの行為も同様に「一般人の正常な性的羞恥心を害し、善良な性的道義観念の許容しない」ものといえることになろう。

2 性的感情を法益とする立場をとるなら、わいせつ行為とは「被害者の性的羞恥心を害する行為」であることになるが、そこではまず、前述の批判にもあるように、具体的に被害者が性的羞恥心を感じなかった場合がわいせつ行為にあたらなくなるという問題がある。この点につき、わいせつ行為にあたるか否かは被害者の感受性を基準とせず一般的基準によるとする立場があるが(山口・各論103頁以下)、それがこのような場合において未遂犯ではなく既遂犯を認める趣旨であるなら、強制わいせつ罪は個人の性的感情に対する侵害犯ではなく危険犯ということになる。他方では、逆に、被害者が性的羞恥心を感じるかぎり全てわいせつ行為として処罰すべきことにならないかという問題もあるが、論者はここでも「一般人の見地」により限定を図るようである(西田・各論91頁)。なお、新潟地判昭和63・8・26判時1299号152頁は、「性的に

未熟で乳房も未発達であって男児のそれと異なるところのない」女児の乳部や臀部を触った場合につき，女児が「女性としての自己を意識しており，被告人から乳部や臀部を触られて羞恥心と嫌悪感を抱いた」ことを理由にわいせつ行為にあたるとしている。だが，たとえ当該女児のみでなく，そのような女児一般が羞恥心を感じうるとしても，あるいはもし第三者たる一般人がそれを見たときに羞恥心を感じうるとしても，男児と変わらずいまだ性的部位とはいいがたい乳部を触るにすぎない行為をわいせつ行為にあたるとするのは妥当ではあるまい（所・後掲④293頁参照。逆に，陰部に触れる行為などであれば，たとえ女児が性的羞恥心を感じなくとも，176条後段は（そして177条後段も）まさに性的に無知・未熟な者をその健全育成を図るため後見的見地から保護する趣旨なのであるから，わいせつ行為とすべきであろう）。性的感情を法益とし，その侵害を処罰の根拠・要件とする場合，やはり強制わいせつ罪の成立範囲は広汎化しがちとなる。

また，多くの論者が設例Ⅰの行為を当然にわいせつ行為と認めるように，被害者の身体への接触は必ずしも必要ないことにもなる。性的感情を侵害する方法に制限はないから，行為者が強制的に自己の裸体や性行為を見せたり性的な発言を聞かせたりする場合や，さらには，わいせつデータ記録物を再生してわいせつな映像や音声を強制的に視聴させる場合（浅田ほか・各論116頁以下［山中敬一執筆］参照）も，強制わいせつ罪にあたる可能性もある。

3　これに対して，性的行動の自由という意味の性的自由を法益とするなら，性的行為は性的部位への接触が本質であるから，そのような接触のない行為にわいせつ行為性を肯定することは基本的に困難となる。設例Ⅰの場合も，裸にして眺められたり写真を撮影されない自由も性的自由に含まれるとする見解もあるが（時国康夫・最判解刑事篇昭和45年度5頁），裸体で立つこと，その写真を撮らせることは，ヌード撮影においてモデルが行う行為と同様であり，いまだ性的行為とはいいがたい以上，これを意思に反して行わせても性的行動の自由の侵害とすべきではない。少なくとも，行為者が被害者に性的な姿態をとらせた上で写真撮影したような場合でなければ，強制わいせつ罪の成立は認められないであろう。これに対して，行為者が被害者の身体に接触しなくとも，内縁関係の男女を脅迫して全裸にさせ性交の姿態および動作をとらせた場合（釧路地北見支判昭和53・10・6判タ374号162頁）は，誰といつどのような性的行為をするかを決定する自由を侵害したものといえ，わいせつ行為に含めてよいであろう。しかし，他人の裸体や性行為を眺めたりわいせつ物を視聴することは性行為ではないから，行為者が被害者に強制的に自己の裸体や性行為を見せたりわいせつ物を視聴させても，本罪は成立しえないのである。

展開質問1－2

1. 強制わいせつ罪における性的意図必要説には，これを主観的違法要素ではなく責任要素とする立場もある（小野清一郎・犯罪構成要件の理論［1953］45頁）。それは妥当か。

2. 下級審判例には，「［被害者］を男性の性的興味の対象として扱い，同女に性的羞恥心を与えるという明らかに性的に意味のある行為，すなわち……わいせつ行為であることを認識しながら，換言すれば，自らを男性として性的刺戟，興奮させる性的意味を有した行為であることを認識しながら」被害者の弱みを握って従業員として働かせる目的で女性を全裸にして写真を撮影しようとしたのであるから，「強制わいせつの意図」が認められる（強制わいせつ致傷）としたものがある（東京地判昭和62・9 16判時1294号143頁，判タ670号254頁）。このような心理はわいせつ性の認識と同じであり，最高裁判例のいうものとは異なっているのではないか。

東京地裁は，なぜ，このような考え方をしたのであろうか。
3. 強制わいせつ罪は，強姦罪とは異なり，同性間でも成立しうる。性的意図必要説にたつとき，設例Ⅰにおいて行為者が女性であったとしたらどうなるか。
4. 被害者の陰部に触れるなどの外形的行為があるときには性的意図が推認可能であるからその認定は不要であるが，設例Ⅰのような場合は外形的行為がただちに行為者の性的意図を推認させるものではないからその認定が必要となる，との立場がある（時国・最判解刑事篇昭和45年度6頁参照）。このような立場は妥当か。
5. 法益を性的感情に求める論者は，わいせつ性の判断を本人基準ではなく一般人基準によるべきことを主張する。個人的法益に対する罪でありながらこのように一般人基準を主張することは，理論的にどのように基礎づけられるか。

② 暴行・脅迫の意義

> **設例Ⅱ** 油断に乗じたわいせつ行為事件
> 歯科医師Xは，治療室において患者Y女（24歳）の患部に麻酔薬を注射し治療台に横臥安静させていた際，同女の意に反して着衣の裾から右手を入れ陰部に指を挿入した。【大判大正14年12月1日刑集4巻743頁参照】

入口の質問
1. 刑法上の「暴行」概念にはどのようなものがあるか。各種の犯罪において問題となる暴行はそれぞれどのようなものか。

設例Ⅱ解題 性的暴行と強制わいせつ罪の成否

(1) 判 例

設例Ⅱの事案で，大審院は，次のように判示した。「刑法第176条ニ所謂暴行トハ被害者ノ身体ニ対シ不法ニ有形的ノカヲ加フルノ義ト解スヘク婦人ノ意思ニ反シ其ノ陰部腟内ニ指ヲ挿入スルカ如キハ暴行タルコト勿論ニシテ本件ノ猥褻行為ハ斯ル暴行行為ニヨリテ行ハレタルモノナレハ暴行行為自体カ同時ニ猥褻行為ト認メラルル場合ト雖同条ニ所謂暴行ヲ以テ猥褻行為ヲ為シタルモノニ該当スルコト明白ナリ」。

(2) 暴行・脅迫の意義，性的暴行と強制わいせつ罪

強制わいせつ罪における「暴行」「脅迫」は，一般に，「相手方の反抗を著しく困難にする程度」のものが必要と解されている。強姦罪における手段たる「暴行」「脅迫」も同様である。強盗罪における手段たる「暴行」「脅迫」が「相手方の反抗を抑圧する程度」を要するとされているのに対し，それよりはやや軽いものでも足りるとされている。

条文にいう「暴行又は脅迫を用いてわいせつな行為をした」場合とは，素直に理解するなら，まず手段たる行為として暴行または脅迫がなされ，それにより相手方の反抗が著しく困難となり，そのことによって目的たるわいせつ行為が可能となった場合として，暴行・脅迫行為，わいせつ行為の存在と，両者の間の因果関係を要することになろう。

だが，設例Ⅱのように，被害者の油断に乗じてわいせつ行為がなされ，暴行行為自体が同時にわいせつ行為でもある場合につき，判例は前述のように，「暴行を用いてわいせつ行為を行った」場合に含まれ，強制わいせつ罪の成立が認められるとする（ほかに，大判大正13・10・22刑集3巻749頁など）。学説でも，同様の立場が現在の通説といえる（平野・概説180頁，大谷・各論117頁，前田・各論93頁，山口・各論105頁など）。

(3) 暴行概念の修正

もっとも，そうなると，「相手方の反抗を著しく困難にするもの」との暴行の定義を維持することは難しくなる。そこで判例は，このような類型における暴行につき，単に「被害者ノ身体ニ対シ不法ニ有形的ノ力ヲ加フル」こと（前掲大判大正14・12・1）とし，「其ノ力ノ大小強弱ヲ問フコトヲ要スルモノニ非ス」（前掲大判大正13・10・22）とする。学説にも，同様に「その力の大小強弱を問わない」とする立場（曽根・各論71頁以下，中森・各論64頁）や，「必ずしも反抗を著しく困難にする程度を要しない」とする立場（植松・各論211頁，西原・各論174頁，大塚・各論99頁）もある。

他方では，反抗を著しく困難にするという意思抑圧のメルクマールを維持するため，暴行自体がわいせつ行為にあたる場合でも当該暴行を避けえたか否かの判断は可能であり，不意の性的暴行であれば反抗が困難であるため，強制わいせつ罪の成立を認めうるとする見解もある（西田・各論91頁以下。本罪における暴行とは「被害者ノ身体ニ暴力ヲ加ヘテ其ノ抗拒ヲ抑制スルノ行為」としつつ「通行セル婦人ノ股間ニ強テ手ヲ挿入スルカ如キ行為モ亦夫レ自体被害者ニ抗拒抑制ノ暴力ヲ用フルニ非サレハ為シ得サルモノ」とする大判昭和8・9・11新聞3615号11頁も同趣旨か。なお，森井・後掲⑤247頁参照）。だが，このように解しても，反抗困難化に基づきわいせつ行為がなされるという因果関係が認められることにはならない。

暴行・脅迫を用いて目的たる行為がなされるという同じ構造をもつ強盗罪の方では，一般に，「ひったくり」につき強盗罪の成立は消極に解されている。奪取行為が同時に人に対する有形力行使にあたる場合（例えば通行人が身につけている持ち物を自動車ですれ違いざまに引っ張り取る行為）でも，暴行はもっぱら財物を直接奪取する手段として用いられたにすぎず相手方の反抗の抑圧に向けられたものではないから，それだけでは強盗罪は成立しないとされているのである（被害者が物を手放そうとしないためそのまま身体を引きずるなど，さらに反抗を抑圧する暴行がなされることを要する。町野・現在156頁以下，西田・各論167頁，山口・各論215頁など。なお，最三小決昭和45・12・22刑集24巻13号1882頁［百選Ⅱ各論〈2版〉34事件］参照）。また，被害者がもし抵抗すれば転倒など生命身体に重大な危険を生じる可能性があるため最初のひったくり行為からすでに「人の反抗を抑圧するに足りる暴行」があるといえるとする考え方（東京高判昭和38・6・28高刑集16巻4号377頁。なお，前田・各論192頁などはこの趣旨か）もあるが，これに対しては，暴行は現実に人の意思に作用することが必要であり不当とされているのである（町野・現在157頁，山口・各論215頁）。

そうだとすれば，強制わいせつ罪においても，暴行行為が同時にわいせつ行為でもある場合に，単に虚を突かれて事実上ないし結果的に抵抗できなかったというだけでは，その成立を認めることは困難となろう。

それにもかかわらず，ここで強制わいせつ罪の成立を肯定する見解が多いのは，1つには，多くの論者が本罪の法益とされる「性的自由」

を,「性的感情」の意味に解しているためであろう。性的自由が性的行動の自由（誰といつどのように性的行為を行うかを決定する自由）であるなら,行動の自由は意思決定の自由が前提となる以上,まず被害者の意思への強制が必須となろう。これに対して,法益が性的感情であるなら,暴行により反抗の困難化が生じ,その反抗の困難化に基づきわいせつ行為がなされる,という因果関係は必ずしも必須ではなく,行為により結果的に性的羞恥心が害された場合を広く含めて差し支えないことになる。むしろ,性的暴行の類型が強制わいせつ罪を成立させるそのことが,法益が性的感情であることの証左とされているのである（前田・各論94頁,大越・各論56頁など）。

いま1つの理由は,結論の妥当性であろう。ひったくりの場合は,これに強盗罪の成立を認めないとしても,少なくとも暴行罪と窃盗罪の観念的競合にはあたり,その限度では法益（財産権）侵害の面を評価することができる。しかしこちらでは,もしも強制わいせつ罪の成立を否定すれば暴行罪しか成立せず（このような結論を認める見解として,中・各論85頁）,性的自由ないし感情という法益の侵害の側面が等閑視されることになるからである。

(4) 抗拒不能

もっとも,このように考えるとしても,わいせつ行為は（設例Ⅰのような非接触行為の場合も含まれうるとしても）多くの場合が被害者の身体への侵襲行為であり同時に暴行にもあたりうることを考えるなら,法が単に「不同意のわいせつ行為をした場合」とはしておらず「暴行又は脅迫を用いてわいせつ行為をした場合」として意思制圧的要素による類型的限定をしていることは,やはり無視できないものである（瀧川＝竹内・各論91頁参照）。その意味では,本罪の暴行概念を,その程度を問わないものとしたり,あるいは油断に乗じることにより事実上ないし結果的に抵抗困難なもので足りるとして緩和させる解釈は,やはり妥当とはいえないであろう。

そうだとすると,油断に乗じた性的暴行行為を処罰するためには,これを「抗拒不能」による準強制わいせつ罪と構成することが考えられる（浅田ほか・各論119頁［山中敬一執筆］）。

もっとも,「物理的又は心理的に,わいせつ行為に対して抵抗することが著しく困難である状態」である抗拒不能に,油断による抵抗困難という状態を含ませてよいかは,問題であろう。抗拒不能は,しばしば「その原因は問わない」とされ,本来広汎で限界設定の困難な概念である。「油断により事実上抵抗できない」にすぎない状態までもこれに含ませるとすれば,このあいまいな概念がさらに広汎化することになる。また,事実上抵抗できなかった場合が全てこれにあたるとすれば,結果的に真意に反した性行為がなされた場合は全て準強制わいせつ罪を成立させることにもなりかねない（さらには,相手方が抗しがたいようなような魅惑を用いて性行為を行う場合,それが相手方の真意に沿っていても,準強制わいせつ罪が成立することにもなりかねない。町野・現在300頁参照）。加えて,隙を突かれれば抵抗できないというのは,人の通常の属性にすぎない。改正刑法草案（296Ⅱ,297Ⅱ）ほどに原因を限定すべきかどうかはともかくとしても,現行法上も抗拒不能は心神喪失と並置されているものである以上,また,準強制わいせつ罪が強制わいせつ罪と同じ法定刑で処罰されるものである以上,やはり一定の特殊な状態に限定すべきであろう。設例Ⅱのように,歯科医院において治療を待つつもりで治療台に横臥している無防備な状態をこれにあたるとすることは一応可能である。だが,油断に乗じる性的暴行は,通りすがりにいきなりわいせつ行為をするような場合も含めて議論されているものである。通常の状態にある誰にでも認められる「不意を突かれれば抵抗できない」事態を,これに含ませるのはやはり妥当ではない。さらには,「抗拒不能に乗じて」といえるためには行為時にすでに抵抗困難な状態になっている必要があるが,ここで問題となる場合はそうではなく,他方,

「抗拒不能にさせて」といえるためには，やはりまず行為が意思の自由の阻害される状態を作出し，それに基づいてわいせつ行為がなされるという因果関係が必要なのである。

展開質問 2

1. 性的暴行行為の取扱いとしては，以上のほかにどのような考え方がありうるか。
2. 暴行・脅迫を手段とする犯罪一般において，反抗の抑圧やその困難化をいうとき，そこでは脅迫のみならず暴行についても被害者の「畏怖」が問題とされがちである。判例のように，性的暴行自体を強制わいせつの行為に含める解釈をとる場合，ここでは暴行による「畏怖」の要否はどのように考えられることになるのか。

③ 夫婦間での強姦罪の成否

設例Ⅲ　夫および第三者による妻の輪姦事件

XはA子と婚姻していたが，働くことを嫌い同女を扶養せず，気に入らないと殴る蹴るの暴行を加えて常にこれを虐待しており，その結果A子は，夫Xの虐待から逃れるため，実家に逃げ帰ったり他所に身を隠すなどしていたが，その都度Xに発見され連れ戻されることを繰り返し，XとA子の婚姻関係は完全に破綻し両名はすでに夫婦たるの実質を失っていた。あるときA女がXの暴行に怯えて再び逃げ出したところ，Xはこれを連れ戻すため，友人Yに車を運転させ，同女をその実家で待ち伏せて無理やり連れ出したが，自宅に帰る途中，XはYと共謀のうえ，白昼人里離れた山中で一時停車し，車内で同女に暴行を加えてその反抗を抑圧し，Yとともに同女を輪姦した。【広島高松江支判昭和62年6月18日高刑集40巻1号71頁参照】

入口の質問

1. 強姦罪・強制わいせつ罪は親告罪であるが，輪姦は非親告罪とされている（刑180Ⅰ・Ⅱ）。それはなぜか，またそれは妥当か。
2. 強姦罪・強制わいせつ罪の実行の着手はいつからか。設例Ⅲにおいて，X・Yが当初から途中で輪姦する意図でA子を連戻しに行き，実家から連れ出し車に乗せる際に負傷させたとしたら，強姦致傷罪（刑181）は成立するか。

設例Ⅲ解題　婚姻関係と強姦罪

(1) 判　例

設例Ⅲの事案で，被告人X側は，Xと被害者A子は犯行当時夫婦であり，夫婦は互いに性交を求める権利を有しかつこれに応じる義務があるので，夫が妻に対し暴行・脅迫を用いて性交に及んだとしても，暴行・脅迫罪が成立するは

格別，性交自体は処罰の対象にならないため，強姦罪の成立する余地はなく，また夫が第三者と共同して妻を輪姦した場合であっても，夫自身は妻に対する関係では強姦罪の主体となりえない以上，従犯あるいは暴行罪が成立するにすぎない，と主張した。

これに対して広島高裁松江支部は，次のように判示してXに強姦罪の共同正犯の成立を認めた。「婚姻中夫婦が互いに性交渉を求めかつこれに応ずべき所論の関係にあることはいうまでもない。しかしながら，右『婚姻中』とは実質的にも婚姻が継続していることを指し，法律上は夫婦であつても，婚姻が破綻して夫婦たるの実質を失い名ばかりの夫婦にすぎない場合には，もとより夫婦間に所論の関係はなく，夫が暴行又は脅迫をもつて妻を姦淫したときは強姦罪が成立し，夫と第三者が暴力を用い共同して妻を輪姦するに及んだときは，夫についてもむろん強姦罪の共同正犯が成立する。……婚姻が完全に破綻して夫婦たるの実質を失いいわば名のみの夫婦にすぎない被告人と被害者A子の場合において，被告人の……所為が刑法177条前段，60条に該当するとした原審の判断は正当として是認することができ［る］」。

(2) 夫婦間における強姦罪

強姦罪は，女子に対する姦淫行為を処罰するものであるから，解釈上行為主体は男子に限られる。しかし法文では行為の客体は女子とあるのみであるから，文理上は，夫たる男子が妻たる女子に対して反抗を著しく抑圧する程度の暴行・脅迫を用いて意思に反した姦淫を行う場合を，強姦罪に問うことに支障はない。

だがこれまで，夫による妻に対する強姦罪の成否の問題は，判例・学説上ほとんど扱われてこなかった。むしろ暗黙裏に，夫婦間においては基本的に強姦罪は成立しないものと考えられてきたといえる。

古い判例には，被告人は被害者と内縁の夫婦関係にあったから強姦罪の成立する余地はないとする主張に対して，「刑法第177条にいう強姦罪の客体は，婦女たることを要し，又これを以て足り，その身分関係の如何は，同罪の成立には何等消長なきもの」としたものがある（札幌高判昭和30・9・15高刑集8巻6号901頁）。だがその事案は，被告人と被害者は1か月余りの間互いに将来を誓って慇懃を通じ合っていただけであり，また犯行当時はすでに被害者が結婚を翻意していたもので，内縁関係とはいいがたい程度のものであった。行為者と被害者の身分関係如何は強姦罪成立に無関係とした判示は，いわば傍論にすぎず，内縁関係の男女間で，さらには法律上の夫婦の間で強姦罪が成立しうるか否かという問題につき，先例的価値を有するものとはいえない。

また，学説では，戦前期のものに，夫婦においては性的自由の侵害につき取り消しえない承諾があるため，夫婦関係が消滅しないかぎり強姦罪は成立しえず暴行罪・脅迫罪にとどまるとするものや（大場茂馬・刑法各論(上)［6版，1913］344頁以下など），妻には通常は夫に対する服従義務があるため暴行罪・脅迫罪しか成立しえないが，分娩前後や病気中のように性交に関して服従不可能な場合にはその義務がないため例外的に強姦罪が成立しうるとするもの（岡田朝太郎・刑法原論各論［16版，1924］362頁以下など）がみられるにとどまっていた。

設例Ⅲの事案に関する前掲広島高松江支判昭和62・6・18は，夫婦間における強姦罪の成否を扱った初めての，そして現在のところ唯一の判例である。夫が虐待を繰り返し，妻が逃げ出しては連れ戻されることを繰り返していた果てに，夫が第三者とともに妻を輪姦したという極端な場合であって，夫に強姦罪の共同正犯の成立を認める結論は正当であろう。ただしこの結論は，夫には妻に対する強姦罪は成立しえないとの立場を前提にしても可能である（妻の性的自由は夫に対しては保護されえないとしても，妻の性的自由は第三者に対しては保護されているのであるから，夫は第三者による妻の性的自由侵害に加担している以上，違法の連帯性を前提とする因果共犯論の立

場からは，教唆・幇助のみならず共同正犯も成立しうることになる）。だが広島高裁松江支部は，さらに，夫の単独行為であった場合でも強姦罪が成立しうるとした。その意味で，夫婦間の強姦罪の成立可能性を正面から認めたものである。そこでは，「夫婦間においては強姦罪は成立しない」との命題は維持しつつ，問題は形式的に法律上の婚姻関係があるか否かではなく，実質的に婚姻が継続しているか破綻しているかであり，それにより強姦罪の成否が分かれるとされたのである。

(3)　性的自由の制約根拠

前述の学説の説くように，法律上の婚姻があるかぎりは性的自由の侵害につき永久的・包括的承諾があるものとされるのは，やはり妥当でないであろう。そのような永久的・包括的承諾は擬制にすぎない。被害者が法益自体を放棄・移譲したならばともかく，法益主体であるかぎりは，事前にいったん与えた承諾もいつでも撤回可能なのであり，承諾は行為時に有効に存在しなければならないものである。その意味で，夫婦間において夫が暴行・脅迫を用いて妻をその意思に反して姦淫した場合に，それでも強姦罪の成立が否定されるとすれば，それは妻の承諾があるからではなく，妻に性交に応じる義務があるからである（「承諾」を問題とする前述の学説の趣旨もこのようなものと思われる）。したがって，強姦罪が成立しないとき，「義務のない」ことを行わせるものである強要罪が成立することもないのである。

他方，そのような性交受忍義務は，妻のみにあるものでもない。婚姻の合意により，男女双方に生じる義務である。

婚姻が，男女の継続的性交渉を本質・前提としてなりたつ制度であり，相互に性交渉を行う権利を与えることを包括的に同意する契約（萩原・後掲⑥28頁）であって，夫婦には互いに性交渉を求めることができかつこれに応じなければならない権利義務関係が生じることは，やはり否定できないことである。

これに対して，婚姻により性交渉に関する相互的権利義務が生じるものではなく，婚姻中における性交渉はその時々の個別的な合意を要するとする見解もある（葛原力三「判批」甲法29巻1号［1988］35頁。なお，西田・各論93頁，山口・各論106頁以下も同旨か）。たしかに個別的にはそのような婚姻もあろうが，婚姻が一般にそのような性質のものということはできない。

(4)　夫婦間の強姦罪はいつ成立するのか

従来の学説が，形式的な婚姻の効果として強姦罪の成立を否定的あるいは限定的に解していたのに対し，前掲広島高松江支判昭和62・6・18は，夫婦間における強姦罪の成立を阻却する性交渉に関する相互的権利義務関係は，婚姻の実質的な継続によるものであり，婚姻が形式的に継続していても実質的に破綻している場合にはもはや消滅するとした。この点は正当といえよう。

問題は，まず，婚姻が実質的に破綻しているといえるのはどのような場合なのかである。設例Ⅲのように夫による虐待と妻の逃亡が繰り返されているような場合がそれにあたることは明らかであるが，ほかにどのような場合がこれにあたるのであろうか。婚姻の実質的破綻の有無の判断は極めて難しいものである。広く考えるなら，設例Ⅲのような前提事情がない場合でも，夫が妻に対して性交渉を懇請しているにもかかわらず妻が頑強にこれを拒否し，それに対して夫がその反抗を著しく困難にするほどの暴行・脅迫を加え，無理やりに性交渉を行った（そして妻から後に強姦罪による告訴がなされた）場合，そのこと自体がすでに，婚姻の実質的破綻を示すものともいえるのである。

いま1つの問題は，夫婦間において強姦罪が成立するのは，婚姻関係が実質的に破綻しているといえる場合に限るのか，それとも婚姻自体は実質的に継続している状態でもなお強姦罪の成立はありうるのかである。前述のように，古い学説には，妻が分娩前後である，病気中である等の場合には例外的に強姦罪の成立を認めう

るとするものがあった。現在では，夫が性病に罹患しているなど「妻が拒否する理由が正当なもの」である場合（林・各論96頁。なお，林美月子・後掲⑦74頁）や，設例Ⅲのように夫が第三者とともに妻を強姦したり，夫が公衆の面前で妻を強姦するなど「夫の強制力行使の態様が婚姻制度と全く相容れない形のものであるとき」（中森喜彦「判批」判評348号［判時1256号，1988］71頁以下，町野・現在293頁）には，婚姻が継続中といえても，非夫婦間における場合と同様，婚姻により正当化されない性的自由侵害として，強姦罪の成立を認めうるとする見解が有力化しつつある。

しかしいずれにしても，こうした判断が困難を伴うことは否定できない。

また，夫婦間における強姦罪の成否の問題には，同意・不同意の立証の困難性や，親告罪としての告訴に伴う問題（妻が離婚訴訟を有利に進めるためなどの理由から強姦を口実に虚偽告訴を行う場合があることや，逆に夫から強姦されたにもかかわらず復讐を恐れるなどにより告訴を断念する場合があることなど），そもそも夫婦間の問題に国家が介入することの是非の問題なども指摘されている。

夫婦間の強姦罪の問題は，単なる実質判断では足りず，基準の具体的類型化が必要なのである。

展開質問3

1. 夫婦間における性交渉に関する相互的権利義務関係を否定する立場にたつ場合，強姦罪は非夫婦間におけるのと同様の範囲で無制限に，すなわちおよそ夫が暴行・脅迫を用いて妻の意思に反して姦淫を行った場合に全て成立が認められることになるのか。あるいはこのような立場からも限定がありうるか。
2. 逆に，夫婦間における性交渉に関する相互的権利義務関係を肯定する立場は，暴行罪・脅迫罪の成立は認める。しかしこれに対して，「夫婦間といえども暴行・脅迫を手段とする性交渉に応ずべき法律上の義務があるとするのは疑問であり，問題は，夫婦間の性交渉として社会的相当性の範囲内にあるかどうかに帰着する」との主張がある（大谷・各論123頁）。このような見解では，問題はどのように解決されることになるか。
3. 夫婦間における強姦罪の成否に関する議論は，法律上の夫婦ではない内縁関係の男女間においても妥当するか。

出口の質問

1. A・Bが共同してC女に暴行・脅迫を加えわいせつ行為を行った際，Aには性的意図があったがBには復讐・虐待の意図しかなかったという場合，性的意図必要説からはA・Bの罪責はどうなるか。
2. 偽計・錯誤と準強姦罪・準強制わいせつ罪における「抗拒不能」の意義につき，判例・学説はどのような立場をとっているか。
3. 夫婦間における強姦罪の成否に関する議論は，夫婦間における強制わいせつ罪の成否，あるいは準強姦罪・準強制わいせつ罪の成否の問題にも妥当するか。

参考文献
① 日髙義博「強制わいせつ罪における主観的要件」植松正ほか・現代刑法論争Ⅱ各論（勁草書房，2版，1997）67頁
② 曽根威彦「強制わいせつ罪における主観的要件」植松正ほか・現代刑法論争Ⅱ各論（勁草書房，2版，1997）76頁
③ 平野龍一「強制わいせつ罪とわいせつの意思」犯罪論の諸問題(下)（有斐閣，1982）307頁
④ 所一彦「強制わいせつ罪」注釈刑法(4)（有斐閣，1965）292頁
⑤ 森井暲「強姦・強制わいせつ」西原春夫ほか編・判例刑法研究(5)（成文堂，1980）243頁
⑥ 萩原玉味「強姦罪における被害者の法的保護――アメリカ合衆国の資料を中心にして（2・完）」警研61巻2号（1990）20頁
⑦ 林美月子「性的自由・性表現に関する罪」芝原邦爾ほか編・刑法理論の現代的展開各論（日本評論社，1996）58頁

（臼木　豊）

15 名誉毀損罪とプライバシー侵害

論 点
1. 公然性の意義
2. 事実の公共性——230条の2の意義
3. 真実性の誤信

1 公然性の意義

設例 I 放火の噂伝播事件

Xは、自宅の庭にあった物置から火が出ているのに気づき、急いで火を消しに物置に向かう最中に男の姿を見かけた。XはそれをXは近所に住むAであると思いこみ、自宅に来ていた客数名に、「Aが放火したのを見た」などと述べた。さらにXは、数日後Aの家を訪れた際、Aの家族や近所の人数名の前で、問われるままに「Aの放火を見た」「火が燃えていたので捕らえることはできなかった」などと述べた。これにより、Aが放火したとの噂は、村中に広まるところとなった。【最一小判昭和34年5月7日刑集13巻5号641頁［百選II各論16事件］参照】

入口の質問
1. 230条1項が、「公然と」事実を摘示することを要件としているのはなぜか。
2. 「公然と」とはどのような状態で事実を摘示することと解されているか。
3. 名誉毀損罪は、抽象的危険犯であるとされる。どのような意味か。

設例 I 解題 伝播性の理論と公然性

(1) 判 例

「公然と」とは、判例・通説によると、「不特定または多数の人が認識しうる状態」である（大判昭和3・12・13刑集7巻766頁参照）。設例 I の事案では、Xは、特定の、しかも少数の人に対して、「放火を見た」等の事実を述べたにすぎない。しかし、結果として、A放火の噂は村中に広まった。そこで、Xの行為が、「公然と」事実を摘示したというべきかどうかが問題となる。

設例類似の事案について、判例は、「不定多数の人の視聴に達せしめ得る状態において事実を摘示した」として、名誉毀損罪の成立を認めている（前掲最一小判昭和34・5・7）。すなわち、事実摘示の直接的な相手方は特定かつ少数であったとしても、その内容が不特定または多数の人に伝播する可能性があった場合には、公然性

が認められるとするのである。「不特定または多数人に伝播する可能性がある」ことを理由に，公然性を認めるこのような考え方のことを，「伝播性の理論」という。

確かに，他人の名誉を害するような事実を不用意に口にすることは，しばしば，不特定多数人に伝わることにより，被害者の社会的評価を下げる結果をもたらす。1通の電子メールが引き金となって起こった銀行の取付け騒ぎも記憶に新しいところであり（なお，当該事件では信用毀損罪が問題となった），伝播可能性の高い状況で行われる事実の摘示に名誉毀損罪を認めようとする判例の立場は，理解できるものである。

しかし，およそ他人に対して行われる事実摘示行為はすべて，多かれ少なかれ，伝播可能性を有している。そのすべてに対して名誉毀損罪を認めるのでは，公然性の要件は，処罰範囲を限定する役割を一切果たさないことになるであろう。そこで，そもそもこの「伝播性の理論」を採用することが妥当かどうか，また採用する立場をとった場合には，どうやって処罰範囲を限定するかが，論じられることになる。

(2) 伝播性の理論

伝播性の理論の採用に反対する説は，以下のような問題点を指摘している。

①特定の1名に告げた場合でも公然性が認められうることになり，表現の自由の不当な制約につながる，

②「公然と」とは，文理上，行為態様における公然性を意味し，結果として「公然と」なる可能性を考慮することは，行為態様の問題と結果の問題を混同するものである（平川・後掲①9頁），

③名誉毀損罪の成否が，相手方が伝播させる意思をもっているかどうかに左右されるおそれがあり，妥当でない，

④名誉毀損罪は抽象的危険犯であり，もともと現実に名誉が害される必要はないとされているところを，「伝播可能性」を挟むことによりさらに一段と抽象的な危険により本罪が肯定され

1 公然性の意義 25

ることになり，妥当でない（西田・各論111頁）。

これに対し，伝播性の理論を肯定する立場は，次のように主張する。

①名誉毀損罪は，社会的評価を害する危険の発生を内容とするものであるから，公然性もそのような危険性の有無により判断するべきである。（伝播可能性の存在により）その危険が認められる状況である以上，公然性を否定する理由はない（清水一成・百選Ⅱ各論〈4版〉36頁），

②1名の新聞記者に事実を告知する行為が，名誉毀損罪にならないのは不当である（中森・各論88頁）。

読者は，いずれの議論にも説得力があると感じるかもしれない。そこで，もう少し，両者の言い分を検証してみたい。まず，否定説の言い分①であるが，伝播性の理論が，そこまでの処罰の拡張を必然的にもたらすものであるなら，それは確かに否定されなければならない。しかし，判例は，消防組役員会の席上で8名の役員に対して行った発言（大判昭和12・11・19刑集16巻1513頁）や，検事取調室での検事および検察事務官の2名に対する発言（最一小決昭和34・2・19刑集13巻2号186頁），家族2名および女中のみが居合わせた場所での発言（最三小決昭和34・12・15刑集13巻13号3360頁）について，また，昵懇の間柄にあった3名に他言を禁じたうえで行った発言（東京高判昭和42・3・28下刑集9巻3号215頁），県教育委員会等3か所に封書3通を送りつけた行為（東京高判昭和58・4・27高刑集36巻1号27頁）に，公然性を否定しており，無制限に伝播性を認めているわけではない。③④の指摘も，伝播性の理論を採用する側が，公然性を基礎づける伝播性の性質や程度について，何らかの客観的な基準を提示することができれば，クリアされる問題である（反対に，「もし伝播性の理論を採用するならば，必ずクリアしなければならない問題である」ともいえる。以上の本解題の指摘にかかわらず，判例の伝播可能性の認定が緩やかなのは確かであり，判例の立場は，そのままで全面的に肯定できるものではない）。高度の伝播性があった場合で

あっても，公然性を否定するべきだとする論拠がありうるとすれば，それは②の指摘するような，「公然と」の文言による罪刑法定主義上の限界以外にはないように思われる。

肯定説は，①②ともに，危険性の存在という実質に着目して，直接的に不特定または多数の人に対してなされる場合以外にも，公然性を認めようとするものである。これが，確かに行為態様の要素としてあげられている「公然と」の解釈として可能な範囲に収まるものであるか。伝播性の理論の採否は，究極的には，この点に関する判断に依存しているように思われる。

> 展開質問 1
> 1. 判例は，行為者が他言を禁じる旨の発言を行ったこと，相手方に秘密保持の義務があったことなどを，公然性を否定する要素として考慮する（前掲東京高判昭和42・3・28，前掲最一小決昭和34・2・19）。なぜか。そして，それは妥当か。
> 2. 学説には，情報伝達を私的・個人的な情報伝達と社会的な情報伝達に区別し，私的・個人的情報伝達については，たとえ名誉侵害の危険性があったとしても，放任するべきだとするものがある（平川・後掲①9頁以下）。この立場は，公然性の要件に，社会的情報伝達のみを規制対象とする趣旨を読み込み，そこから，不特定または多数人に直接摘示しなければ，「公然と」とはいえないとする結論を導く。これを，私的領域の保護に配慮する立場と理解したとき，伝播性の理論を否定する論拠として説得力があるか。ほかに，伝播性の理論を否定する実質的な理由付けがありうるかを併せて考察せよ。
> 3. 1名の新聞記者に，ある有名人が強制わいせつ罪で逮捕されたことがあるという事実を伝える行為の罪責を論ぜよ。

② 事実の公共性──230条の2の意義

> 設例Ⅱ　月刊ペン事件
> 雑誌編集者であるXは，K宗教団体を批判する雑誌連載のなかで，同団体の会長Aの私的な行動をとりあげ，ある号では「Aは女性関係が非常に華やかで，病的・色情狂的ですらあるとの情報が，さる筋から執ように流れてくるのはどういうわけか……」，ある号では「Aには芸者であるめかけMがいる。Mは典型的なAの好みのタイプだといわれるが，なるほどいわれてみると，Aのお手つき情婦として，国会に送り込まれたとされている元○○党議員のB子とC子もそのようなタイプだ」などという文章を掲載した。雑誌の販売数は約3万部であった。【最一小判昭和56年4月16日刑集35巻3号84頁［百選Ⅱ各論17事件］参照】

> 入口の質問
> 1. 230条の2にしたがって真実性の証明がなされたとき，当該名誉毀損行為が不可罰となる実質的な理由を考察せよ。

2. 民主主義社会において，言論・表現の自由が保障されなければならないのはなぜか。
3. 230条の2が，事実の公共性と並んで目的の公益性を真実証明の前提条件としていることの意義を考えよ。設例類似の事案において，最高裁は，「［事実を］摘示する際の表現方法や事実調査の程度などは，同条にいわゆる公益目的の有無の認定等に関して考慮されるべきことがら」と述べているが，ここでは，目的の公益性にはどのような意味が与えられているか。

設例Ⅱ解題 事実の公共性とプライバシー

(1) 判 例

　名誉毀損罪は，摘示された事実が真実であっても成立する。しかし，そのために，例えば政治家の言動に対する批判のような，正当な言論が抑圧されることがあってはならない。230条の2は，人格権としての個人の名誉の保護と，憲法21条による正当な言論の保障との調和をはかるために置かれた規定である（後掲最大判昭和44・6・25参照）。230条の2は，事実の真実性を証明する前提条件として，事実の公共性と目的の公益性を挙げている。しかし，目的の公益性を，「公益に資することの認識」であると解するなら，事実の公共性が認められてなお目的の公益性が否定されるという事態は考えにくいであろう。判例は，目的の公益性において行為者の動機を問題とすることにより，同要件に事実の公共性に還元されない独自の意味を与えている。とはいえ，判例も，文字通り「専ら」公益を図る動機でなければならないとするわけではなく，主たる動機が公益目的であれば，不純な目的が併存しても公益性を認める。したがって，いずれにせよ，目的の公益性要件が果たす役割はさほど大きなものではなく，真実性の証明が許容される範囲は，もっぱら事実の公共性の要件により限定されることになる。

　設例Ⅱの事案では，被害者は，社会的に影響力の大きい人物ではあるが，摘示された事実は，女性関係という，純粋に私生活上の事実である。そこで，私生活上の事実であっても，「公共の利害に関する事実」といえる場合があるかが問題となる。

　設例類似の事案について，第1審および控訴審は，私生活上の事実に関する当該事実摘示を「公共の利害に関する事実」とは認めず，真実性の証明を許さなかった。しかし，最高裁は，「私人の私生活上の行状であっても，そのたずさわる社会的活動の性質及びこれを通じて社会に及ぼす影響力の程度などのいかんによつては，その社会的活動に対する批判ないし評価の一資料として，刑法230条ノ2第1項にいう『公共ノ利害ニ関スル事実』にあたる場合があると解すべきである」として，原判決および第1審判決を破棄し，第1審に差し戻した。最高裁は，事実が公共の利害に関する事実であるとするに際し，被害者（設例ⅡではA）が，多数の信徒を擁するわが国有数の宗教団体（設例ⅡではK会）において，「その教義を身をもって実践すべき信仰上のほぼ絶対的な指導者であつて，公私を問わずその言動が信徒の精神生活等に重大な影響を与える立場にあつた」ことや「右宗教上の地位を背景とした直接・間接の政治的活動等を通じ，社会一般に対して少なからぬ影響を及ぼしていたこと」，「相手方とされる女性2名も，同会婦人部の幹部で元国会議員という有力な会員であつたこと」を重視している。

(2) 私生活上の事実に関する公共性の限界

　設例Ⅱのもととなった事案には，①Aが大規模な宗教団体の会長であるとともに，大きな政治的影響力をもつ人物であった②相手方の女性は同団体の幹部であり元国会議員であった，という特殊な事情があったことから，Aの女性関係に関する事実に事実の公共性を認めた最高裁の判断に反対する見解は少ない。しかし，異性関係という，全くの私事について，その摘示行

為を正当化することが妥当かについては、慎重な検討が必要である。

まず、事実の公共性の要件が、なぜ要求されているのかを考えてみよう。230条の2は、名誉の保護と言論・表現の自由の保障との調和をはかるための規定とされる。表現の自由を支える価値には、個人が言論活動を通じて自己の人格を完成させるという個人的価値（自己実現の価値）と、言論活動によって国民が政治的意思決定に関与するという社会的価値（自己統治の価値）があるとされる（芦部信喜＝高橋和之補訂・憲法〔3版、2002〕162頁）が、事実の公共性の要件は、もっぱら後者に配慮したものといえよう。

このことに着目して、近時の有力説は、公共の利害に関する事実とは、「市民が民主的自治を行う上で知る必要がある事実」であると解している（平川・各論231頁、西田・各論113頁など）。これは、従来「公共の利益増進に役立つ」などと理解されていた内容の実質に、より明確な輪郭を与えるものであり、適切と思われる。

このような理解にたつと、大規模宗教団体の会長でありかつ政治的影響力を有するAのような人物については、その私生活に関わる事実も、確かに、公人としてのAの評価に影響を与える事実であるといえる。したがって、名誉との関係だけを考えるならば、少なくともその真実性の証明がなされ、その評価が虚名であることが明らかになった場合には、Aの名誉侵害が、その公共の利益のゆえに、正当化されるとするのは妥当と思われる。

しかし、異性関係のような純然たる私事については、そのプライバシーとしての側面も考慮する必要がある。名誉毀損罪自体は、プライバシーとは区別された社会的評価を保護法益とするものだとしても、その正当化事由である230条の2の解釈においては、被害者のプライバシー保護のためしかるべき配慮がなされるべきである。プライバシー保護の実質を、社会的評価から自由であるべき領域の保護に求めるなら（佐伯・後掲②79頁参照）、プライバシーに属する事実は、たとえその内容を知れば国民が政治的意思決定の判断資料とするようなものだとしても、国民の知る権利が及ぶ対象ではないと考えられる。確かに、宗教家は、「教義を身をもって実践すべき」とはいえるし、「公私を問わずその言動が信徒の精神生活に重大な影響を与える」場合もあるであろう。しかし、だからといって、私生活がすべて公開されてよいということはできないと思われる。プライバシーの利益それ自体は、公共の利益によって相殺される性質のものではない。したがって、摘示事実が、重大なプライバシー侵害である場合には、いかなる事情があっても、事実の公共性が認められるべきではないであろう。本事案がそのような場合でなかったかは、疑問の余地があると思われる。

展開質問 2

1. 設例ⅡのAは、宗教家でありかつ政治的影響力ももつ人物であったことが、その私生活上の行状に事実の公共性が認められた理由と考えられる。それでは、宗教家としての側面をもたない有力政治家の私生活についてはどう考えるべきか。

2. 本判決は、事実の公共性の判断方法について、「事実自体の内容・性質に照らして客観的に判断されるべきもの」と判示している。本判決以前、下級審判例は、事実の公共性は、表現方法、事実調査・名誉侵害の程度などを総合的に考慮して判断するべきものとしていた（東京高判昭和28・2・21高刑集6巻367頁など）。後者の判断方法によると、設例Ⅱのように、嘲笑的な事実摘示をしていることはどのように評価されるか。それは妥当か。

③ 真実性の誤信

> **設例Ⅲ** 夕刊和歌山時事事件
> 地方新聞の発行人であるXは，同じ地域で暴露記事を売り物にしたM新聞を発行するAの新聞人としての態度を批判する記事のなかで，M新聞の記者がAの指示のもとに，市役所の職員に向かって「出すものを出せば目をつぶってやるんだが，チビリくさるのでやったるんや」と聞こえよがしの捨てぜりふをはいたうえ，上層の主幹に向かって「しかし魚心あれば水心ということもある。どうだ。お前にも汚職の疑いがあるが，一つ席を変えて一杯やりながら話をつけるか」と凄んだ旨の記載をし，数千部を頒布した。M新聞記者の発言を真実と認定するだけの証拠は認められなかったが，Xは「相当な資料・根拠をもって事実を真実と確信していた」と主張した。【最大判昭和44年6月25日刑集23巻7号975頁〔百選Ⅱ各論18事件〕参照】

入口の質問

1. 230条の2は，正当な表現活動を保護するための規定とされる。その観点から考えたとき，ある新聞記者が，充分な調査のうえで事実が真実であると確信して政治家の不正を暴いたが，その後新たな資料が発見され，当該不正行為が政治家と無関係であることが分かったという場合に，新聞記者の行為を処罰することは妥当か。
2. 他方，ある新聞記者は，ろくに調べもせずに，ある政治家が選挙違反行為を行ったと信じ込み，その旨の記事を新聞に掲載した。この記者は，名誉毀損罪で処罰されるべきか。
3. 調べたか，調べないかは，名誉侵害の有無と関係するか。

設例Ⅲ解題 真実性の誤信はどの範囲で，なぜ許容されるべきなのか？

(1) 判 例

かつての判例は，行為者が事実が真実であると誤信していたとしても，そのことは行為者の罪責に影響を与えないとしていた（前掲最一小判昭和34・5・7）。これは，230条の2は処罰阻却事由であり，その錯誤は行為者の故意を阻却しないという立場に立脚するものであったと考えられる。しかし，この立場にたつと，行為者が相当の資料に基づいて真実であると確信して事実を摘示した場合であっても，裁判において真実性の証明に失敗すれば，ただちに名誉毀損罪で処罰されることになることから，表現の自由の保障という目的が充分に達せられないとして，学説上批判が強かった。最高裁はこれに応えて，設例類似の事案において，判例変更を行った。最高裁は，名誉の保護と正当な言論の保障の調和と均衡を考慮して，「たとい刑法230ノ2第1項にいう事実が真実であることの証明がない場合でも，行為者がその事実を真実であると誤信し，その誤信したことについて，確実な資料，

根拠に照らし相当の理由があるときは，犯罪の故意がなく，名誉毀損の罪は成立しないものと解するのが相当である」としたのである。

この判例変更は，おおむね適切なものと受け止められた。しかし，なぜ，「軽率に信じた場合には故意はある」が，「相当の理由があるときは，故意がない」との結論が導かれるのか，判例は明らかにしていない。そこで，学説は，この結論を理論的にどのように説明するかをめぐって，議論を重ねることとなった。

(2) 230条の2の法的性格

すでに述べたように，230条の2は，名誉の保護と言論・表現の自由の保障の調整をはかる趣旨の規定とされている。これを，名誉の侵害という不利益を，言論・表現の自由の保障による利益が上回った場合に，名誉毀損行為を正当化する趣旨の規定と考えれば，230条の2は違法阻却事由であると解するのがむしろ素直な解釈である。しかし，230条の2を違法阻却事由であるとすると，違法阻却事由の錯誤は故意を阻却するとする通説の立場からは，行為者がどれだけ軽率であっても，真実であると誤信している限り故意が否定され，不可罰ということになる。表現の自由を重視して，意図的に虚偽の事実を摘示するのでなければ処罰するべきでないとするのも1つの考えであるが，他人の名誉を害する行為である以上，軽率な誤信に基づく言論まで保護する必要はないというのが，多数の見解である。そこで，軽率な誤信は処罰し，理由のある誤信は処罰しないという結論をどう導くかが，理論的な課題となる。

当初，有力な説は，「事実が証明可能な程度に真実であったこと」が違法性（ないし構成要件該当性）を阻却するのだと解し，そこから，行為者が証明可能な程度の資料・根拠をもって事実を真実と誤信した場合にのみ，故意が阻却されるとの帰結を導いた。判例変更を果たした前述の最高裁判例（前掲最大判昭和44・6・25）も，これを参考にしたものといわれている。しかし，この見解に対しては，証明の有無という手続的な要件を，違法性ないし構成要件該当性の有無という実体法上の判断に直に反映させるのは不自然であること，さらに，230条の2をこのように理解したとしても，行為者が「真実であり，証明可能だ」と信じていれば，証明可能な程度の資料・根拠をもたなくても故意は阻却されるはずであり，軽率な者を処罰するという意図は達せられないことなどが指摘され，通説となるにはいたらなかった。

近時の有力説の1つは，230条の2を，旧判例と同様に処罰阻却事由と解したうえで，相当の根拠に基づく真実性の誤信を，35条の正当行為として正当化する（大谷・各論173頁，前田・各論127頁，中森・各論96頁）。この見解は，確かに，判例の結論を説明することができるが，公共の利害に関わる真実の摘示も違法であるとの前提をとることには強い批判がある。同説は，表現の自由として保障されるべきなのは，「真実の言論」ではなく，「相当な根拠のある言論」であるとの立場にたつものといえる（しかし，それではなぜ事実が真実であれば処罰が阻却されるのかは明らかにされていない）。しかし，国民の自己統治の価値に資するのは，客観的に真実である情報であって，相当な根拠の有無は直接には関わりがないとすれば（佐伯・後掲②83頁以下），事実の真実性は違法性を阻却すると考えなければならないであろう。

しかし，230条の2を単に違法阻却事由とするだけでは，軽率な誤信でも不可罰という結論を回避できない。そこで，230条の2を，事実が真実である場合の違法性を阻却する違法阻却事由を定める規定であると同時に，真実性の誤信に過失がある場合の名誉毀損行為を過失犯として処罰する「特別の規定」（刑38Ⅰ但）と解し，真実性の誤信は軽率なものであっても故意を阻却するが，真実性の誤信に過失がある場合には，過失名誉毀損罪として処罰されるとする解釈が主張されている（佐伯・後掲②84頁，西田・各論119頁）。これに対しては，事実の真実性という違法性を基礎づける事実について，挙証責任が被告

人側に転換されると解するのは妥当でないという批判があり（山口・各論145頁），この立場からは，事実の真実性は，違法性の減少に基づく処罰阻却事由であり，処罰阻却事由であるから誤信は故意を阻却しないが，事実の真実性が処罰阻却事由であるということは，裏側からいうと，事実の虚偽性が（違法性に関わる）処罰条件であるということであるから，責任主義の観点から，事実の虚偽性の存在について過失が必要であり，相当の根拠を持って真実と誤信した場合は処罰されないとする見解が主張されている（山口・各論145頁。類似の見解として，町野・後掲④334頁，内田・各論220頁）。しかし，この見解も，「違法性に関わる」事実について挙証責任の転換を認めるのであり，その点について合理的な理由が別途必要であることに違いはない。表現の自由（受け手の側から捉えると「国民の知る権利」）という重要な利益に資する行為を，単に処罰阻却事由とすることの不自然さを考えあわせると，処罰阻却事由―過失必要説を，違法阻却事由―過失名誉毀損説の難点を回避する説と評価できるかには疑問がある（西田・各論119頁）。

展開問題 3

1. 充分な調査，確実な資料に基づいてなされた公共の利害に関する事実の摘示を，事実が真実でなかった場合でも，不処罰とするべきなのはなぜか。
2. そもそも，現行法が，事実が真実である場合でも，名誉毀損罪が成立するとしているのはなぜか。この現行法の立場は妥当か。

出口の質問

1. 現行法は，名誉毀損罪によって，事実的名誉（現実に通用している社会的評価）を保護していると考えられる。これに対しては，「虚名」まで刑事罰を用いて保護する必要はないとし，規範的名誉（本来あるべき社会的評価）を保護法益とするべきだとの見解がある。一方で，名誉毀損罪には，名誉だけでなく，プライバシーを保護する機能もあるとして，事実の真否にかかわらず処罰対象とすることを積極的に評価する見解もある。名誉の概念とプライバシーの概念を整理し，この両見解の是非を論ぜよ。

参考文献

① 平川宗信・名誉毀損罪と表現の自由（有斐閣，1983）
② 佐伯仁志「名誉とプライバシーに対する罪」芝原邦爾ほか編・刑法理論の現代的展開各論（日本評論社，1996）76頁
③ 丸山雅夫「名誉の概念」刑法の争点（3版，2000）148頁
④ 堀内捷三「真実性の錯誤」刑法の争点（3版，2000）150頁
⑤ 町野朔「名誉毀損とプライバシー」石原一彦ほか編・現代刑罰法大系(3)（日本評論社，1982）319頁

（辰井聡子）

16 業務妨害罪

論 点
1. 業務の要保護性
2. 公務執行妨害罪との関係
3. 威力と偽計

1 業務の要保護性

設例 I 新宿ホームレス退去妨害事件
　東京都は，新宿駅西口の地下道（都道）に「動く歩道」を設置する際に，通路上に起居する路上生活者が退去しなかったので，警察官に依頼して排除し，彼らの居住する段ボール小屋の撤去に着手したが，被告人XとYは，それを実力で阻止しようとし，鶏卵などを投げつけたり，バリケードを構築したりして，工事を妨害した。なお，東京都には，道路法71条1項に基づく除却命令を発し，行政代執行の手続をとらなかったという法的瑕疵があった。【最一小決平成14年9月30日刑集56巻7号395頁，判時1799号17頁，判タ1105号92頁［平成14年度重判解刑法2事件］参照】

入口の質問
1. 公務員とは何か（刑7）。また，公務と業務の違いを説明せよ。
2. 刑法における業務の概念を検討せよ。例えば，業務上過失致死傷罪（刑211）における業務と業務妨害罪（233，234）における業務の概念は異なるのか。
3. 業務妨害罪の保護法益は何か。
4. 業務の執行にあたって法的瑕疵が認められる場合でも，その業務は保護されるのか。

設例 I 解題　違法な業務の要保護性

(1) 判 例
　業務妨害罪における業務とは，職業その他社会生活上の地位に基づき継続して行う事務または事業をいう（大判大正10・10・24刑録27輯643頁）。「人の業務」とは，犯人以外の者の業務のことであり，自然人だけでなく法人や集団の業務も含まれる（大判大正15・2・15刑集5巻30頁）。ただし，娯楽として行う行為や日常の家庭生活は除外されるし，団体の結成式のように，1回しか行われないものも含まれない（東京高判昭和30・8・30高刑集8巻6号860頁）。
　業務の要保護性に関しては，業務が平穏に行

われていれば保護に値するので，免許や権利を有しないときでも本罪の成立は認められる。例えば，知事の許可を得ていない浴場営業を妨害した場合にも本罪は成立する（東京高判昭和27・7・3高刑集5巻7号1134頁など）。設例Ⅰと同様の事件に対して，第1審は，手続上の重大な瑕疵があるとして，業務の要保護性を否定したが（東京地判平成9・3・6判時1599号41頁），第2審は，業務が反社会性を帯びておらず，事実上平穏に行われていることを理由に，保護に値するとした（東京高判平成10・11・27高刑集51巻3号485頁）。そして，最高裁は，以下のように述べて，第2審の判断を是認した。「本件工事は，公共目的に基づくものであるのに対し，本件通路上に起居していた路上生活者は，これを不法に占拠していた者であって，これらの者が段ボール小屋の撤去によって被る財産的利益はごくわずかであり，居住上の不利益についても，行政的に一応の対策が立てられていた上，事前の周知活動により，路上生活者が本件工事の着手によって不意打ちを受けることがないよう配慮されていた……。しかも，……行政代執行の手続を採る場合には，除却命令及び代執行の戒告等の相手方や目的物の特定等の点で困難を来し，実効性が期し難かったものと認められる。そうすると，道路管理者である東京都が本件工事により段ボール小屋を撤去したことは，やむを得ない事情に基づくものであって，業務妨害罪としての要保護性を失わせるような法的瑕疵があったとは認められない」。

なお，後述する「公務執行妨害罪との関係」について，本決定は，従来の判例を踏襲し，以下のように述べて，威力業務妨害罪の成立を肯定している。「本件において妨害の対象となった職務は，動く歩道を設置するため，本件通路上に起居する路上生活者に対して自主的に退去するよう説得し，これらの者が自主的に退去した後，本件通路上に残された段ボール小屋等を撤去することなどを内容とする環境整備工事であって，強制力を行使する権力的公務ではないか

ら，刑法234条にいう『業務』に当たると解するのが相当であり（後掲最一小決昭和62・8・12［設例Ⅱ判例］，および後掲二小決平成12・2・17を引用），このことは，……路上生活者が警察官によって排除，連行された後，その意思に反してその段ボール小屋が撤去された場合であっても異ならないというべきである」（括弧内は執筆者による）。ちなみに，第1審は，本件工事を「強制力を行使する権力的公務である」としたが，第2審は，都職員には実力を行使する意思はなく，かつ，そのための体制を整えていなかったのであるから，強制力を行使する権力的公務に当たるとはいえない，として威力業務妨害罪の成立を認めていた。

(2) **業務妨害罪の保護法益・業務の要保護性**

業務妨害罪の保護法益に関して，これを経済的活動に限定すべきであるとの有力な見解があるが（山口・各論150頁，林・各論132頁），通説は，人の社会生活上の地位における人格的活動の自由と解している（大谷・各論135頁，中森・各論69頁，曽根・各論71頁，平野・概説186頁）。業務の意義に関しては，継続性の要件について争いがある。通説・判例は，前述のように業務の継続性を要件としているが，大韓民国青年団支部の結成式は業務でないとした前述の判例（前掲東京高判昭和30・8・30）に対して，政党の結党大会などが業務にあたるとする判例（東京高判昭和37・10・23高刑集15巻8号621頁）が存在することについて疑問が提起されている（平野・概説186頁）。これに対して，1回しか行われないものであっても，団体の活動の一環として実行されたときは業務妨害罪の成立が認められるべきであるから，矛盾はないとする見解が主張されている（大谷・各論137頁，坪内利彦＝松本裕・大コンメ9巻92頁）が，「業務にあたるか否かは，当該事務の性質によって判断されるべき」であるとして，継続性の要件は不要であるとする見解も有力である（山口・各論155頁，伊東・各論97頁）。

業務の要保護性に関して，違法な業務は保護されないが，公務執行妨害罪における公務の適

法性とは異なり，業務の基礎となっている契約が無効であったり，行政上の許可を得ていないことによって，本罪の業務性は否定されないと解するのが一般である（坪内利彦＝松本裕・大コンメ9巻92頁）。したがって，判例と同様に，「平穏に行われている限り刑法上保護に値する」とする見解（大谷・各論136頁，中森・各論71頁）が有力であるが，これに対して，「当該業務の反社会性が本罪による保護の必要性を失わせる程度のものであるか否か」（西田・各論124頁）という基準も示されている。風俗営業法違反のパチンコ店の景品買いを妨害した事案に関する判例（横浜地判昭和61・2・18刑月18巻1・2号127頁）は，この点について，以下のように述べている。「刑法234条の罪は人の業務を保護することによって経済生活を保護しようとするもので，その保護法益にてらし，同条にいう業務は『事実上平穏に継続されている一定の業務』というべく，従って反社会性の明らかな業務であれば格別，単に行政取締法規に違反する不適法な点があるからといって直ちに刑法234条の保護の外におかれるものではないと解する」。このように，ほとんどの事例においては，事実上平穏に行われているものは反社会性がないといえると思われるが，本件のように，騒然とした状況において業務が執行されることもあるのであるから，「事実上平穏に行われている」という基準は不適切であるとの指摘がみられるところである（朝山芳史「時の判例」ジュリ1241号94頁）。

なお，刑法における業務の概念としては，本罪のように，業務が保護の対象となっている場合以外に，①業務上の過失が加重処罰されている場合（業務上過失致死傷罪，業務上失火罪など），②業務者による場合の刑の加重（業務上横領罪，業務上堕胎），③違法性阻却事由となっている場合（正当業務）がある。

展開質問1

1. 公務執行妨害罪の場合，職務の執行が適法であることを要するとされているが，その要件と業務妨害罪の場合を比較・検討せよ。
2. 業務の要保護性について，設例Ⅰの題材となった事件に関する最高裁決定と，第1審，第2審判決との違いを検討せよ。
3. 民間業務と公務とでは，要保護性の要件は異なるのか。

② 公務執行妨害罪との関係

設例Ⅱ　新潟県議会事件

被告人Xらは，N県議会総務文教委員会における条例案の採決を阻止しようとして，委員会室に乱入し，激しい抗議活動を行った。そのため，委員長らが退出すると，出入口に施錠し，部屋の内側にバリケードを築いて立てこもり，委員会の開催を妨害した。【最一小決昭和62年3月12日刑集41巻2号140頁，判時1226号141頁，判タ632号107頁［百選Ⅱ各論20事件］参照】

入口の質問

1. 威力業務妨害罪（刑234）における「威力」とは何か。
2. 威力によって公務の執行を妨害した場合に，業務妨害罪は成立するか。
3. 非権力的公務，民間類似性，現業性の意味を明らかにせよ。

設例II解題　業務と公務——威力業務妨害罪と公務執行妨害罪との関係

(1) 判　例

　公務に関する威力業務妨害罪の成否に関して，判例の立場には変遷がみられる。以前の判例（最大判昭和26・7・18刑集5巻8号1491頁）は，業務妨害罪の業務には公務員の職務は含まれないとしていたが，その後，民間類似の業務について，業務妨害罪の成立を認めた（最二小判昭和35・11・18刑集14巻13号1713頁）。事案は，旧国鉄職員の行う業務を妨害したものであるが，「事業ないし業務遂行の実態は，まさに民営鉄道のそれと同様である」ことを理由として，業務妨害罪の成立が認められ，このことはその後の大法廷判決でも確認された。すなわち，「『国鉄』の行う事業ないし業務の実態は，運輸を目的とする鉄道事業その他これに関連する事業ないし業務であつて，国若しくは公共団体又はその職員の行う権力的作用を伴う職務ではなく，民営鉄道のそれと何ら異なるところはないのであるから，……国鉄の行う事業ないし業務は刑法233条，234条にいう『業務』の中に含まれる……。国鉄職員の非権力的現業業務の執行に対する妨害は，その妨害の手段方法の如何によつては，刑法233条または234条の罪のほか同95条の罪の成立することもあると解するのが相当である」（最大判昭和41・11・30刑集20巻9号1076頁［百選各論〈2版〉57事件］）とされたのである。さらに，最高裁は，設例IIと同様の事件において以下のように述べて，民間類似の業務以外にも威力業務妨害罪の成立を肯定することになった。「本件において妨害の対象となつた職務は，新潟県議会総務文教委員会の条例案採決等の事務であり，なんら被告人に対して強制力を行使する権力的公務ではないのであるから，右職務が威力業務妨害罪にいう『業務』に当たるとした原判断は，正当である」（前掲最一小決昭和62・3 12)。この立場は，公職選挙法上の選挙長の立候補届出受理事務を妨害した事件に関する最近の最高裁決定においても維持されている（最二小平成12・2・17刑集54巻2号38頁［平成12年度重判解刑法8事件］）。

(2) 業務と公務の関係

　学説は，①全ての公務が業務に含まれるとする積極説（大谷・各論138頁，坪内利彦＝松本裕・大コンメ9巻95頁），②公務は業務に含まれないとする消極説（吉川・各論115頁），③権力的・支配的公務は業務に含まれないが，非権力的・私企業的公務は業務に含まれるとする二分説が対立している。さらに，二分説については，③－(a)非権力的公務は業務妨害罪と公務執行執行妨害罪の対象となり，暴行・脅迫によって非権力的公務を妨害した場合には，公務執行妨害罪と業務妨害罪が成立するとする「限定積極説」（西田・各論126頁，大塚・各論159頁，内田・各論159頁，林・各論136頁）と，③－(b)権力的公務については公務執行妨害罪の成立があるのみで，非権力的公務を暴行・脅迫によって妨害した場合は，公務執行妨害罪の適用を否定し，業務妨害罪の成立を認める「公務振り分け説」（団藤・各論536頁，中森・各論71頁，前田・各論135頁，伊東・各論102頁，新倉・後掲①133頁），③－(c)非公務員の行う公務は業務に含まれるとする「身分振り分け説」（内藤謙「信用毀損罪，業務妨害罪」注釈刑法(5)［1965］400頁）に分かれている。

　二分説に関しては，非権力的，私企業的（民間類似），現業，妨害に対する自力排除などの基準が曖昧であると批判されている。例えば，現業については，「管理的な事務でなく，実地・現場

の業務」（広辞苑）という定義以外に，「非権力的な行政・業務」（新法律学辞典〈3版〉）とするものや，「純粋に機械的な労務提供」（伊東・各論106頁，大塚裕史・刑法各論の思考方法［2003］372頁）などがあり，一致した理解があるとはいいがたい。また，威力業務妨害罪と偽計業務妨害罪との間で，業務の範囲が異なる解釈は不当であるとされている（坪内利彦＝松本裕・大コンメ9巻94頁）。なお，最近では，威力業務妨害罪については限定積極説を採用し，偽計業務妨害罪については積極説を採用する修正積極説も主張されている。「強制力は偽計に対しては無力だと解される」からである（山口・各論159頁）。

積極説に対しては，逮捕行為のように自力で抵抗を排除できる場合に，威力業務妨害罪の成立を認めるのは，公務執行妨害罪の手段が暴行・脅迫に限定されている趣旨を否定することになるとの批判が向けられている（前田・各論136頁）。また，公務を公務執行妨害罪と業務妨害罪によって二重に保護するのは妥当でないとされている。限定積極説からは，「公務が公共の福祉を目的とするものである以上，民間の業務より厚く保護されることには合理性がある」（西田・各論126頁）と主張されるが，これに対しては，私鉄や私立大学の業務など高度の公共性を有する民間業務との取扱いが異なるのは不当であると反論されている（曽根・後掲②75頁）。

展開質問2

1. 威力業務妨害罪と公務執行妨害罪との関係について，積極説ないし限定積極説を採用した場合，両罪の関係は観念的競合か法条競合か。
2. 国立大学と私立大学の入学試験業務を妨害した場合，両者の間に差は存在するか。
3. 警察官とその補助者（民間人）が行っている交通整理を威力によって妨害した場合の罪責を考えよ。

③　威力と偽計

設例Ⅲ　猫の死骸発見事件

被告人Xは，上司Aとの折り合いが悪く，種々の不満を抱いていたので，部下の職員Yと共謀し，Aの部屋にYを忍び込ませ，Aの作業服のポケットに犬のふんを，机の引出しにマーキュロクロム液で赤く染めた猫の死骸を入れさせた。【最二小決平成4・11・27刑集46巻8号623頁，判時1441号151頁，判タ804号83頁［平成4年度重判解刑法5事件］参照】

入口の質問

1. 被害者の面前で威力を示す必要はあるか。
2. 威力と偽計の違いを明らかにせよ。
3. 刑法233条および234条では，「業務を妨害した」と規定されているが，業務を妨害するおそ

れのある行為は両罪に該当するか。
4．昭和62年に新設された電子計算機損壊等業務妨害罪（刑234の2）の概略を説明せよ。

設例Ⅲ解題　威力業務妨害罪と偽計業務妨害罪の関係

(1) 判 例

　威力とは、「犯人の威勢、人数及び四囲の状勢よりみて、被害者の自由意思を制圧するに足る犯人側の勢力と解するを相当とするものであり、且つ右勢力は客観的にみて被害者の自由意思を制圧するに足るものであればよいのであつて、現実に被害者が自由意思を制圧されたことを要するものではない」とされ、また、「威力の有無は被害者の主観的条件の如何によつて左右されるべきものではない」とされている（最二小判昭和28・1・30刑集7巻1号128頁）。威力業務妨害の例としては、これまでに挙げた事例以外に、食堂に蛇を撒き散らした例（大判昭和7・10・10刑集11巻1519頁）や、国体会場に掲揚されていた国旗を焼失させた場合（那覇地判平成5・3・23判時1459号157頁）、弁護士の業務用かばんを奪取・隠匿した事例（最三小決昭和59・3・23刑集38巻5号2030頁［百選Ⅱ各論21事件］）などがある。設例Ⅲのような事例に関して、最高裁は以下のように述べて、威力業務妨害罪の成立を認めた。「被害者が執務に際して目にすることが予想される場所に猫の死がいなどを入れておき、被害者にこれを発見させ、畏怖させるに足りる状態においた一連の行為は、被害者の行為を利用する形態でその意思を制圧するような勢力を用いたものということができるから、刑法234条にいう『威力ヲ用ヒ』た場合に当たると解するのが相当であ［る］」（前掲最二小決平成4・11・27）。

　なお、刑法233条は、「虚偽の風説を流布し、又は偽計を用いて、人の業務を妨害した者は、3年以下の懲役又は50万円以下の罰金に処する」と規定し、234条が「威力を用いて人の業務を妨害した者も、前条の例による」と定めているのであるが、虚偽の風説の流布については、虚偽の事実を不特定または多数の者に伝播させることとされ（大判大正5・12・18刑録22輯1909頁）、「偽計を用いる」とは、相手方の錯誤または不知の状態を利用し、または社会生活上受容できる限度を越え不当に相手方を困惑させるような手段術策を用いることをいう、とされている（東京高判昭和48・8・7高刑集26巻3号322頁［百選Ⅱ各論〈2版〉23事件］）。偽計業務妨害の例としては、数百回にわたり中華そば店に電話をかけて出前注文を妨害した場合（前掲東京高判昭和48・8・7）や、マジックホンと称する器械を電話に取り付けて料金の徴収を妨害した事例（最三小決昭和59・4・27刑集38巻6号2584頁［百選Ⅱ各論22事件］）、デパートの布団売り場の布団に針を混入させた行為（大阪地判昭和63・7・21判時1286号153頁）、虚偽の犯罪事実を通報して海上保安庁の職員を出動させた例（横浜地判平成14・9・5判タ1140号280頁）などがある。

(2) 威力と偽計

　威力業務妨害罪における威力の意義に関しては、当該行為が「排除するのに威圧を感じるような場合に」限られるとする見解（平野・概説188頁）がある一方で、威圧的要素を不要とし、「文理的に厳格に解釈すべきでない」として判例の立場を支持する見解（河村・後掲③113頁）がある。

　判例において威力にあたるとされた事例については、①地位、権勢、集団の威圧的勢力の利用、②怒号等による混乱の惹起、③犯人の生命・身体への危険状態の作出、④物理的方法によるもの、⑤物の奪取・抑留という類型化が行われている（河村・後掲③113頁）。

　偽計に関する判例に関しては批判がみられる。第1は、前述の数百回の電話をかけた事例について、判例は、「不当に相手方を困惑させるような手段術策」を用いたものとして、偽計業務妨害罪の成立を認めたが、「『困惑』にまで偽計概

念を広げるのは行き過ぎである」とされている（前田・各論137頁）。第2は，マジックホンに関する判例について，人に対する働きかけの要素を不要にするものであるとして，疑問が提起されている（山口厚・百選Ⅱ各論〈4版〉48頁）。

偽計と威力の区別については，相手方の面前に業務遂行に対する障害を提示して，その自由意思を制圧する場合が威力業務妨害であり，障害の存在を秘匿し，不知錯誤に乗ずる場合が偽計業務妨害である，とされている（佐々木正輝・大コンメ9巻130頁，団藤・各論541頁，前田・各論138頁参照）。また，判例は，結果としての業務妨害が存するかぎり威力業務妨害罪の成立を肯定しているので，結局，業務の円滑な遂行が保護されることになるために，「偽計と威力の区別も本質的な意義を失い，単に業務妨害の手段が公然か非公然という差異でしかなくなっている」（西田・各論127頁）という指摘がみられる（須之内克彦・百選Ⅱ各論45頁参照）。

(3) 業務妨害

妨害行為について，判例は，業務の執行自体を妨害する場合に限らず，業務の経営を阻害する一切の行為を含むとしており（大判昭和8・4・12刑集12巻413頁），さらに，妨害の結果に関して，業務の執行またはその経営に対して，妨害の結果を発生させるおそれのある行為を行うことによって本罪は成立し，現実に妨害の結果を発生させたことを要しないとしている（大判昭和11・5・7刑集15巻573頁）。これについては，本罪の規定が「妨害した」となっているのであるから，結果の発生を必要とすべきであるとする見解も有力である（平野・概説188頁，西田・各論128頁，大谷・各論139頁）。

なお，改正刑法草案315条は，「前条の方法（虚偽の風説を流布し，又は偽計を用いて）により，又は威力を用いて，人の業務を妨害した者」と規定し，業務妨害罪と信用毀損罪とは別の犯罪類型であることを明らかにしている。

(4) 電子計算機損壊等業務妨害罪

本罪は，電子計算機（コンピュータ）による大量迅速な情報処理に基づいて行われる業務の範囲が拡大したことから，昭和62年の刑法一部改正によって，新たに設けられたものである。ここでは，いわゆる対物的加害行為による業務妨害が認められている（西田典之・百選Ⅱ各論〈4版〉47頁）。

本罪の規定は以下の通りである。「人の業務に使用する電子計算機若しくはその用に供する電磁的記録を損壊し，若しくは人の業務に使用する電子計算機に虚偽の情報若しくは不正な指令を与え，又はその他の方法により，電子計算機に使用目的に沿う動作をさせず，又は使用目的に反する動作をさせて，人の業務を妨害した者は，5年以下の懲役又は100万円以下の罰金に処する」（刑234の2）。

電子計算機とは，自動的に計算やデータの処理を行う電子装置のことである。自動販売機などのように，当該機器自体が自動的に情報処理を行っていないものは除外されるし，情報処理を行っていても，業務を左右するような判断や事務処理，制御等の機能を果たしているとは認められないものも本罪の電子計算機に該当しない。例えば，電卓や電子手帳，電子辞書などは本罪の客体とはならない。判例としては，パチンコ遊技台の電子計算機部分が本罪に該当しないとしたものがある（福岡高判平成12・9・21判時1731号131頁）。

加害行為は，①人の業務に使用する電子計算機若しくはその用に供する電磁的記録を損壊すること，②人の業務に使用する電子計算機に虚偽の情報若しくは不正な指令を与えること，③その他の方法であり，例示列挙の規定である。損壊には，電磁的記録の消去のような，効用を害する行為が含まれる。虚偽の情報とは，真実に反する情報のことをいい，不正の指令とは，与えられるべきでない指令のことをいう。その他の方法とは，電子計算機に向けられた加害手段であって，その動作に直接影響を及ぼすような性質のものをいう。例としては，電源の切断や動作環境の破壊などがある。

本罪の成立には，このほかに，上記の行為によって，電子計算機に使用目的に沿う動作をさせなかったこと，あるいは，使用目的に反する動作をさせたことが必要であり，その結果，人の業務を妨害した場合が処罰されることになっている。

展開問題 3

1. 偽計および威力を用いて業務を妨害した場合の罪数を考えよ。
2. 判例は業務妨害罪を危険犯ととらえているのか。そうであるならば，具体的危険犯か。
3. 設例Ⅲについて，犯罪の成立時期は，猫の死骸を引出しに入れた時点か，それとも引出しを開けて死骸を発見した時点か（井上弘通・最判解刑事篇平成4年度164頁参照）。

出口の質問

1. 公務と業務に関して，現行法の概念では広範に過ぎるという指摘がある（町野・現在377頁）。この問題を立法によって解決するとすれば，どのような規定が適切か。
2. 公務と業務の関係に関する限定積極説とは，二分説であると同時に，部分的積極説でもある。各説の異同を考えたうえで，その名称の妥当性を検討せよ。
3. 軽犯罪法1条31号は，「他人の業務に対して悪戯などでこれを妨害した者」と定めているが，この犯罪と業務妨害罪との関係を考えよ。また，刑法188条2項の説教・礼拝・葬式妨害罪との関係はどうか。
4. 弁護士のかばんを奪い取り，自宅に隠匿した場合，窃盗罪は成立しないのか。また，業務妨害罪と恐喝や暴行・脅迫などの他罪との関係を考えよ。

参考文献

① 新倉修「業務妨害罪」阿部純二ほか編・刑法基本講座(6)（法学書院，1993）124頁
② 曽根威彦「刑法における業務概念」刑法の重要問題〔各論〕（成文堂，補訂版，1996）64頁
③ 河村博「業務妨害罪」刑法の基本判例（1988）112頁
④ 江藤孝「公務執行妨害罪の問題点」中山研一ほか編・現代刑法講座(4)（成文堂，1982）19頁
⑤ 中森喜彦「公務に対する業務妨害罪の成否」判タ549号（1985）56頁
⑥ 井上大「業務妨害罪」阿部純二＝川端博編・基本問題セミナー刑法2各論（一粒社，1992）53頁
⑦ 京藤哲久「業務妨害罪」芝原邦爾ほか編・刑法理論の現代的展開各論（日本評論社，1996）117頁
⑧ 原田保「『公務・業務』概念に関する判例の解釈」西原春夫先生古稀祝賀論文集（成文堂，1998）3巻21頁
⑨ 中山研一「公務執行妨害か威力業務妨害か(1)〜(4・完)」北陸8巻2号（2000）1頁，8巻3号（2000）23頁，8巻4号（2001）1頁，9巻1号（2001）1頁

（川本哲郎）

17 刑法における財産の保護

論点
1. 奪取罪の保護法益
2. 権利行使
3. 不法原因給付
4. 誤振込み

1 奪取罪の保護法益

設例Ⅰ 自動車金融事件

貸金業者Xは，自動車金融を営んでいたが，自動車を転売した方が格段に利益が大きいため，融資金の返済が遅れれば直ちに転売する意図の下に，「車預からず融資，残債有りも可」という広告を出し，これ見て訪れた客Yに対し，用意していた買戻約款付自動車売買契約書に署名押印させて融資した。その契約内容は，Yが自動車を融資金額でXに売り渡して所有権と占有権をXに移転し，返済期限に相当する買戻期限までに，融資金額に利息を付した額を支払って買戻権を行使しない限り，Xが自動車を任意に処分できるというものであったが，XY間では，Yが契約後も自動車を保管し利用できることは当然の前提であった。ところが，Yが返済の準備をし，そのための交渉をしていたにもかかわらず，Xは返済期限の翌日未明にY宅に赴き，合鍵を用いてYに無断で当該自動車を引き揚げ，転売した。【最三小決平成元年7月7日刑集43巻7号607頁［百選Ⅱ各論23事件］参照】

入口の質問
1. 行為態様と客体の面から財産罪を体系的に分類せよ。
2. 本権説と占有説のそれぞれの立場から，刑法235条および同242条を解釈せよ。
3. 本権説と占有説の対立は何に由来するか。
4. 本権説の立場から，禁制品の奪取や第三者による盗品の奪取が窃盗罪を構成すると帰結することは可能か。

設例Ⅰ解題 買戻特約付売買と本権説・占有説

(1) 判 例

最高裁は，すでに，譲渡担保によってトラックの所有権を取得した債権者が，引き続き債務者に使用させていたところ，債務者に会社更生手続が開始され，管財人が管理するに至ったため，これを無断で運び去ったという事案で，「他

人の事実上の支配内にある本件自動車を無断で運び去つた被告人の所為」は窃盗罪を構成すると判示し（最三小判昭和35・4・26刑集14巻6号748頁［百選II各論〈2版〉24事件］），占有説的傾向を鮮明にしていた（判例各論147頁）。しかし，この事案では，行為者に所有権があったとしても，被害者の占有が違法であったり法令上無権限であったわけではなく，拡張本権説（(2)参照）からも是認することができた。のみならず，森林窃盗罪に刑法242条が適用されるかが問題となった事案では，「刑法242条は，同法36章の窃盗及び強盗の罪の処罰の範囲を拡張する例外規定であり……森林法において右規定を準用する旨の明文の規定がないのにもかかわらず……森林窃盗にも適用……することは，罪刑法定主義の原則に照らし許され」ないと判示していること（最一小決昭和52・3・25刑集31巻2号96頁）からすると，最高裁が，純粋占有説（(2)参照）のように，窃盗犯人から自己所有物を取り戻す場合にも原則的に窃盗罪の成立を認めるのか，必ずしも明らかではなかったのである。

ところが，本設例の事案で，「引き揚げた時点においては，自動車は借主の事実上の支配内にあつたことが明らかであるから，かりに被告人にその所有権があつたとしても，被告人の引揚行為は，刑法242条にいう他人の占有に属する物を窃取したものとして窃盗罪を構成するというべきであり，かつ，その行為は，社会通念上借主に受忍を求める限度を超えた違法なものというほかはない」として，窃盗罪の成立を認めるに至った（前掲最三小決平元・7・7）。これは，構成要件の段階では「事実上の占有」そのものを保護の対象とする一方，例外的に権利行使による違法阻却の余地を認めようとする枠組みを指向したものと考えられる。本件の場合，被害者は返済の準備をしまたはそのための交渉をしており，さらに実際の事案では，Xは一部の自動車を返済期限前に引き揚げることもしているのであって，被害者の占有に法的保護を認めることも十分可能であり，拡張本権説の立場によ

れば，実質的な違法判断を加えるまでもなく，窃盗罪の成立を是認することができるからである。

(2) **奪取罪の保護法益**

奪取罪の保護法益をめぐる基本的な対立の図式としては，刑法は民法上の権利を保護するのであり，財産犯の成否の前提として民事上の権利関係が問題となるときは，刑法上の解決は民事上の解決に完全に従属するという立場（純粋本権説，林・各論169頁）と，民法における自力救済の禁止から，構成要件レベルでは法的権限を問題とせずすべての占有を保護の対象とし，違法阻却のレベルで行為の必要性・緊急性や手段の相当性を考慮して正当化すれば足りるという立場（純粋占有説，前田・各論151-152頁）とがある。しかし，前者に対しては，占有が民事上違法とされる理由も様々であるから，およそ違法な占有は保護されないとするのは適当でないとの批判（中森・各論110頁）が妥当するほか，刑事裁判において民事上の権利関係の判断を原則的に回避しようとする判例の立場との整合性の問題も存する。一方，後者に対しても，保護に値する利益を伴わない占有までも窃盗罪の保護対象とすることは，個人財産の保護という刑法本来の任務を超えるだけでなく（西田・各論151頁），占有の背後の保護に値する利益の有無が違法阻却判断の一要素にすぎなくなるため，手段の相当性を欠くことを理由に窃盗罪の成立が肯定されるおそれもあるとの批判（芝原・後掲①167-168頁）が妥当しよう。

そこで，近時においては両説からの歩み寄りがみられ，占有説を出発点とする平穏占有説と，本権説を出発点とする拡張本権説が主張されている。前者は，窃盗罪の保護法益を占有としつつも，民事手続による回復を強制することが適当な法律関係，すなわち，当該占有の基礎に法律上の根拠がない場合においても，なお一定の法律上の手続により，最終的にその物の占有帰属関係が解決されるまでは，その「状態」を維持することに法的価値があると認められるよう

な「占有」(平穏な占有)に限り,窃盗罪の成立を肯定する見解である。窃盗犯人から直接取り戻すことまで一般的に処罰すべきではないが,賃貸借期間が過ぎているのに返さないので取り戻すのも窃盗でないとすべきではないという考慮に基づいている(平野・後掲②129頁)。これに対し,後者は,民事上の保護と刑法上の保護との間に若干のずれが起こりうることを認めたうえで,占有を侵害された側に一応の合理的理由があれば,その占有の背後に刑法上保護に値する財産的利益があるとみて,窃盗罪の成立を肯定するという見解である(芝原・後掲①172-173頁)。具体的な事案の解決に際して,両説の違いは余りないようにみえるが,例えば,所有権留保付きの割賦販売において買主が弁済せず清算の利益も存しないことが明白な場合に,売主が目的物を回収しても窃盗罪の成立を否定することができるという意味で,平穏占有説よりは窃盗罪の成立範囲は限定されることになるのである(西田・各論153頁)。

> 展開質問1
> 1. 最高裁が,本権説を基本としていた大審院と立場を異にし,占有説的傾向を鮮明にしていった背景には何があるか。佐藤道夫＝麻生光洋・大コンメ12巻168頁参照。
> 2. 設例Ⅰの最高裁の立場によると,いかなる場合に違法阻却が認められ,窃盗罪による処罰から除外されると解されるか。香城敏磨・最判解刑事篇平成元年度229頁以下参照。
> 3. 平穏占有説と純粋占有説ないし拡張本権説との相違点を明らかにせよ。

② 権 利 行 使

> 設例Ⅱ 債権回収事件
> XはYに対して100万円の債権を有していたが,Yは弁済期を過ぎたのに返済せず,再三の請求にも全く返済する気配がなかったので,やむなくYを呼び出し,「命が惜しければ取立手数料・遅延損害金等を含め120万円をすぐに支払え」と脅かし,翌日Yから現金120万円を受け取った。【最二小判昭和30年10月14日刑集9巻11号2173頁［百選Ⅱ各論54事件］参照】

> 入口の質問
> 1. 他人が不法に占有する自己の所有物を恐喝手段を用いて取り戻した場合,恐喝罪は成立するか。
> 2. 正当な債権を有する者が恐喝手段を用いて弁済を受けたとき,恐喝罪が成立するかという問題は,1と同レベルの問題と捉えてよいか。
> 3. 恐喝罪の成立に「財産上の損害」は必要か。必要だとすれば,何を財産上の損害とみるべきか。

設例Ⅱ解題　権利行使と恐喝

(1) 判　例

　かつて大審院は，①権利実行の意思がなくそれに仮託した場合は別として，正当な権利の範囲内で財物・利益を取得したときは恐喝罪を構成しないし，②権利の範囲を超えても，財物・利益が可分であれば権利を超過した部分の取得だけが恐喝罪となり，不可分であるときのみ全体について恐喝罪が成立するが（大連判大正2・12・23刑録19輯1502頁［判例各論190頁］），恐喝罪が成立しない場合でも，権利行使の手段が正当な範囲を超えれば脅迫罪を構成するとしていた（大判大正13・11・29新聞2337号22頁）。

　しかし，最高裁は，3万円の債権取立てに際し脅迫等の手段を用いて6万円を交付させたという事案で，「他人に対して権利を有する者が，その権利を実行することは，その権利の範囲内であり且つその方法が社会通念上一般に忍容すべきものと認められる程度を超えない限り，何等違法の問題を生じないけれども，右の範囲程度を逸脱するときは違法となり，恐喝罪の成立することがある」と判示し，「債権額のいかんにかかわらず，右金6万円の全額について恐喝罪の成立をみとめた」原判決は正当とするに至った（前掲最二小判昭和30・10・14）。この事案で交付された財物は可分な金銭であるから，本判決は前述の大審院準則②を否定したといえるし，「債権額のいかにかかわらず」恐喝罪の成立を認めるところからすると，3万円の債権の取立てに際し3万円を脅し取った場合でも「恐喝罪の成立することがある」という意味で，同準則①も否定したものと思われる（反対，西田・後掲③286頁）。

(2) 刑事裁判における民法上の権利関係

　事前に確定している債権額以上の金員を請求した場合，損害の範囲を除けば，恐喝罪の成立自体に異論はないし，不法行為・債務不履行に基づく損害賠償請求権のような内容の不確定な債権につき恐喝手段を用いて債務を履行させた場合も，その内容を民事裁判で争うという債務者の正当な利益を害することになるから，恐喝罪の構成要件該当性は否定できず，違法阻却の問題となる。

　ところが，この場合，実現されたとされる権利の存在が不明確なため，刑事裁判官は民事上の権利関係を審理せざるをえない。もし刑事裁判の帰すうが民事裁判の審理に左右されるようなことにでもなれば，それは著しく不当である。また，挙証責任を負う検察官が，当該権利の不存在を合理的な疑いを超える程度まで証明しなければならないとすれば，民事訴訟の一方当事者に全面的に肩入れすることになり，公権力の民事紛争への過度の介入を招きかねない。さらに，債権者が軽率にも権利の存在を信じただけで故意が阻却されるとするなら，被害者の保護に欠けることにもなるのである（以上の点につき，安廣文夫・最判解刑事篇昭和61年度225-227頁参照）。

　かかる問題点を回避するには，手段（権利行使の方法）の相当性だけを判断基準に設定して，他の権利や法益との調和を図れる限度で違法阻却すれば足りるようにも思える。しかし，これでは名目的な違法阻却にとどまるだけでなく，刑法の財産罪規定は，民事上保護される利益をより強力に保護することを介して財産的秩序を維持するものという思想と，相容れなくなるであろう。

　この困難な局面を打開するうえで注目に値するのが，消費者団体の役員である弁護士が，自動車会社から，自動車の欠陥に基づく損害賠償請求等の理由で多額の金員を喝取したとされるユーザーユニオン事件である。第1審判決は，前述の最高裁昭和30年判決に従って恐喝罪の成立を否定するには，権利の存在が明確であることを要するから，「少なくとも民事訴訟において

勝訴を期待し得る程度の，損害賠償請求権の存在についての証明」がなければ権利行使とはいえないとしたが（東京地判昭和52・8・12刑月9巻7・8号448頁［判例各論193頁］），控訴審判決は，権利の有無および数額が，終局的には，民事裁判で確定されるべき性質のものであることから，この最高裁の法理は，「他人に対して権利を有すると確信し，かつ，そう信ずるについて相当な理由（資料）を有する場合にも同様に妥当しなければならない」と判示した（東京高判昭和57・6・28刑月14巻5・6号324頁［判例各論195頁］）。ここから，次のような判断構造を引き出すことができる。すなわち，被告人側に権利があると確信した根拠となる証拠を提出させ，確信するにつき相当な理由があると刑事裁判官が判断すれば，少なくとも当該権利に類型的に含まれる法的利益が実現したと推定してよいということである。

なお，検察官が圧倒的な証拠収集能力をもっているからといって，被告人側の挙証責任を否定する必要はないであろう（反対，林・各論175頁）。確かに，刑事裁判では「無罪の推定」が妥当するので，挙証責任の転換を許すためには，例外を認める特別な事情がなければならない。しかし，この場合，①被告人の挙証事項が検察官の挙証するその他の部分から合理的に推認されること，②被告人が挙証する方がむしろ便宜な部分であること，③その他の部分を除いても，適正なものとして処罰が肯認されうることといった事情（田宮裕・刑事訴訟法［新版，1996］307頁）が認められるから，なお合理性は保ちうるように思われる。

では，「故意の問題」はどうすべきか。権利の存在が違法阻却事由だとすれば，いかに軽率にその存在を誤信したとしても故意は阻却しなければならない。しかし，ここで問題となっているのは，権利行使によって実現される法的利益と被害者の侵害された財産権との比較衡量である。その帰結は裁判官の法的判断を経て初めて明らかになるものであるから，実質は「違法性の錯誤」の問題といいうるものである。そうだとすれば，違法性の意識の可能性が否定されない限り，故意または責任を認めることも不可能ではない。

> **展開質問 2**
> 1. 1万円の時計を窃取した者に対し，損害賠償として50万円支払わなければ告訴すると通告して50万円を提供させた場合，恐喝罪は成立するか。
> 2. 設例Ⅱの請求額が当初の債権額100万円にとどまっていた場合でも，恐喝罪は成立するか。
> 3. 設例ⅡでXがYを呼び出した際，Yに「即刻120万円を支払う」旨の念書を書かせていたとした場合，成立するのは1項恐喝罪か2項恐喝罪か。また，どの時点で既遂となるか。

③　不法原因給付

> **設例Ⅲ**　盗品あっせん者代金着服事件
> Xは，三輪車タイヤ一式をYが窃取してきたものであることを知りながら，Aに売却するあっせんを行い，同人から代金1万4000円を受け取ったが，その保管中，自己の用途に費消した。【最三小判昭和36年10月10日刑集15巻9号1580頁参照】

入口の質問

1. Xが公務員Yに対し、賄賂として1000万円相当の絵画を贈与したところ、Yはこれを売却してその代金を自己の用途に費消したという場合、Yに横領罪は成立するか。
2. Xは、公務員Aに賄賂として1000万円相当の絵画を贈与しようと考え、Yに情を明かしてA宅に届けるよう依頼したところ、金に困っていたYは、これを売却してその代金を自己の用途に費消した場合、Yに横領罪は成立するか。
3. Yは、公務員Aに賄賂として渡すと欺き、Xから1000万円相当の絵画の交付を受けたという場合、Yに詐欺罪は成立するか。

設例Ⅲ解題　不法原因給付と横領

(1) 判例

大審院判例のなかには、委託された贈賄資金を費消した場合と同様に、「横領罪の目的物は単に犯人の占有する他人の所有物なるを以て足」り、当該金員は「窃盗犯人に於て被告人に対し返還の請求を為し得ざるに拘らず、依然被告人以外の者の所有物と認む可きこと明白な［り］」として、横領罪の成立を認めたものがある（大判大正4・10・8刑録21輯1578頁［判例各論288頁］）。しかし、委託された盗品を領得した場合、委託者には盗品の所有権はもとよりその売却代金の所有権もないのだから、委託者との関係では横領罪の成立は否定すべきことになろう（大判大正8・11・19刑録25輯1133頁［判例各論248頁］）。一方、所有権侵害を窃盗の被害者について考えてみると、委託された盗品を領得することで被害者の所有権を侵害するという実体は盗品関与罪の処罰理由に他ならないし、その売却代金に特定性がない以上、被害者の所有権の対象にはならない（不当利得返還請求権の引当てに過ぎない）から、被害者との関係では盗品関与罪の成立によりその犯罪性は評価し尽くされ、別途横領罪の成立を認める必要はないように思われる（大判大正11・7・12刑集1巻393頁［判例各論249頁］）。

ところが、最高裁は、設例Ⅲの事案で冒頭の判例に従い、当該金員は、窃盗犯人において、「被告人に対しその返還を請求し得ないとしても、被告人が自己以外の者のためにこれを占有して居るのであるから、その占有中これを着服した以上、横領の罪責を免れ得ない」と判示したのである（前掲最三小判昭和36・10・10［判例各論248頁］）。

(2) 不法原因給付物の他人性

設例Ⅲにおいて、盗品関与罪のほかに、売却代金の着服により横領罪が成立するとなると、同罪の保護法益を所有権とみる限り、売却代金の所有権は、委託の趣旨から窃盗犯人Yに帰属すると解さざるをえない。しかし、民法上所有権者でない者を刑法上所有権者だとして横領罪の成立を肯定するようなことが許されるのであろうか。

学説のなかには、委託者と受託者の関係は、民法的な財物所属関係だけでなく、「事実上の財物の社会的所属又は存在秩序に対する違法な侵害であるか否かによって決定されるべき」だから、委託者に所有権のない盗品であっても、委託者に事実上の社会的所属性ないし存在秩序が出来上がっている場合には、横領罪などの領得罪が成立すると考える立場から、前述の最高裁昭和36年判決に対し、「民法上の所有権や返還請求権にかかわらず、かような思考により所持侵害説的な立場から論断したもの」と評する見解がある（八木・後掲④56頁）。しかし、「他人の物」という明文に抵触してまで、刑法の民法への従属性を拒否する理由はないであろう。

さらに、窃盗犯人の所持する盗品を奪う行為も窃盗罪と解するのであれば、Xから見て明ら

かに他人の物である売却金を，Yとの信頼関係を破って領得した以上，Xに対する横領罪の成立を認めてよいとする見解もある（前田・各論161-162頁）。確かに，窃盗犯人の盗品に対する占有も被害者への返還に備えるという意味で保護に値するというのであれば，窃盗犯人からの盗品の委託も法律上保護に値するということも可能なようにみえる。しかしながら，受託者にとって盗品の委託は犯罪行為（盗品関与罪）を構成するのであるから，かかる犯罪行為の委託は保護されないと解さざるをえないのではなかろうか（山口・各論287頁）。

展開質問3

1. 相手方に所有権を移転する意思がある場合（不法原因給付）と，占有だけを移転するにとどまる場合（不法原因委託）とを区別し，民法708条の適用を前者に限定することで，贈賄資金の費消事例において横領罪の成立を認める見解（林・各論158頁）があるが，この学説についてどう考えるか。佐伯＝道垣内・後掲⑤43頁以下参照。
2. 私人間の利益の調整を主眼とする民法解釈と，委託者の側に「不法な領得行為に対して保護するに値する利益」が存在するか否かのメルクマールとしての他人性解釈とは，自ずから異なるのであって，窃盗犯人の占有する盗品の奪取を処罰する以上，たとえ賄賂目的のものであっても着服すれば当罰性を認めうるから，刑法上はなお他人の物と解すべきとの見解（前田・各論261頁）があるが，この学説についてどう考えるか。町野・後掲⑥185頁参照。
3. 設例ⅢでXが，情を知らないで窃盗犯人Yから盗品であるタイヤ一式を売却するために預かっていたが，その後盗品であることを知り金に困っていたので，Yに無断で売却してその代金を自己の用途に費消したという場合，Xに横領罪は成立するか。

4 誤振込み

設例Ⅳ 誤振込金払戻し事件

Xの税務申告等の顧問を務める税理士Yの集金事務代行者が，Yの妻による送金先届出の過誤という手違いにより，Yの口座に振り込むべき75万円をX名義の口座に振り込んだところ，Xはこれを奇貨として，被仕向銀行の窓口において入金分を含む88万円の払戻しを受けた。【最二小決平成15年3月12日刑集57巻3号322頁［セレクト'03刑法6事件］参照】

入口の質問

1. 債権額1000万円の取立ての依頼を受けたXは，債務者との交渉の結果，その1000万円を保管する目的で，自己の預金口座に振り込ませたところ，その後自己の債務の弁済に充当するため，①CD機から自己のカードを使って全額を引き出した場合，および，②ATM機を使用し全額を自己の債権者の口座に振替送金した場合について，Xの罪責を説明せよ。

2. 「預金の占有」概念と「預金による金銭の占有」概念との相違について説明せよ。
3. Xは，たまたま友人YのCDカードの暗証番号を知っていたので，そのカードを窃取し，①CD機からYのカードを使って全額を引き出した場合，および，②ATM機を使用し全額を自己の口座に振替送金した場合について，Xの罪責を説明せよ。

設例Ⅳ解題　誤振込みと財産犯の成否

(1) 誤振込み第三者異議事件以前の判例

自己の預金口座に誤って振込みがなされたとしても，従前の民事裁判例は，振込みの原因となる法律関係がなければ原則として預金債権の成立を認めなかった（名古屋高判昭和51・1・28金法795号44頁，鹿児島地判平成元・11・27金法1255号32頁）。預金契約上，口座名義人と銀行との間には，あらかじめ包括的に振込金の受入れを互いに承諾して預金債権を成立させるという関係があるものの，その事前承諾の範囲は，正常な取引通念や当事者の合理的意思からみれば，名義人と取引上の原因関係のある者による振込金に限られるはずだからである。加えて，いわゆる「棚ぼた式」利益論がその実質的理由になっていた。すなわち，受取人の無資力のリスクは，本来その債権者が負うべきところ，たまたま誤振込みがなされたことで受取人に預金債権が成立し，その債権者に債権回収が認められるのは「棚ぼた式」の利益を与えることになる一方，誤振込人には過誤に比して不相当な犠牲を強いることになるから，前者は特に保護に値しないとの利益衡量が成立するのである（森田・後掲⑦126頁）。

そのため，誤振込みによる入金記帳があっても，その金額価値に対して正当な払戻請求権はなく，刑法上，窓口で払戻しを受けた場合は1項詐欺罪，ＣＤ機から引き出した場合は窃盗罪，ＡＴＭ機で第三者の口座に振替送金した場合は電子計算機使用詐欺罪が成立すると解されてきた（西田・各論226頁）。例えば，送金銀行が円建てとドル建てを誤り，自己の預金口座に過剰入金があったことを奇貨として，自己のＣＤカードを用いてCD機から引き出したという事案で，東京高裁は，「預金口座の名義人と銀行との関係は，前者に正当な払戻し権限がある場合であっても，債権債務関係が成立しているだけであって，銀行の現金自動支払機内の現金について預金口座の名義人が事実上これを管理するとか，所持するとか，占有するとかいう立場にはなく，右現金は，銀行（現実には，当該銀行の支店長）の管理ないしは占有に属する」として，預金に対する事実的支配を否定する一方，「本件は，送金した銀行側の手違いにより，誤って被告人の預金口座に入金があったに過ぎず，被告人に右預金について正当な払戻し権限のない場合であるから……被告人が法律上の占有を取得することもないと解され」，従って，「銀行の現金に対する占有を侵害したものとして，窃盗罪が成立する」としているのである（東京高判平成6・9・12判時1545号113頁）。

本判決は，学説からは肯定的に論評されているが（佐藤・後掲⑧332頁），預金に対する横領罪の成立を肯定する判例法理との整合性の問題と，仮に本事案においてＡＴＭ機により第三者の口座に振替送金していたならば，刑の軽い背任罪しか成立しえないという問題性を指摘することができる。加えて，本判決後，誤振込みにおける預金債権の成否に関する前述の下級審判例の考え方を覆す最高裁民事判決が現れた。すなわち，受取人名を誤記して振込みを依頼した者が，その受取人の預金を差し押さえた債権者に対して，第三者異議の訴えにより強制執行の不許を求めた事案で，次のように判示して，預金債権の不成立を理由に請求を認容した原判決を破棄自判し，請求を棄却したのである。

「振込依頼人から受取人の銀行の普通預金口

座に振込みがあったときは，振込依頼人と受取人との間に振込みの原因となる法律関係が存在するか否かにかかわらず，受取人と銀行との間に振込金額相当の普通預金契約が成立し，受取人が銀行に対して右金額相当の普通預金債権を取得するものと解するのが相当である。けだし，前記普通預金規定には，振込みがあった場合にはこれを預金口座に受け入れるという趣旨の定めがあるだけで，受取人と銀行との間の普通預金契約の成否を振込依頼人と受取人との間の振込みの原因となる法律関係の有無に懸からせていることをうかがわせる定めは置かれていないし，振込みは，銀行間及び銀行店舗間の送金手続を通して安全，安価，迅速に資金を移動する手段であって，多数かつ多額の資金移動を円滑に処理するため，その仲介に当たる銀行が各資金移動の原因となる法律関係の存否，内容等を関知することなくこれを遂行する仕組みが採られているからである」（最二小判平成8・4・26民集50巻5号1267頁［誤振込み第三者異議事件，手形小切手判例百選108事件］）。

この最高裁判決は，振込人と仕向銀行，被仕向銀行と受取人の間で，それぞれ別個の預金取引契約が締結され，振り込まれてきたものについては自動的に預金債権が成立することになる以上，一方の法律関係に過誤があっても他方に影響を及ぼすことはないという形式的な論理に基づいていると考えられるから，その射程は，預金の払戻請求にも及ぶことになる（佐伯＝道垣内・後掲⑤35-36頁）。そうだとすると，銀行は，誤振込みだと分かっていたとしても，払戻請求に応じざるをえないであろう。誤振込みといっても，履行期前の債権者に誤って振り込んでしまったというような場合には，期限の利益を放棄できるため支払請求に応じる義務があることなどを考えれば，受取人に正当な払戻権限がないことを直ちに立証できる状況下でない限り，履行遅滞責任のリスクを負うわけにはいかないからである。のみならず，被仕向銀行が，誤振込みされた受取人に債権を有していた場合に，これを奇貨として相殺することもできるのだとすれば，悪意の受取人からの支払請求を拒絶する理由もないように思われる（中田ほか・後掲⑨51-52頁）。

(2) **誤振込み第三者異議事件以後の判例**

実際に資金移動の存在する設例Ⅳの場合，誤振込みを受けた者に有効な預金債権が成立するとした前述の最高裁平成8年民事判決の影響は大きく，従前の刑法的処理を維持できるか問題となる。すなわち，払戻権限のない預金債権は自然債務にすぎない以上，預金債権が成立するということは払戻権限があることを意味するから，その払戻行為が銀行に対する詐欺罪や窃盗罪を構成する余地がなくなるほか，第三者の口座への振替送金も，電子計算機に虚偽の情報を与えたことにはならないため，電子計算機使用詐欺罪を構成する余地もなくなり，処罰の間隙が生じるようにみえるのである。

そこで，設例Ⅳの事案において，大阪高裁は，前述の最高裁平成8年民事判決を前提に，誤振込みによる入金の払戻しをしても民事上は有効であり，振込依頼人との間に不当利得返還の問題が残るだけだとしつつ，「刑法上の問題は別」であり，「振込依頼人から仕向銀行を通じて誤振込であるとの申し出があれば，組戻しをし，また，振込先の受取人の方から誤振込であるとの申し出があれば，被仕向銀行を通じて振込依頼人に照会するなどの事後措置をすることになっている銀行実務や，払戻に応じた場合，銀行として，そのことで法律上責任を問われないにせよ，振込依頼人と受取人との間での紛争に事実上巻き込まれるおそれがあることなどに照らすと，払戻請求を受けた銀行としては，当該預金が誤振込による入金であるということは看過できない事柄というべきであり，誤振込の存在を秘して入金の払戻を行うことは詐欺罪の『欺罔行為』に，また銀行側のこの点の錯誤は同罪の『錯誤』に該当する」として，詐欺罪の成立を認めたのである（大阪高判平成10・3・18判タ1002号290頁［セレクト'98刑法5事件］）。

確かに，民事と刑事では法目的や効果が異なるとして，双方で処理を分離することを認めてしまえば，簡明な議論にはなるが，民法で適法とされる行為を刑法で違法と評価することは，刑法の謙抑的性格に反するだけでなく，民事的な裏づけのない刑法独自の考察による犯罪の成立は，処罰感情の技巧的表現と評されるおそれもある。もとより，本高裁判決は，単純な処罰感情からではなく，「銀行側が誤振込みであることを知っていれば，払戻し請求に対しどのように対応したであろうか，直ちにその払戻しに応じただろうか」という，刑法的評価にとって重要な視点に基づく考察（渡辺・後掲⑩113頁）を行っているが，組戻し等の事後措置をとりえた可能性や当事者間の紛争に巻き込まれないようにするといった事実上の利益が，果たして詐欺罪で保護するに値する経済的利益といえるかが，ここで問題視されなければならない。

にもかかわらず，上告審である最高裁は，原審の結論を是認する決定を下した。すなわち，本件におけるような「振込みであっても，受取人である被告人と振込先の銀行との間に振込金額相当の普通預金契約が成立し，被告人は，銀行に対し，上記金額相当の普通預金債権を取得する」とする一方，組戻し・照会等の銀行実務上の措置は，「安全な振込送金制度を維持するために有益なものである上，銀行が振込依頼人と受取人との紛争に巻き込まれないためにも必要なもの」であり，「関係者間での無用な紛争の発生を防止するという観点から，社会的にも有意義なものである」から，「銀行にとって，払戻請求を受けた預金が誤った振込みによるものか否かは，直ちにその支払に応ずるか否かを決する上で重要な事柄である」という。そのうえで，「受取人においても，銀行との間で普通預金取引契約に基づき継続的な預金取引を行っている者として，自己の口座に誤った振込みがあることを知った場合には，銀行に上記の措置を講じさせるため，誤った振込みがあった旨を銀行に告知すべき信義則上の義務がある」と解され，「社会生活上の条理からしても，……誤った振込金額相当分を最終的に自己のものとすべき実質的な権利はないのであるから，上記の告知義務がある」として，誤振込みの受取人がその情を秘して預金の払戻しを請求する行為は，詐欺罪を構成するとしたのである（前掲最二小決平成15・3・12）。

(3) 最高裁平成15年決定の問題性

本決定が，刑事裁判においても預金債権の成立を認める判断を下したにもかかわらず詐欺罪の成立を肯定したことは，前述の最高裁平成8年民事判決が従前の刑法的処理に影響を及ぼすものでないことを意味付けるがゆえに，重要な意味をもつが，理論的解明を要するところでもある。この点，同民事判決は悪意の受取人には正当な払戻権限を認めていないと解することで，両者の整合性を見出そうとする見解がある。すなわち，原因関係のない場合にも預金債権の成立を認めるべきなのは，多数かつ多額の資金を迅速に移動する手段としての振込送金制度を円滑に機能させるためであるから，悪意の引出しを放任することは，かえって振込送金の秩序を乱すことになるばかりでなく，誤振込みによって成立した預金債権に対して何らの保護すべき経済的利益を有しない悪意の受取人に，制度の円滑な運営の反射的効果としてといえども，棚ぼた式の利益を与えることは衡平あるいは正義の観念に反するとする（佐藤・後掲⑧337-338頁）。つまり，形式的に権利は認められても，それを行使すべき実質的利益を欠くときは，その行使は権利濫用になるというのである。確かに，権利行使につき実質的考慮を排除して自己目的化してはならないが，別の債権者に誤振込みすることもありうるのであるから，悪意の受取人だからといって直ちに保護すべき経済的利益を有しないというのも論理の飛躍ではなかろうか。また，この見解によれば，受取人の悪意の挙証責任を銀行が負うことになるであろうが，そうだとすると，仕向銀行に対する振込人の誤振込みの主張が，原因関係上の紛争を有利に解決す

るための口実である可能性もあることを考えれば（松岡・後掲⑪102頁注(7)），かえって銀行を厳しい立場に追い込むことになる。

また，本決定が，原審と同様，「誤振込みであることを秘して払戻し請求をした」という告知義務違反を欺罔行為の内容とし，不作為犯の構成を採っていることに留意する必要がある。この場合，作為義務として受取人に告知義務が存在するかが決定的に重要な問題となるからである。しかし，告知義務違反を欺罔行為の内容とするのは，安全な振込送金制度を維持する義務を口座名義人に課すことにつながるが，これは過剰な要求である。のみならず，このような構成を採れば，誤配達された現金書留の領得の場合においても，郵便局に対する告知義務違反を認定して詐欺罪の成立を肯定することも不可能ではないであろう。「継続的な預金取引を行っている者」という地位だけでなく，「社会生活上の条理」が援用されているからである。

(4) 占有離脱物横領罪説の課題

学説のなかには，預金に対する占有を肯定し，委託信任関係に基づかないで振込金額の占有がXに帰属したと構成して，占有離脱物横領罪の成立を肯定する見解もある（林・各論277頁）。もっとも，このように解すると，財物概念の修正を余儀なくされるほか，次のような難点を抱え込むことになるとされる。すなわち，「受託者の生活にかかわる種々の金銭が出入りすることが予定されているような場合に，なおそのうち一定の金額は他人の物であるということは，刑法における財物概念に照らし，かなりの困難を伴う」ほか，「複数の他人の金銭が出入りすることが予定されているような場合には，その一部を不法に処分したとしても，だれに対する横領罪を構成するか不明といわざるを得ないこともあり得」るのではないかというのである（的場・後掲⑫135頁）。ただ，この点を解消できたならば，当罰性の観点からは，占有離脱物横領罪による処理の方が妥当性を有するように思われる。なぜなら，領得罪であるにもかかわらず，占有離脱物横領罪の法定刑が極端に軽いのは，極めて誘惑的要素が大きいために有責性が低いと考慮されたからであるとすると（西田・各論242頁），自己の口座に知らぬ間に身に覚えのない入金があった場合，天の恵みと称してその金額を引き出すのに十分な誘惑がそこには存在しており，多額の現金の入った書留が誤配達され，それに手をつける場合と，当罰性の点において大きな差異を見出すことができないからである。

> 展開質問4
> 1. 前述の東京高裁平成6年判決は，平成8年の誤振込み第三者異議事件最高裁民事判決によって覆される可能性はあるか。
> 2. 設例Ⅳにおいて，XがYに直接返還するつもりで払戻しを受けていた場合，その罪責はどうなるか。
> 3. 設例Ⅳにおいて，Xが払戻しをせずにATM機により自己の債権者の口座に振替送金した場合，その罪責はどうなるか。
> 4. 銀行預金そのものを横領罪の客体である「財物」と考えることはできないか。鋤本・後掲⑬179-181頁以下参照。

> 出口の質問
> 1. 次の見解に含まれる刑法上の問題点を指摘し，論評せよ。
>   「建造物損壊罪の構成要件のように，『他人の』建造物が行為の客体となっているときは，原則として，その物が民事実体法上，他人の所有に属するものと解されなければならない」が，「このこと

は，民事法上他人の所有に属するとする解釈・判断が常に，そのまま刑法の構成要件に含まれる『他人の』物の解釈に妥当すること，及び，民事法上他人の所有に属さないと判断されるときは，刑法上も，その物は常に他人の所有に属さないものと解されなければならないということを意味するものではない。けだし，民事法は，その物の所有権が誰に属するかを終局的に決することによって財産関係の法秩序の安定を図ることを目的とするのに反し，刑法は，この場合，その物に対する現実の所有関係を保護することによって既に存在している財産関係の法秩序の破壊を防止することを目的とすると考えられるからである。……このことは，同時に，民事裁判と刑事裁判のあり方にも反映することとなる。つまり，民事裁判では，所有権の窮極的な帰属を判断決定することが求められるから，これに関連をもつあらゆる主張，抗弁，立証を許容し審理すべきこととなるが，刑事裁判では，犯罪の構成要件要素とされている物に対する所有権の帰属については，当該犯罪の構成要件の予定する法益の侵害があるかどうかという観点からその現実の所有関係について審理判断すれば足り，窮極的な所有権の帰属を確定する必要はないということができるであろう。」（最三小決昭和61・7・18刑集40巻5号438頁［百選Ⅱ各論72事件］長島敦裁判官補足意見）

参考文献

① 芝原邦爾「財産犯の保護法益」芝原邦爾ほか編・刑法理論の現代的展開各論（日本評論社，1996）163頁
② 平野龍一「刑法各論の諸問題8」法セ211号（1973）129頁
③ 西田典之「権利行使と恐喝」刑法の争点（新版，1987）285頁
④ 八木國之「不法原因給付と財産罪」中央大学八十周年記念論文集（1965）717頁
⑤ 佐伯仁志＝道垣内弘人・刑法と民法の対話（有斐閣，2001）
⑥ 町野朔「不法原因給付と詐欺・横領」刑法の争点（3版，2000）184頁
⑦ 森田宏樹「振込取引の法的構造」中田裕康＝道垣内弘人・金融取引と民法法理（有斐閣，2000）123頁
⑧ 佐藤文哉「誤って振り込まれた預金の引出しと財産犯」佐々木史朗先生喜寿祝賀・刑事法の理論と実践（第一法規，2003）327頁
⑨ 中田裕康ほか「座談会・民法と刑法(1)」法教241号（2000）38頁
⑩ 渡辺恵一「謝って振り込まれた預金の引出し行為と犯罪の成否」研修599号（1998）107頁
⑪ 松岡久和「誤振込事例における刑法と民法の交錯」刑雑43巻1号（2003）90頁
⑫ 的場純男「横領罪における占有の意義」刑法の基本判例（1988）132頁
⑬ 鋤本豊博「ＣＤカードの不正使用と『預金の占有』（下）」白鷗23号（2004）177頁

（鋤本豊博）

18 窃盗罪

論点
1. 不法領得の意思
2. 財物の概念
3. 占有の概念
4. 親族相盗例

1 不法領得の意思

> **設例 I** 犯行発覚防止対策事件
> Xらは、Aを殺害した後、犯行発覚を防止するため、腐敗しない貴金属類を死体とは別の場所に投棄しようとして、腕時計等を死体から剥がし、死体とともに車に積んで死体遺棄現場に向かったが、腕時計等を捨て忘れ、持ち帰ってしまったため、しばらく保管していたものの、その後Xは気が変わり、腕時計を質に入れた。【東京地判昭和62年10月6日判時1259号137頁［セレクト'88刑法3事件］参照】

入口の質問

1. 不法領得の意思とは何か。窃盗罪の主観的成立要件として、不法領得の意思が要求されているのはなぜか。
2. 不法領得の意思の要否と窃盗罪の保護法益論との間に論理的な関連はあるか。
3. 領得意思の権利者排除的側面を欠くとして、窃盗罪の成立が否定される使用窃盗の事例を挙げたうえ、窃盗罪の事例と区別する基準を説明せよ。

設例 I 解題　不法領得の意思

(1) 判　例

設例Iの事案で、検察官は、不法領得の意思とは所有者ないし正当な権利を有する者として振る舞う意思を指し、判例のいう「経済的用法」（利用処分意思）はその典型的な場合をいうのであって、これを厳密に解すべきでないとしたうえで、窃盗罪と毀棄罪の区別は必然的に占有の奪取を伴うか否かによるべきであり、本件の場合、腕時計等の占有を完全に自己の支配下に置き、死体との関連性を消そうとする、単なる効用の滅失でない積極的目的が存し、恒久的な占有の奪取が不可欠の要素となっているから、窃

盗罪で問擬すべきである旨主張した。これに対し，東京地裁は，「不法の領得の意思とは，正当な権限を有する者として振る舞う意思だけでは足りず，そのほかに，最小限度，財物から生ずる何らかの効用を享受する意思を必要とする」と解したうえ，本件においては，「犯行の発覚を防ぐため腕時計等を投棄しようとしてこれらを死体から剝がし，予定通り投棄に赴いており，その間[X]らが腕時計等の占有を約11時間にわたり継続したのも専ら死体と一緒に運ぶためであって，場合によってはこれらを利用することがありうると認識していたわけでもないから，[X]らには，未必的にせよ腕時計等から生ずる何らかの効用を享受する意思があったということはでき」ず，結局，「[X]らが腕時計等の占有を取得した時点においては，不法領得の意思を認めることはできない」として，腕時計等についての窃盗罪の成立を否定したのである。

領得意思の利用処分的側面を否定した先例としては，①小学校教員が校長を困らせようとして，校長の管理する勅語奉置所から教育勅語を持ち出し，これを自己の受持ち教室の天井裏に隠匿した事例（大判大正4・5・21刑録21巻663頁［百選Ⅱ各論27事件］）を始め，②いたずらの仕返しに海中に投棄する目的で，被害者方玄関土間から動力のこぎりを持ち出した事例（仙台高判昭和46・6・21高刑集24巻2号418頁）などがあるが，他方では，③市議会議員の選挙に際し，特定の候補者の氏名を記入して投票数を増やすため，投票所管理者の保管する投票用紙を持ち出した事例（最一小判昭和33・4・17刑集12巻6号1079頁［百選Ⅱ各論〈初版〉66事件］）や，④会社の金銭取扱者が自己の犯行を隠蔽するため，会社の大金庫内から手提げ金庫を持ち出し，現場から二百数十メートル離れた河中に投棄した事例（大阪高判昭和24・12・5高刑判特4号3頁）について，不法領得の意思が肯定されていた。特に判例④は，領得意思の先例①の定義を，「換言すれば他人の物を事実上自己の完全な支配に移し之を使用処分して自ら所有者の実を挙ぐる意思」であるとして，利用処分意思を権利者排除意思の典型として位置付けているのである。このような状況下において，設例Ⅰのベースとなった東京地裁昭和62年判決は，利用処分意思の内容を希薄化させながらも，判例①の先例の立場を堅持した点に意義がある。

もっとも，その後，⑤被告人が，かつて交際していた女性に対する報復を主な目的として被害者を殴打したうえ，物取りの犯行を装うため，被害者が生命を守るのと引替えに現金等の入ったバックを提供したのに乗じて，そのバックを持ち去ったという事案で，東京高裁は，金員そのものを強奪することが主目的でなかったとはいえ，単に物を破棄したり隠匿したりする意思ではなかったとして，不法領得の意思を認めた（東京高判平成12・5・15判時1741号157頁）。これは，判例④ほどではないにしろ，利用処分意思の内容を極めて希薄化させたものといわざるをえない。

(2) 利用処分意思の具体的判断方法

では，利用処分意思の有無を具体的にはどのように判断すればよいのであろうか。この点，当該財物からの享益動機の有無・程度と当該財物の典型的な用法の有無・程度を軸にして，相関的に判断する方式が有用である（木村・後掲①272頁以下）。すなわち，①直接的な享益動機があれば，誘惑に駆り立てられ犯行に及びやすくなるから，いかに例外的な用法であろうと（例えば，ファン心理からスターの遺骨を盗む場合）領得意思は認められる。また，②典型的な用法での利用目的があれば，繰返し行われる傾向が生じるので，いかに享益動機がなくても（例えば，前述の判例③事例の場合）領得意思を認めることは可能である。逆に，③享益動機がなく，例外的な用法での利用目的しかなければ（例えば，前述の判例②事例の場合），領得罪として重く処罰する理由が全くないから，領得意思は否定される。これに対し，④間接的な享益動機にとどまる場合には，付随的な用法での利用目的があれば（例えば，依頼に基づきコピー目的でテープを持ち出す

場合），領得意思を直ちに否定することは困難であるが，例外的な用法での利用目的しかなければ（例えば，依頼に基づき改ざん目的でテープを持ち出す場合），一般予防の見地から領得罪と同程度の抑止の必要性は認められないことから，領得意思を否定することも可能である。そうだとすると，⑤付随的な用法での利用目的にとどまる場合にも，享益動機がなければ（例えば，服役目的で会社の機密資料をコピーする場合）同様に考えられるので，領得意思を否定することができる。

(3) 不法領得の意思の要否およびその内容

利用処分意思不要説は，同意思の内容が希薄化していることや，財物の占有移転による経済的利得の取得可能性を重視して，毀棄・隠匿罪との区別を，占有移転の有無とこれに付随する利益移転の有無に求めている（曽根・各論121頁）。しかし，この見解によれば，毀棄・隠匿目的で占有を侵害しても領得罪が成立するのが通例であるから，占有を奪わずに財物を損壊するという稀な事例でしか毀棄罪の成立する余地はなく，隠匿罪に至っては経済的利得の取得可能性のないことが占有侵害時点で判明しない限り窃盗未遂罪が成立しうるから，その成立の可能性さえ認めることが困難になるであろう。

他方，必要説は，その主たる理由を窃盗罪と器物損壊罪の法定刑の差に求めている。すなわち，「法益侵害という点では，回復可能性のない損壊罪のほうが大きいともいえるのに，窃盗罪が損壊罪よりも重く処罰されるのは，財物を利用しようという動機，目的のほうがより強い非難に値し，また，一般予防の見地からも抑止の必要性が高いからである」と説明されている（西田・各論156頁）。この見解は，主観的違法要素とされる権利者排除意思とは異なり，利用処分意思を責任要素と位置付ける立場である。これに対しては，まず，毀棄・隠匿の意思で財物を奪取したが，損壊しないで放置したり，その後気が変わって利用処分したという場合，奪取時に領得意思がない以上窃盗罪は成立せず，毀棄・隠匿罪には未遂処罰規定がないから，結局不可罰となり，被害者の保護に欠けるという批判がある（大塚・各論200頁）。もっとも，この点については，放置した場合には隠匿に当たり，隠匿を毀棄の一態様と捉える限り，毀棄罪として処理でき，また，毀棄・隠匿目的で奪取した者は委託関係なく他人の物を占有している者といえるから，事後の利用処分行為は占有離脱物横領罪を構成するという反論がなされている（中森・後掲②182頁）。

次に，利用処分意思を責任加重要素とすると，窃盗罪と同じ領得罪である占有離脱物横領罪が，所有権を侵害する面において法益侵害が同じである毀棄罪よりも法定刑が軽くなっている点を説明しえないという批判もある（内田・後掲③10頁）。これに対しては，通例，「占有（利用可能性）侵害という意味での違法性の欠如と，その誘惑的要素の大きさのために責任が低いことによる」と反論されているが（西田・各論156頁），同じ「誘惑的要素」といわれているものが，窃盗罪においては重く作用し占有離脱物横領罪おいては軽く作用するというのは不合理であろう（山口・探究各論123頁）。そうだとすると，利用処分意思がある場合に「行為が広く行われることを理由とする一般予防の必要の大きさを表している」とみるほかない（中森・各論121頁）。結論的には，不法領得の意思を，占有侵害に領得という社会的意味を与える「行為意思」と捉えたうえで，領得罪の主観的構成要素として位置付けることも可能なように思えるが，なお検討を要する問題である。

展開質問1

1. 設例Ⅰにおける検察官の主張についてどう考えるか。
2. 設例Ⅰについて，その解題に記載した判断方式によればどうなるか。

3. 不法領得の意思必要説と不要説の各問題点を検討しつつ，どのように考えるべきかについて説明せよ。特に，自説への批判に対する反論を明確にせよ。

② 財物の概念

設例Ⅱ 新薬産業スパイ事件
　国立予防衛生研究所の厚生技官Xは，A製薬会社の幹部Yと共謀し，上司である室長の専用戸棚に保管されていたB製薬会社の新薬製造承認申請用資料ファイルを，無断で持ち出したうえYに手渡し，Yがこれをコピーした後に返還を受け，元の場所に戻した。【東京地判昭和59年6月28日刑月16巻5・6号476頁，判時1126号3頁［百選Ⅱ各論29事件］参照】

入口の質問
1. 現行刑法上，「情報」を規定した犯罪類型は存するか。また，財産的情報を含む企業秘密の侵害に対して，どのような対処が考えられるか。
2. 「財物」であるためには，どのような要件が必要か。また，245条のみなし規定をどう考えるか。
3. 産業スパイによる企業秘密の窃取行為のうち，物の領得処罰を中核とする現行刑法がその限界を露呈する事例を挙げよ。

設例Ⅱ解題 財物性と情報

(1) 判　例
　企業秘密の化体された書類等の有体物を持ち出しても，それが一片の紙片にすぎない場合，当該紙片の財物性をめぐって争いが生じることがある。設例Ⅱの事案でも，弁護人は，本件ファイルに記載されている思想内容とそれを保存しておくための媒体たるファイルとは峻別すべきであり，Yが窃取しようとしたのは本件ファイルに記載されている思想内容であって，これは「財物」ではないとする一方，ファイル自体は「財物」にあたるものの，持出し時間を短く限定するなど権利者を排除する意思はないから，窃盗罪は成立しないと主張した。これに対し，東京地裁は，次のように判示して，窃盗罪の成立を認めた。「情報の化体された媒体の財物性は，情報の切り離された媒体の素材だけについてではなく，情報と媒体が合体したものの全体について判断すべきであり，ただその財物としての価値は，主として媒体に化体された情報の価値に負うものということができる。そして，この価値は情報が権利者（正当に管理・利用できる者を含む。以下同様）において独占的・排他的に利用されることによって維持されることが多い。……以上のことは，判示窃盗にかかる本件ファイルについても同様であって，本件ファイルは，判示医薬品に関する情報が媒体に化体さ

れ，これが編綴されたものとして，財物としての評価を受けるものといわなければならない。……［したがって］複写という方法によりこの情報を他の媒体に転記・化体して，この媒体を手許に残すことは，原媒体ともいうべき本件ファイルそのものを窃かに権利者と共有し，ひいては自己の所有物とするのと同様の効果を挙げることができる。……しかも，本件ファイルが権利者に返還されるとしても，同様のものが他に存在することにより，権利者の独占的・排他的利用は阻害され，本件ファイルの財物としての価値は大きく減耗するといわなければならない」から，「不法領得の意思があったものと認めざるを得ない」。（このように，本件では，窃盗罪の成立要件のうち，客体の財物性と不法領得の意思の存否がおもに問題となったが，後者の点は設例Ｉで検討済みなので，以下ではもっぱら前者について考察することにする）。

機密資料の財物性については，当該有体物の素材としての価値よりも，そこに化体されている情報の秘密としての要保護性に着目して肯定されるのが通例である。例えば，部内者が勤務先を退社するに際して，同社の塩化ビニール製造技術に関する資料文献等を綴ったファイルのほかに，触媒となる薬品少量を持ち帰った行為につき業務上横領罪の成否が争われた事案で，大阪地裁は，被告人の領得した薬剤が少量で製造原価等も極めてわずかであっても，その所有会社の「塩化ビニール製造上有している価値，特にその製法の独自性ひいてその機密性との関係において有している価値」は極めて大きく，「一種の大なる主観的価値を有しているのであり法の保護に値すること勿論である」として，その財物性を認めた（大阪地判昭和42・5・31判時494号74頁［鐘淵化学事件］）。また，企業秘密に関するものではないが，いわゆる外務省スパイ事件第１審判決では，「外務省の右文書，資料類および電信文は，それ自体財物といえるばかりでなく，秘密指定のなされているものについては，それが焼却される以前に他人の手に渡り，そこで利用されることによって重大な損害を受ける秘密性を帯有していると認められる」から，「財物罪として刑法的保護に値することは明らか」であるとして，その財物性が肯定された（東京地判昭和43・10・18下刑集10巻10号1014頁）。さらに，早稲田大学商学部入試問題漏えい事件控訴審判決でも，入試問題用紙につき，「極めて厳重な管理体制のもとで印刷されるという機密性の高い重要な文書であって，本来経済的な取引の対象となるものではないから，客観的な取引価格などはあり得ないものであるが，入学試験以前にこれを知りたいと欲する者の中には，多額の金員を支払ってでも，これを入手したいというもの」である以上，「窃盗の客体たる財物に該当することは明白」と判示されている（東京高判昭和56・8・25判時1032号139頁）。

以上に対し，部内者が機密資料をその場で複写して，そのコピーのみを持ち出した場合はどうなるのであろうか。この点，いわゆる大日本印刷事件で，東京地裁は，稟議決裁一覧表の原本を同社の技術部員から借り出し，社内備付けの感光紙に複写してその写しを持ち出した行為について，「全体的にみて単なる感光紙の窃取ではなく，同社所有の複写した右稟議決裁一覧表を窃取したもの」と判示した（東京地判昭和40・6・26下刑集7巻6号1319頁）。ここでは，原本の有する財産的価値が化体されていることを前提に，会社所有の感光紙そのものの窃取が問題とされているが，かかる技巧的な理論構成をしても，本件感光紙が自己所有であったならば，窃盗罪の成立は極めて困難なものとなる。一方，判例のなかには，機密資料の原本を不法に取り出す行為に対して窃盗罪に問うものがある。すなわち，設例IIのベースとなった事案とともに一連の新産業スパイ事件を形成する事案で，東京地裁は，部内者でも研究等のために用いる場合を除き，自己の占有管理する本件資料の閲覧等を許さないというD室長の姿勢を知っていた被告人が，「外に持ち出すことを目的として……同室長が不在のときを見計らい同室長には無断

で本件各資料を戸棚から取り出し，これを自己の支配下に置いたのであるから，この時点で[D]室長の本件各資料に対する占有が侵害されたことは明らかである」と判示したうえで，本件のような「資料の利用状況や返却までの時間を見れば右占有侵害が実質的な違法性を具備していることも十分に肯認できる」として，窃盗罪の成立を認めた（東京地判昭和59・6・15刑月10巻5・6号459頁，判時1126号3頁[昭和59年度重判解刑法8事件]）。このような理論構成によれば，複写に限らず，写真撮影や筆写するために保管場所から機密資料の原本を持ち出す行為も窃盗罪で捕そくできる反面，外形上通常の業務と区別しえない段階で窃盗罪の成立を肯定できるという問題点を抱え込むことになる。はたして，占有侵害の実質的違法性の認定により，適正な既遂時期を決することは可能なのであろうか。

(2) 情報の財物性と「物」概念

機密資料の財産的価値は，そこに記載された内容自体に存するから，いわゆる産業スパイ行為の実態は，資料の窃盗というより「機密情報の窃用」である。しかし，機密情報の財物性を否定する限り，設例Ⅱにおいて窃盗罪の成立を認めるためには，財物である資料の窃取という構成を採らざるをえない。かかる主客転倒を正常に戻し，不合理な処罰の間隙をなくすため，情報そのものを財物とはいいえないのかということが問題とされている。

学説のなかには，「判例の採用する管理可能性説によれば，磁気ディスクなどを利用して物理的に管理可能な情報を財物とすることも不可能ではない」とする見解もある（前田・各論145頁）。ここにいう管理可能性説とは，「刑法上の概念は刑法的・規範的に構成されるべきであり，有体性説のように民法上の『物』の概念規定に拘束される必然性はないという前提を採り，財物侵害は財物が所持又は管理されている状態において可能であるという観点から，有体性ではなく，管理可能性及びその管理状態の移転可能性・可動性を『財物』の概念要素として捉える見解で」，「現在では，管理可能性・移転可能性を物理的なそれに限るとする物理的管理可能性説が一般的である」（伊東・各論200頁）。例えば，人の労働力は，同じエネルギーであっても，電気とは異なり，それだけを取り出して移転させることは不可能であるから「財物」とはいえないし，また，債権のような財産上の利益は，移転そのものは可能であっても，物理的手段によって移転するわけではないから，事務的な管理可能性のある財産として2項犯罪の客体となるのである。しかし，情報管理が物理的なのか事務的なのかは，一義的には答えられない。コンピューターに内臓された情報は，コンピューター・システムを作動させない限り利用・処分できない以上，事務的にも物理的にも管理されているといえるからである。また，仮に物理的管理可能性を認めて，財産的情報も財物概念に包摂させたとしても，直ちに窃盗罪の成立が帰結されるわけではない。情報のもつ「非移転性」という特異性（情報が盗まれても被害者がその情報を利用・処分できること）から，同罪の客体にはなりえないように思われるし，同罪の成立を肯定することは，機密情報を盗み読みしたり立ち聞きした場合にまで同罪で捕そくされることになって，妥当性に欠けるからである。

加えて，「財産的情報」の場合，「財物」や「財産上の利益」と異なり，相反する性格のもの（独占的であることで価値を有するものと社会に共有されることで価値を有するもの）が内包しているだけでなく，同じ情報でも人によってその価値を著しく異にするという特異性もあるから，一般的に財産的情報を財物概念ないし財産上の利益概念に包摂させることには無理がある。そうだとすると，設例Ⅱのベースとなった事案の東京地裁昭和59年判決のように，有体物に財産的情報が付加されることによって新たな財物が形成される，という法律構成を採る方が妥当なように思われるのである。

展開質問2

1. 窃盗罪は財物の占有を取得した時点で既遂となるが，設例Ⅱの場合，どの時点で占有侵害があったと認められるか。
2. 企業の部内者が財物に化体していない無形的秘密を外部者に漏示する行為について，背任罪の問題として捉えた場合に生じる問題点を指摘せよ。
3. 設例Ⅱにおいて，Yが室長に本件ファイルの持出しを教唆し，室長がこれに応じて研究所内でコピーし，このコピーをYに売却した場合，室長とYの罪責はどうなるか。
4. 平成15年の不正競争防止法改正によって「営業秘密」の取得等が処罰されることになった（14条）。これによってどのような企業秘密漏示・探知行為が処罰されることになったか，検討せよ。

3 占有の概念

設例Ⅲ　ベンチ財布置忘れ事件

Aが，開店中のスーパーマーケット6階のベンチ上に札入れを置き忘れたまま，地下1階に移動したものの，約10分後にこのことに気づいて引き返したが，その間，Xが，別のベンチから当該札入れを注視していたBに「財布を警備員室に届けてやる」旨を伝えて，これを持ち去った。【東京高判平成3年4月1日判時1400号128頁参照】

入口の質問

1. 民法の占有概念と刑法の占有概念の違いはどこにあるか。
2. 財産罪の個別化において占有概念が果たす役割とは何か。
3. 事実上の支配が認められるためには，いかなる要件がどのような理由から必要とされるか。また，それらの相互関係を説明せよ。

設例Ⅲ解題　占有の意義

(1) 判　例

設例Ⅲの事案において，窃盗罪の成立を認めた第1審判決に対し，東京高裁は，本件の具体的状況に鑑みると，被害者が札入れを置き忘れた場所を明確に記憶していたことや，置き忘れたベンチ近くにいた他の客が，持ち主が取りに戻るのを予期して札入れを注視していたことなどを考慮しても，「社会通念上，被告人が本件札入れを不法に領得した時点において，客観的にみて，被害者の本件札入れに対する支配力が及んでいたとはたやすく断じ得ない」として，占有離脱物横領罪の成立を認めた。

置き忘れられた財物に対する占有が認められた事例として，①バスに乗るため行列をしてい

た被害者が，行列の移動につれて改札口に進んだ後，カメラを置き忘れていたことに気づいてすぐ引き返したが，その間，時間にして約5分，距離にして約20メートル離れていた場合（最二小昭和32・11・8刑集11巻12号3061号［百選Ⅱ各論25事件］），②駅出札所のカウンターで特急券を購入した際に財布を忘れ，別のカウンターで乗車券を購入した際に気づいて戻ったが，その間，時間にして1〜2分，距離にして15〜16メートル離れていた場合（東京高判昭和54・4・12刑月11巻4号277頁，判時938号133頁），③駅のバス待合室で休息していた者が，カバンを置いたまま同駅構内の食堂へ行った隙に，その様子を窺っていた者に持ち去られたが，その間，時間にして約50分，距離にして約203メートル離れていた場合（名古屋高判昭和52・5・10判時852号124頁）がある。①は，行列が続いていたことで，他人の事実的支配の継続を推認せしめる状況があったといえることから（西田・各論143頁），②は，直ちに握持回復ができる状況があることから（田中・後掲④192頁），占有を認めたものであろう。これに対し，③は，被害者の様子を窺っていた者にとっては，誘惑的要素の存在しない状況であったことが重視されたのではないかと推察される。つまり，占有の有無は，窃盗罪と占有離脱物横領罪を区別するメルクマールであることから，占有離脱物横領罪として軽く処罰する必要のない場合（誘惑的要素がない場合）には窃盗罪を認めてよいという発想があるように思われるのである（佐伯＝道垣内・後掲⑤168頁参照）。

他方，酩酊のために自転車を路上に放置して立ち去った者が，その直後自転車のないことに気づいたものの放置場所を失念して，交番に届け出たが，酔っているからその辺にあるだろうと相手にされなかったため，そのまま帰宅したという事案では，当該自転車は，路上に放置して立ち去った際に，同人の占有を離脱したと判示されている（東京高判昭和36・8・8高刑14巻5号316頁，判時281号31頁）。財物の所在を失念することで占有の意思が欠如すれば，事実上の支配が認められないのは当然である。もっとも，最高裁は，殺害後に領得意思が生じ，死者から財物を領得したという事案で，「被害者が生前有していた財物の所持はその死亡直後においてもなお継続して保護するのが法の目的にかなう」として，「被害者からその財物の占有を離脱させた自己の行為を利用して右財物を奪取した一連の被告人の行為は，これを全体的に考察して」窃盗罪を構成するとしているので（最二小判昭和41・4・8刑集20巻4号207頁［百選Ⅱ各論26事件］），占有の意思がなくても事実上の支配が認められる場合もあるようにみえる。しかし，この判旨は，殺害行為に含まれる占有侵害行為と殺害後の占有取得行為を一体と評価できることを前提とするものであるが，その前提そのものが疑わしいのである。というのも，生前の占有は生前にしか保護しえないのであって，死後も継続して保護することは物理的に不可能であるだけでなく（平野・概説204頁），殺害時点で領得意思がない以上，「結果的に占有を失わせた行為」の認識を事後の利用意思で補っても，「占有を失わせる行為」の認識があったことにはならないため，客観的関連性は肯定できても主観的関連性を肯定することはできないからである。

(2) 占有の有無の判断構造

では，占有の有無は，具体的にはどのように判断されるのであろうか。この点，前述の最高裁昭和32年判決は，「刑法上の占有は人が物を実力的に支配する関係であつて，その支配の態様は物の形状その他の具体的事情によつて一様ではないが，必ずしも物の現実の所持又は監視を必要とするものではなく，物が占有者の支配力の及ぶ場所に存在するを以て足り……その物がなお占有者の支配内にあるというを得るか否かは通常人ならば何人も首肯するであろうところの社会通念によつて決するの外はない」としている。要するに，①財物自体の置かれた周囲の状況を基本に，②財物との時間的・場所的近接性と③財物自体の特性を加味して，財物に対する客観的支配の強弱を判断するとともに，支配

意思を推認できる程度を考慮し，最終的には社会通念に従って判断されることになるのである。以下では，学説上すでに提示されている枠組み（田中・後掲④189-190頁）に基づいて考察することにしよう。

まず，①住居のように排他性の強い場所では，特にその財物に対する所在の認識は不要である。財物の所在の失念は「占有の意思」の欠如を意味するが，排他性の強い場所では，いつでも容易に財物の所在に気づいて握持しえ，かつそこに所在すると通常予想される財物すべてに管理者の包括的な支配意思が及んでいると解されるからである。次に，②ゴルフ場のようにある程度の排他性に止まる場所では，排他性を高める若干の事情（例えば，適当な管理方法）とその財物の所在の認識が必要である。ただし，被害者が占有を失っても，その財物が建物の管理者等第三者の占有に移る場合があることに注意を要する。例えば，宿泊客が旅館内の脱衣所に置き忘れた時計は，旅館主の占有に属するのである（札幌高判昭和28・5・7判特32号26頁）。さらに，③駐輪場にように排他性はないが財物と場所との間に特別な関係のある場所では，被害者との時間的・場所的接着性があることと，その財物の所在の認識が必要である。意図的に置いていることが分かる状況にある場合には誘惑的要素が存在せず，占有を認めてもよいからである。最後に，④公道のように排他性のない一般的な場所では，握持または監視が原則で，それらが欠けても例外的になお占有が認められるためには，眼の届く範囲内でのごく短時間の握持・監視の喪失にとどまるか，そのような場所でもなお直接，物と被害者との結びつきを認める特別な事情（例えば，夕方には帰ってくる犬の習性）があるか，あるいは，保管の実質を示す特別な手立て（例えば，現場付近からの位置関係の指示）のあることが必要である。被害者の現場回帰・握持回復の必然性を外観上推定できない限り，事実的支配の射程外にあるといわざるをえないからである。

展開質問3

1. 乗客が，市バス（ワンマンバス）の座席に置き忘れてあった他の乗客のカバンを持ち去ったという場合，成立するのは窃盗罪か占有離脱物横領罪か。
2. 設例Ⅲの場合に，事実上の支配を肯定することに役立つ客観的諸条件をすべて挙げよ。
3. 設例Ⅲのような「占有の有無」の問題のほか，「占有の帰属」の問題として，①上下主従者間の占有の場合，②対等者間の共同占有の場合，および，③封緘物の占有の場合が取り上げられているが，それぞれの場合につき具体例を挙げて論ぜよ。

④ 親族相盗例

設例Ⅳ 再従兄弟間窃盗事件

Xは，A方に駐車中の自動車内からAが保管するB所有の現金を窃取したが，Bとの間には親族関係はなかったものの，Aとは同居していない親族（6親等の親族）の関係にあった。【最二小決平成6年7月19日刑集48巻5号190頁［百選Ⅱ各論31事件］参照】

入口の質問

1. 刑法は、親族間の財産罪についてどのような配慮をしているか。
2. 刑法244条には1項と2項との間に不均衡があるといわれているが、それはいかなる意味か。また、その点についてどう考えるか。
3. 親族相盗例と親族盗品関与特例（刑257）は、同旨の規定と解することができるか。

設例Ⅳ解題　親族相盗例の適用要件

(1) 判　例

　大審院は、他人が親族の所有物を占有していた場合（大判明治43・6・7刑録16輯1103頁）と、親族が他人の所有物を占有していた場合（大判昭和12・4・8刑集16巻485頁）のいずれについても、親族相盗例の適用はないとしていたので、行為者と所有者・占有者双方との間に親族関係を要する立場であると理解されていた。ところが、初期の最高裁は、食肉組合が保有し代表者の保管する牛生皮を窃取したという事案で、同組合が法人格のない単なる共同事業たる組合であれば、その共同事業者との間に親族関係が認められ親族相盗例が適用される余地がある以上、原審が法人格の有無を明らかにしなかった点に理由不備の違法があるとして上告された事件において、「刑法第244条親族相盗に関する規定は、窃盗罪の直接被害者たる占有者と犯人との関係についていうものであつて、所論のごとくその物件の所有権者と犯人との関係について規定したものではない」と判示した（最二小判昭和24・5・21刑集3巻6号858頁［百選Ⅱ各論〈初版〉68事件］）。そのため、「この親族関係は、財物の占有者と犯人との間にあれば足り、所有者と犯人との間にあることは必要でもなく、またそれだけでは刑は免除されないとするのが判例で」あり、「窃盗の保護法益が占有であるという立場からすれば当然の結論である」との理解が生じる一方（平野・概説207-208頁）、「これは、犯人と占有者との間に親族関係が存在しない事例について、犯人と所有者の間に親族関係が存する可能性があった旨の主張を排斥した判断にすぎず、占有者と犯人との間に親族関係が存すれば親族相盗例が適用されるという趣旨のものではない」とも評され（藤木・各論287頁）、その後の下級審判例においても判断が分かれるという事態を招いた。

　このような状況のなか、最高裁は、設例Ⅳの事案で、前述の最高裁昭和24年判決は「事案を異にし本件に適切でな［い］」としつつ、「窃盗犯人が所有者以外の者の占有する財物を窃取した場合において、刑法244条1項［現2項］が適用されるためには、同条1項［現2項］所定の親族関係は、窃盗犯人と財物の占有者との間のみならず、所有者との間にも存することを要するものと解するのが相当である」という決定を下した（前掲最二小決平成6・7・19）。この事案は、親告罪の成否をめぐって争われたが、親族相盗例の適用に際し親族関係の必要な人的範囲については、刑の免除の場合と同じであるから、刑の免除の場合で考えると、本決定の妥当性は明白となる。すなわち、もし窃盗犯人が、占有者との間に親族関係がありさえすれば刑が免除されるとなれば、「財物の所有者はその物の占有を他人に移すかぎり、その他人と親族関係にあるすべての者によって財物がいかに移動・処分されても刑法上の保護を受け難い立場におかれ、右親族としては平俗にいえば全く『盗み放題』とさえいうことができることとなる」（札幌高判昭和36・12・25高刑集14巻10号681頁）とともに、所有者との間に親族関係がありさえすれば刑が免除されることになれば、他人の所有物を借り受けた者は、所有者の親族による占有侵害に対して刑法的保護を受けられず、賃貸借契約を締結しても安心できないという立場におかれるで

あろう。したがって，親族相盗例が適用されるには，窃盗犯人は占有者および所有者双方との間に親族関係がなければならないのである。

問題は，この結論をいかなる理論構成によって導くかにある。前述の最高裁平成 6 年決定の原審は，「窃盗罪においては，財物に対する占有のみならず，その背後にある所有権等の本権も保護の対象とされているというべきであるから，財物の占有者のみならず，その所有者も被害者として扱われるべきで」あることに求めている（福岡高判平成 6・2・3 判時1493号144頁）。確かに，親族関係の必要な人的範囲を考えるうえで決定的なのは，窃盗罪の被害者は誰かという観点である。もし親族以外に被害が及んでいる者がいれば，244条のような特例を認めることはできないはずだからである（井田良「時の判例」法教173号135頁）。しかし，保護法益の主体でなければ被害者たりえないものなのであろうか。純粋本権説の立場から，占有自体は保護法益でないとしても，占有侵害なくして窃盗罪の成立はありえない以上，占有侵害された者を無視することはできないように思われる。同様に，最高裁においても，占有侵害それ自体が犯罪となりうることは認めるにしても，本権を伴わない占有の侵害があったとき，本権者との関係では犯罪が成立しないとするものではないはずである（今崎幸彦「時の判例」ジュリ1067号120頁）。

(2) 親族相盗例の法的性格

別の理論構成として，親族相盗例の法的性格（政策説）からのアプローチがある。すなわち，親族相盗例は「法は家庭に入らず」という刑事政策的考慮に基づくものと解するならば，ともに被害者であるはずの所有者と占有者の双方につき親族関係がなければ，国家が干渉を差し控え，家族の自律に委ねてよいとする理由が失われると説くのである。

もっとも，この政策説（一身的刑罰阻却事由説）に対しては，①家庭内で行われる違法行為は様々であるのに，特例の適用範囲を一部の財産犯に限定する理由はなく，②法律効果も刑の免除ではなく，親告罪で十分なはずであるという批判のほか，③行為後に親族関係が解消された場合にも，特例の適用を認める判例の立場（大判大正13・12・24刑集 3 巻904頁）を説明できないという批判もなされている（松原・後掲⑥321頁）。のみならず，政策説は，まさに政策であるがゆえに，異なる政策判断を下すことも可能である。すなわち，「家庭内にかかわる問題はできる限り家庭内で処理すべきである」という判断をすれば，占有者・所有者いずれか一方が親族であれば一般の財産侵害と異なる取扱いをすることも十分可能となるのに対し（前田・各論［初版］234頁），「所有権者を含めた全関与者が家庭内になければ，家庭内での処理に任せず，通常の刑事司法システムで処理すべきである」という判断をすれば，所持者・所有者の双方に対しても親族関係を要求するになるのである（前田・各論［ 2 版］213頁）。

そこで，刑の免除の根拠につき，国家刑罰権による干渉を差し控えるだけの理論的理由を求めなければならないとして，違法減少説と責任減少説が主張されている（なお，違法ないし責任阻却説は，刑法が親族相盗を「罰しない」とはせずに「刑を免除する」と規定している事実や，刑の免除を有罪判決の一種として扱う刑訴法334条の存在を無視することになる点で妥当性に欠ける）。前者の見解は，家庭内での物の所有・利用が個人ごとに厳格に区別されたものではなく合同的であることから，その侵害行為の違法性が通常の場合よりも低いとみるのに対し（中森・各論125頁），後者の見解は，親族関係という誘惑的要因から反対動機の形成を強く期待できないため，通常の場合よりも責任が減少するとみるのである（西田・各論163頁）。しかしながら，違法減少説に対しても，①244条 1 項は，財産の所有関係が明確な場合であってもなお適用されることと整合しないだけでなく，②違法の連帯性を肯定する限り，免除の一身的効果を説明しがたいという批判（松原・後掲⑥321頁）が妥当する。他方，責任減少説に対しては，①責任が減少するとして

も，それは処罰の可否を被害者の意思に委ねる理由にはならないから，同居していない親族に対する場合を親告罪とする根拠を説明しがたいという批判があるほか（町野・後掲⑦131頁），②恐喝罪にも親族相盗例が準用されること（刑251）に対して，いかに同居している親族とはいえ，類型的に恐喝するなかれといった期待まで強く期待できないのかという疑問もある。

このようにみてくると，違法ないし責任を減少せしめる要因は，むしろ刑事政策的考慮の実質的基盤を形成するものと捉え，いかなる理由から「法は家庭に入るべきでない」のかを明らかにする方が合理的であろう。そのためには，同じ財産犯でも強盗罪には親族相盗例の準用がなく，毀棄・隠匿罪には親族盗品関与特例のような特別規定がない（一部親告罪にとどまる）理由を探究する必要がある。この点，親族間の強盗罪でも，「手段・方法において，人身に対する侵害的犯罪の結合犯であるので，もはや，私益としての家庭内の財産的秩序の侵害の問題に止めることはできないから」だとする一方，「親族間の毀棄・隠匿は，常にその全部の破壊ないし喪失を意味し，家産を失わしめるものなので，その親族にとっては害悪が極めて強いからである」という見解が注目される（八木・後掲⑧188頁）。結論的には，「親族間の領得罪は親族内の財産的秩序は破るけれども，これをその親族の誰かが取得して親族外へ価値的減少をきたさない，いわば家産の共同利用的要素を温存している」ところに，刑事政策的考慮の実質的理由を見出してよいように思われる。

展開質問 4

1. 前述の最高裁平成 6 年決定と最高裁昭和24年判決の関係について説明せよ。今崎幸彦・最判解刑事篇平成 6 年度73頁以下参照。
2. 親族相盗例の法的性質について，どのように考えるか。
3. 設例Ⅳにおいて，AがXの父親であり，Bの現金をAの所持金と思って窃取した場合はどうなるか。また逆に，Bの現金を父親Aが保管しているとの認識で窃取したが，実はAの所持金だったという場合はどうか。福岡高判昭和25・10・17高刑集3巻3号487頁参照。

出口の質問

1. 財産的情報の刑法的保護を実現する方策として，財産犯的構成，不正競争的構成，および，秘密侵害的構成が提案されているが，それぞれの問題点について考察せよ。荒川・後掲⑨37頁以下参照。
2. 改正刑法草案334条と対比させつつ，現行法の親族相盗例に関する立法上の問題点を指摘せよ。

参考文献

① 木村光江・主観的犯罪要素の研究（東京大学出版会，1992）
② 中森喜彦「不法領得の意思」芝原邦爾ほか編・刑法理論の現代的展開各論（日本評論社，1996）175頁
③ 内田文昭「不法領得意思をめぐる最近の議論について」曹時35巻 9 号（1983） 1 頁
④ 田中利幸「刑法における『占有』の概念」芝原邦爾ほか編・刑法理論の現代的展開各論（日本評論社，1996）186頁
⑤ 佐伯仁志＝道垣内弘人著・刑法と民法の対話（有斐閣，2001）

⑥　松原芳博「親族関係と財産犯」阿部純二ほか編・刑法基本講座(5)（法学書院，1993）317頁
⑦　町野朔「刑事判例研究」ジュリ1092号（1996）129頁
⑧　八木國之「親族関係と犯罪」日本刑法学会編集・刑法講座(6)（有斐閣，1963）166頁
⑨　荒川雅行「情報と財産犯」阿部純二ほか編・刑法基本講座(5)（法学書院，1993）37頁
⑩　山口厚「不法領得の意思」探究各論109頁

（鋤本豊博）

19　強盗罪

論　点
1. 1項強盗罪
2. 2項強盗罪
3. 強盗致死傷罪

1　1項強盗罪

設例Ⅰ　強姦後の領得意思事件

　Xは，自動車内でA女に暴行を加え，同女を強姦した後，財物奪取の意思を生じ，同女から現金，携帯電話等を奪取した。その際，A女は抵抗すればさらに暴行を加えられると思い，身動きしなかった。Xは，A女が失神していると誤信していた。A女は，車外に解放される時点で携帯電話の返還を求めたが，Xに拒絶されたのであきらめた。Xに強盗罪は成立するか。【札幌高判平成7年6月29日判時1551号142頁［セレクト'96刑法7事件］参照】。

入口の質問

1. 強盗罪の成立要件はどのようなものか。
2. 強盗罪の成立要件である「暴行・脅迫」としてどの程度のものが必要とされているか。また，それはなぜか。
3. そうした「暴行・脅迫」の程度を考える際には，どのような事情を判断資料とすべきか。

設例Ⅰ解題　強取とは何か？

(1)　総　説

　刑法236条1項は次のように規定する。「暴行又は脅迫を用いて他人の財物を強取した者は，強盗の罪とし，5年以上の有期懲役に処する」。この条文だけからは必ずしも明らかでないが，判例・通説は，暴行・脅迫は，被害者の反抗を抑圧するに足りる程度のものでなければならないとしている（判例として，例えば，最二小判昭和24・2・8刑集3巻2号75頁。学説として，例えば，団藤・各論586頁，山口・各論213頁）。これは，強盗罪と，被害者を畏怖させて財物を交付させる罪である恐喝罪とを区別するために要求される要件である（その判断資料にどのような事情まで含むべきかという点および被害者が現実に反抗を抑圧されなかった場合をどのように扱うべきかという点については議論がある。各人の教科書を復習すること。前者はこの設例とも関連する）。

(2)　反抗抑圧後の領得意思

ところで，強盗罪は，暴行・脅迫を手段として財物を奪う罪であり，暴行・脅迫時に財物奪取の故意が存在していることが，少なくとも通常は，予定されている。しかし，設例Ⅰのように，当初は財物奪取以外の意思で被害者に暴行・脅迫を加え被害者の反抗を抑圧したが，その後領得意思が生じ，財物を奪取する場合もある。そうした場合に，どのような要件で強盗罪が成立するかが問題となる。

ここではまず，行為者が被害者に対して，財物奪取に向けた新たな暴行・脅迫を行うことが必要か，という点が問題となる。この点に関し，一部の裁判例は，新たな暴行・脅迫は不要であるかのような表現をしており（例えば，大判昭和19・11・24刑集23巻252頁，最二小判昭和24・12・24刑集3巻12号2114頁，大阪高判昭和47・8・4高刑集25巻3号368頁，東京高判昭和57・8・6判時1083号150頁。もっともこれらの事案の多くは，新たな暴行・脅迫を認定することも可能なものであったことには注意を要する。酒井・後掲②102頁以下も参照），そうした見解を支持する学説もある（長島・後掲③367頁。以下A説と呼ぶ）。この学説は，このような場合は，犯人が，前の暴行によって生じた被害者の抵抗不能状態を利用し，いわばその余勢を駆って財物を奪取したのであり，暴行と財物奪取との関係が事後強盗罪の場合よりも強いのだから，こうした場合を強盗罪としないのは，事後強盗罪との均衡を失すると主張する（藤木・各論294頁）。

しかし，このような解釈に対しては，238条はあくまで例外規定であり，178条のような抗拒不能に「乗じた」行為を処罰する明文の規定を欠く強盗罪においては，やはり財物奪取の手段としての暴行・脅迫を不要とすることはできない（例えば，西田・各論171頁），という批判がある。

このような批判を意識しながらも，A説とほぼ同様の結論を導く学説として，次のようなものがある。それは，強盗罪が成立するためには，財物奪取の意思が生じた後に暴行・脅迫がなされる必要があるが，そうだとしても，設例Ⅰのような場合，自己の（強盗の故意を欠く）先行行為によって被害者の反抗抑圧状態を生じさせた以上，行為者にはそれを解消する作為義務が認められ，それにもかかわらず，行為者が被害者の反抗抑圧状態を解消しないのは，不作為による暴行・脅迫であり，それに基づいて財物を奪取したのだから，強盗罪となるというものである（B説。藤木・後掲④95頁参照）。

しかし，B説に対しては，「すでに反抗抑圧状態の作為による惹起が強姦罪等の対象である以上それを解消しない作為義務違反を問うのは二重評価」（塩見・後掲⑤487頁），「強盗罪成立の要件である暴行・脅迫行為自体の継続と単なる抑圧状態の継続との区別を曖昧」にする（酒井・後掲②109頁）といった批判がなされている。

(3) **新たな暴行必要説**

そこで，設例Ⅰのような事案では，財物奪取目的で新たな暴行・脅迫がなされない限り強盗罪の成立を認めない見解が多数説となっている（C説。例えば，町野・現在155頁，中森・各論129頁，西田・各論171頁，林・各論215頁，山口・各論219頁など）。そして，近年の下級審の裁判例においても，被害者が失神している場合を中心に，そのような考え方がむしろ一般的になってきているようである（財物奪取目的に基づく新たな暴行・脅迫を必要とした裁判例として，例えば，高松高判昭和34・2・11高刑集12巻1号18頁，東京高判昭和48・3・26高刑集26巻1号85頁［昭和48年度重判解刑法6事件］，大阪高判平成元・3・3判タ712号248頁［百選Ⅱ各論37事件］など。裁判所の基本的立場は必要説だという裁判官による評価もある［出田・後掲⑥490頁］）。そもそも判例は，古くから，被害者の反抗抑圧状態のいわば極限的状況ともいうべき被害者殺害後に，行為者が領得意思を生じ，財物を奪取した場合には，強盗罪を認めず，窃盗罪にとどめていたのであった（例えば，最二小判昭和41・4・8刑集20巻4号207頁［百選Ⅱ各論26事件］。ここでは，死者の占有が問題となる。18講参照。なお，この場合に強盗罪を認める藤木・各論302頁は，A説を一貫したものといえる）。

もっとも，設例Ⅰのような状況においては，一般に，被害者はすでに心理的な抑圧状況に追い込まれていることが多く，通常人であれば反抗を抑圧されないような暴行・脅迫によっても反抗を抑圧される場合が少なくない。反抗を抑圧するに足る暴行・脅迫か否かは，被害者側の事情をも考慮に入れて判断すべきだという多数説に従えば，このような場合に必要とされる暴行・脅迫の程度は，それまで暴行・脅迫を加えられていなかった者に対するそれより緩やかなもので足りることになろう。この点をふまえ，C説のなかにも，こうした場合には，新たな暴行・脅迫は，被害者の「反抗抑圧状態を継続させるに足りる」ものであればよいとする見解がある（C-1説。西田・各論171頁）。こうした見解に従えば，行為者が現場にいることが被害者に認識されれば，それ自体が脅迫と評価される余地も生じる（河上＝髙部・後掲⑦339頁も参照）。

しかし，C-1説では「財物取得以外になにもしなくても強盗とすることになりかねない」（髙山・後掲⑧169頁）が，それは妥当でない，として，もう少し厳格に，「抑圧状態を強めた場合，または，そのまま放置すれば反抗抑圧状態が解消してしまうという状況において，その阻止に向けて積極的な作為があった場合」（酒井・後掲②110頁）に限って強盗罪を認めるべきだ，とする見解（C-2説）も有力である。

> **展開質問1**

1. 本文中で，A説とB説の結論を「ほぼ同じ」としたが，結論が異なる場合はあるか。あるとすればそれはどのような場合か（西原＝野村・後掲⑨26頁も参照）。
2. 甲が強盗目的で丙に暴行・脅迫を加え，反抗を抑圧した後に，乙が財物奪取のみに関与した場合，乙を強盗の承継的共犯とするのが多数説である（総論12講参照）。このように，多数説は，自ら暴行を行わなかった者をも強盗罪として処罰するのだから，設例Ⅰのように自ら暴行を行った者に強盗罪の成立を否定するのは矛盾ではないか（西田・後掲⑩71頁，佐久間・後掲⑪169頁も参照）。
3. 現在，少なくとも先行行為と排他的支配の双方がみたされた場合には，保障人的地位を認めるのが多数説である（総論3講参照），その見解に従えばB説は十分成り立ちうるのではないか。それにもかかわらず，B説が通説となっていないのはなぜか。ここでは，不作為犯論に関する総論的議論によって処罰範囲が制約されているのか。それとも，ここだけで通用する各論的議論によってなのか（町野・現在155頁も参照）。
4. C説を前提とした場合，新たな暴行・脅迫が認められない場合，行為者の罪責はどうなるか。いくつかの場合を想定し，それぞれどのような財産犯が成立するかを検討せよ（髙山・後掲⑪169頁参照）。
5. C-1説とA説，B説ではどのような場合に違いが生じるか。具体的事案を考えてみよ。また，いずれの結論が妥当か。
6. C-1説とC-2説とで差が生じるのはどのような場合か。また，いずれの結論が妥当か。
7. C説，ことにC-2説に対しては，当初からの暴行が極めて重篤な場合の方が，それが軽かった場合よりも有利に扱われ妥当でない，という批判がある。どう思うか。
8. 学説のなかには，判例は，当初の暴行が強姦罪に当たるような場合には新たな暴行を不要とするが，そうでない場合には必要とする傾向があると指摘するものがある（藤木・後掲④93頁参照）。そのような傾向が生じた背景にはどのような事情があると考えられるか。また，判例は，常にそのような区別をしているのか。仮に，そのような二分説が学説として主張され

たとすれば，それは妥当な見解か（臼井・後掲⑫62頁も参照）。
9. 以上をふまえ，設例Ⅰが各説からどのように解決されるかを検討し，いずれの学説を支持すべきか考えよ。

② 2項強盗罪

設例Ⅱ 被相続人殺害事件
　資産家Aの唯一の推定相続人であった長男Xは，物取りがAを殺害したかのように見せかけて，Aの財産を相続し，さらに当座の生活費も手に入れようと考えて，Aを殺害し，金庫の中の現金も持ち去った。【東京高判平成元年2月27日高刑集42巻1号87頁［セレクト'89刑法6事件］参照】。

入口の質問
1. 強盗利得罪の成立要件はどのようなものか。同罪の成立のために「処分行為」は必要か，不要か。その理由は何か。
2. 「処分行為」不要説からは，債務者による債権者の殺害や，推定相続人による被相続人の殺害の事案で常に強盗利得罪を介して，強盗殺人罪が成立するのか。

設例Ⅱ解題 財産上の利益の移転とは何か？

(1) 処分行為の要否
　刑法236条2項によれば，行為者が，暴行・脅迫によって被害者の反抗を抑圧し，財産上の利益を得た場合，強盗利得罪が成立する。なお，条文には，「財産上不法の利益」とあるが，利益自体が「不法」なものであることを要しないのはもちろんであり，これは「不法に利益を」あるいは「得る権利のない利益を」といった意味である（この2つの解釈の相違は，債権の行使をめぐる議論と関係する［17講参照］）。
　かつての判例（大判明治43・6・17刑録16輯1210頁）・学説（例えば，牧野・各論下646頁）には，被害者が利益を処分する行為（処分行為）を同罪の成立要件とするものもあった。しかし，(i)財物を客体とする1項強盗罪の場合には処分行為は不要なこととのバランス，(ii)そもそも反抗抑圧状態では有効な「処分」をする余地がないこと，などを理由に不要説が通説となり，判例も，かつての必要説の立場を明示的に改めて，不要説を採用した（最二小判昭和32・9・13刑集11巻9号2263頁［百選Ⅱ各論36事件］。不要説として，例えば，団藤・各論589頁，大谷・各論232頁，町野・現在172頁，西田・各論173頁）。

(2) 不要説の課題
　しかし，不要説にも解決すべき課題がある。1項強盗罪の客体である財物を得たか否かは比較的容易に判断できるのに対し，利益を得たか否かを判断することは困難な場合が少なくない。前述した処分行為必要説の問題意識も，あいまいになりがちな利益移転の範囲を厳格に画そうというものであった（谷口・後掲⑬79頁も参照）。同説自体は，いま述べたような理由から採用で

きないが，そうだとしても，例えば，債権者の殺害や，設例Ⅱのような被相続人の殺害のように，行為者が被害者を殺害することによって，何らかの財産的利益を得た場合には，常に強盗（利得）殺人罪が成立するというわけではない。

では，これらの場合に，はたして，またどのような要件のもとで，強盗利得罪が認められるべきか。

債権者の殺害と被相続人の殺害とでは，問題点が異なっているので分けて考えるべきだろう。まず，前者においては，強盗罪の成立が認められる場合があることには争いはなく，その成立要件について議論があるにすぎない。具体的には，債権の行使がどの程度の期間どの程度困難になることが必要か，という点が問題となる。財産侵害の「量」が可罰的違法にまで達しているか（鈴木・後掲⑭569頁も参照）という問題だといってもよい（債権者側による速やかな権利行使を相当期間不可能ならしめた場合に強盗殺人罪を認めた裁判例として，大阪高判昭和59・11・28高刑集37巻3号438頁。より厳格な見解として，西田・各論174頁，山口・各論221頁）。

(3) 被相続人の殺害

これに対し，設例Ⅱのような被相続人の殺害の場合，さらに推定相続人が他の推定相続人を殺害する場合については，そもそも2項強盗罪にあたる場合がありうるのかについて議論があり，むしろこれを否定する見解が有力である。

この点に関し，設例Ⅱと類似の事案（ただし殺害，財物取得とも未遂に終わっている）を扱った前掲東京高判平成元・2・27は，2項強盗罪の対象となる財産上の利益は，被害者が反抗を抑圧されていない状態において任意に処分できるものであることを要するが，相続の開始による財産の承継については，任意の処分の観念を容れる余地がないから，財産上の利益にあたらないとして，2項強盗罪の成立を否定した。

この判決の結論は一般に支持されている（反対するのは，前原・後掲⑮33頁。すでに，植松・各論391頁は，こうした行為や，先順位推定相続人を殺害する行為も，利得の意図でなされれば，強盗殺人罪となりうるとしていた）。しかし，その理由付けに対しては批判が多い。判例は処分行為不要説を採用しているのだから，それにもかかわらず，なぜ「任意に処分しうる」利益であることが必要とされるのか，理由が不明だ，というのである（町野・現在175頁，林・各論218頁）。

では，どのように考えるべきか。ここでは，「相続人の地位」と「相続財産」を分けて考えるべきだろう。そして，まず，「相続人の地位」は利益としての「現実性，具体性」（大谷・各論239頁，中森・各論132頁）を欠くから，財産上の利益とはいえない。

これに対し，相続財産については，財物と財産上の利益とをいわば包括する地位であり，利益としての具体性を備えていることは否定できない。しかし，それにもかかわらずこれを客体とした強盗罪の成立も認められないという見解が有力である。その理由付けは，大別して2つある。1つは，(i)「確実性」（木村・後掲⑯9頁）を欠くというものである。つまり，被相続人の殺害は，「殺害→相続→利益移転」という経過をたどって利益が得られるのであり，相続の開始という不確定な要素が介在し，しかも被相続人の殺害は相続欠格とされているのだから，殺害によって「確実に利益を取得したと認めることは困難」だ（木村・後掲⑯9頁）というのである。

もう1つの理由付けは，(ii)こうした場合が「強取」というのになじまない類型の行為だというものである。例えば，財産の移転は，暴行・脅迫などによって直接・不法になされることが必要であり，相続などの適法な事由の外観を介して，間接的になされた場合は強盗罪とはいえない（町野・現在175頁，林・各論218-219頁），強盗罪は，暴行・脅迫によって移転しうる利益をその対象として予定しているが，相続による財産移転は，被害者の死亡によってのみ生じうるもので，暴行・脅迫によっては生じえないから，強盗罪の対象とはならない（佐伯＝道垣内・刑法と民法の対話[2001] 353-354頁。団藤・各論591頁

も参照）といった理由付けがなされている。

展開質問 2

1. 債権者の殺害が強盗殺人罪となるのはどのような場合か。学説には，A．債権の存在を示す記録が存在しないなどの事情のため債権・債務関係が不明となることを要求するもの（例えば，平野・概説209頁，山口・各論221頁），B．行為者の行為がなければ即時に債務履行などの具体的措置を採らなければならなかったであろう切迫した事情があることを要求するもの（例えば，内田・各論273頁，中森・後掲⑰308頁），C．ABいずれかの状況があれば足りるとするもの（鈴木・後掲⑭556頁），D．履行期の到来した債権の行使が，長期間不可能になったことを要求するもの（林・各論218頁）などがあるが，いずれが妥当か。その際，以下の点を考慮すること。
   (i) 2項詐欺罪について，「すでに履行遅滞の状態にある債務者が，欺罔手段によって，一時債権者の督促を免れたからといって」それだけでは利益の取得とはいえず「債権者がもし欺罔されなかったとすれば，その督促，要求により，債務の全部または一部の履行，あるいは，これに代りまたはこれを担保すべき何らかの具体的措置が，ぜひとも行われざるをえなかったであろうといえるような，特段の情況」を必要とした判例（最二小判昭和30・4・8刑集9巻4号827頁［百選Ⅱ各論51事件］）がある。
   (ii) 財産上の利益取得の要件は，各種2項犯罪で同じと考えるべきか，それとも犯罪ごとに差違が生じる余地がある（高橋則夫・百選Ⅱ各論75頁）と考えるべきか。
   (iii) ここで実質的に問題とされるべきは，行為者側が得た利益の程度か，それとも，被害者側に生じた侵害の重大性か（鈴木・後掲⑭567頁参照）。もし後者だとした場合，それを「財産上の利益」の要件のもとで議論することは適切か。
   (iv) 債務の性質はこの判断に影響するか。例えば，ある時点までに履行されないと無意味になってしまう債務の場合と，それ以外の債務の場合とで判断は異なるべきか（髙山佳奈子・百選Ⅱ各論105頁も参照）。
2. 被相続人の殺害の事案で2項強盗を否定する理由付け(i)，(ii)に説得力があるかを検討せよ。その際，それぞれの理由付けを一貫させた場合，どのような帰結を生じさせるか，またそれが妥当かを考えること。また，相続財産をねらう場合の方が犯行現場で個別の財物を強取するより悪質であり，相続は単なる見せかけにすぎないから，むしろ強盗（殺人）罪を認めるべきだとの指摘もあるが（前原・後掲⑮33頁），どう思うか。
3. 被相続人の殺害の事案で1項強盗罪が成立する場合はないか（前原・後掲⑮33頁に引用された前掲東京高判平成元・2・27の破棄差戻後第1審判決も参照）。設例Ⅱについてもそうした観点から再度考えてみよ。
4. 3の検討をふまえ，さらに相続財産に不動産が含まれている場合に，その不動産に対する1項あるいは2項強盗罪が，それぞれ，はたしてまたどのような要件のもとで成立するかを検討せよ（木村・後掲⑯10頁も参照）。
5. 推定相続人が先順位の推定相続人を殺害する場合に，強盗殺人罪が成立するかを検討せよ。

③ 強盗致死傷罪

> **設例Ⅲ** 「倒れろ」事件
>
> Xは、Aから金員を奪取しようと企て、Aが運転するミニバイクを停車させ、その後部荷台に強引に乗車し、Aの脇腹に登山ナイフを突きつけて、「騒ぐと殺すぞ」などと申し向け、Aの左手とバイクのハンドルを手錠で連結固定するなどの暴行・脅迫を加えて、Aの反抗を抑圧したうえ、さらに「倒れろ」と命じた。Aは、命じられたとおりにしなければ殺されるかもしれないと畏怖し、ミニバイクもろとも転倒した。Xはその後、バイクのかごからAのかばんを奪って逃走した。Aは路上に転倒し、加療約14日を要する傷害を負った。【大阪高判昭和60年2月6日判時1149号165頁［昭和60年度重判解刑法6事件］参照】

入口の質問
1. 強盗致傷罪にいう、「傷害」の概念は、傷害罪のそれと同じであるべきか。もし、異なるべきだとしたら、それはなぜか。
2. 強盗が殺意をもって被害者を殺害した場合には、どのような適条とすべきか。
3. 強盗が傷害の故意をもって被害者を傷害した場合はどうか。
4. どのような行為から死傷結果が発生した場合に強盗致傷罪が成立すると考えるべきか。判例・学説の対立を復習せよ。
5. 強盗致死傷罪の主観的な成立要件はどのようなものであるべきか。判例・学説の対立を復習せよ。
6. 設例Ⅲにおいて、傷害結果を生じさせた行為は、法的にどのようなものと評価されるか。

設例Ⅲ解題 強盗致死傷罪の成立要件

(1) 総説

刑法240条は、「強盗が、人を負傷させたときは無期又は7年以上の懲役に処し、死亡させたときは死刑又は無期懲役に処する」と規定して、強盗犯人が死傷結果を生じさせた場合を、強盗罪と殺人罪あるいは傷害罪の観念的競合はもちろん、その併合罪と比しても、かなり重く処罰している。そこで、どのような場合であれば、同罪の重い法定刑にみあうだけの事態といえるかが問題となる。

まず、強盗致傷罪の法定刑の下限が酌量減軽してもなお執行猶予がつけられないほど重いこと（刑25参照）、通常の強盗罪の法定刑も十分重いから、軽微な傷害はその枠内で量刑事情として評価すれば足りること、などを理由として、同罪の傷害については、ある程度重大なものに限るという限定解釈をする見解が有力である（各人の教科書を確認すること）。

さらに、傷害や死の結果を惹起した行為（以下、これを「原因行為」と呼ぶ）についてどのよ

な要件が必要かも問題となる。問題点は2つある。1つは，原因行為が強盗行為と客観的にどのような関係になければならないか，という点であり，もう1つは，原因行為の主観的要件がどのようなものでなければならないか，という点である。

(2) 原因行為の客観的要件

前者から検討しよう。この点については，判例・学説の対立がある。240条の成立範囲を最も狭く画するのは，240条の罪が，強盗罪の結果的加重犯であることを論拠に，強盗の手段である暴行・脅迫から死傷結果が生じた場合に限って強盗致傷罪を認める見解である（手段説。例えば，香川・各論531頁，川口・後掲⑲31頁［客観的帰属論の観点からさらなる限定を加える］。以下，A説と呼ぶ）。この見解は，基準の明確性という点では優れているが，通説とはなっていない。その最大の理由は，事後強盗致死傷罪の場合との刑の不均衡にある。つまり，窃盗が逃走中に，逮捕しようとする被害者に暴行を加えて死亡させた場合には，238条を介して強盗致死罪が成立するというのが一般的見解だが，A説に従うと，強盗犯人が同じ状況で被害者に暴行を加えて死亡させた場合には，強盗致死罪が成立しなくなる。しかし，前者より後者が軽く処罰されるのは，いかにもアンバランスではないか，というのである（例えば，平野・後掲⑳52頁，井田・後掲㉑130頁）。

A説の対極にあり，240条の罪の成立を最も緩やかに認めるのが，強盗の「機会」に死傷結果が生じれば足りるとする見解であり，機会説と呼ばれる（例えば，団藤・各論594頁，藤木・各論299頁。B説）。判例もこの見解を採用しているといわれている（「強盗の機会」という概念を用いた判例として，例えば，大判昭和6・10・29刑集10巻511頁，最二小判昭和24・5・28刑集3巻6号873頁［百選II各論40事件］）。この見解は，(i)同罪が通常の結果的加重犯とは異なり「よって」という語を用いていないのは，その成立範囲を，強盗の実行行為から結果が生じた場合よりも広げる趣旨と理解できること，(ii)同条の立法理由は，強盗の機会には致死傷などの残虐な行為を伴うことが多いので重罰の必要があるということだが，A説ではそうした立法理由にそぐわないこと，を論拠としている。

もっとも，この見解も，強盗犯人が死傷結果を生じさせれば，240条の罪が直ちに成立すると考えるわけではなく，「機会」の概念による限定は付している。判例にも，例えば，強盗殺人終了後，新たな決意に基づいて別の機会に他人を殺害した事案で，殺害行為が時間的に当初の行為と接着し，犯跡隠滅のためであっても，強盗殺人罪にはならないとしたもの（最三小判昭和23・3・9刑集2巻3号140頁），前夜岡山県で強盗を行って得た盗品を，翌晩神戸で陸揚げしようとして，巡査に発見され，逮捕を免れるために傷害を加えた行為について，強盗致傷罪の成立を否定したもの（最一小判昭和32・7・18刑集11巻7号1861頁）などがある。

しかし，B説に対しては，それでもなお処罰範囲が広すぎるという批判がなされている。つまり，「機会」という概念は，基本的には，時間的・場所的な観点から決まると考えられるが，強盗行為と時間的・場所的な近接性はあっても，その性質上，強盗行為と関連性の乏しい行為によって被害者を死傷させた場合には，前述した重罰根拠もあてはまらず，単なる傷害罪，殺人罪等とすべきではないか，というのである。例えば，強盗の共犯者同士が仲間割れをして，その一人が別の一人を殺害した場合などがそれである。

以上のようなAB両説の問題点をふまえ，学説においては，両説の中間を行く見解が有力となっている。そうした見解は大別して2つに分けられる。1つは，A説から出発し，それを若干拡張する見解である（拡張手段説。C説）。この見解は，手段説の基本的発想は支持しながらも，その問題点である事後強盗罪の場合との不均衡に配慮して，強盗の実行行為のほか，事後強盗類似状況における暴行・脅迫行為も原因行為と

なりうるとする（例えば，西田・各論181頁，山口・探究各論141頁，橋爪・後掲㉒172頁）。

もう1つは，B説から出発して，原因行為の範囲に一定の限定を加える見解である。この見解は，機会説を基本的には支持しながらも，240条の加重処罰の趣旨から考えて，強盗行為の残虐さが実現したと評価しうる限度において同罪を認めるべきだとする。そして，具体的には，「強盗に付随して行われることの予想されるような定型的行為，いいかえれば強盗と一定の牽連性を持つ行為」（中野・後掲㉓183頁）あるいは強盗行為と「その性質上密接な関連性を持つ行為」（大塚・各論231頁）が原因行為となりうるとするのである（密接関連性説。D説。斎藤・後掲①210頁も参照）。判例も，表現上はともかく，実際にはこの見解に近い適用をしているという評価もある（日野・後掲㉔408頁）。

(3) **主観的要件**

以上と関連はするが，次元が異なるのが，前述した後者の問題，すなわち，原因行為の主観的要件としてどのような内容が必要かという問題である。この点に関する学説は，大別して4つに分かれている。第1の見解は，強盗致死傷罪が強盗罪の結果的加重犯的側面を有することを理由に，単なる過失でも足りるとするものである（例えば，前田・210頁。X説）。この見解からは，例えば，強盗が，被害者が布団の中に隠した乳児を誤って踏み殺してしまった場合にも，強盗致死罪が成立することになる。

第2の見解は，このような，いわば「純然たる過失」の場合にまで同罪を認めるのは，同罪の法定刑の重さから考えても妥当でないとする。そして，前述したC説を前提にして，そのような暴行・脅迫を行っている認識までは必要とすべきこと，他方「負傷させた」という文言は「傷害した」とは異なるから，傷害罪の主観的要件までは必要ないことを理由として，暴行あるいは脅迫のいずれかの故意が必要だとする（例えば，西田・各論181頁，佐伯・後掲㉕161頁など。Y説）。

第3の見解は，故意犯処罰の原則から考えて，前段について，傷害罪の場合と同様の主観的要件が必要だとする。そして，傷害罪には，暴行の結果的加重犯も含まれるから，ここでも，暴行の故意まで要求する。さらに，後段についても，前段との均衡から，やはり最低限暴行の故意を要求するのである（団藤・各論595頁，大塚・各論233頁。Z説）。

さらに，最近では，第4の見解として，240条の法定刑の重さに鑑み，同条の趣旨から，より限定的な解釈を導こうとする見解も有力になってきている（W説）。例えば，強盗致死傷罪の加重根拠は，死傷の結果が生じても不思議ではないような特に危険な手段が用いられ，その危険性が結果に直接に実現した点にあるとして，そうした原因行為の高度の危険性を基礎づける事情の認識を要求する見解（井田・後掲㉑136頁），さらにもう一歩進め，前段，後段とも原則として傷害の故意を要求する見解（斎藤・各論130-131頁。ただし，前段が「負傷させた」としているため，故意的な場合に限ることは困難であるとし，傷害が重傷の場合にはそうした重傷の危険を基礎づける暴行，脅迫の故意で足りるとする）などがそれである。

この点に関する判例の立場は必ずしもはっきりしない（井田・後掲㉑134頁も参照）が，設例Ⅲと類似の事案をあつかった前掲大阪高判昭和60・2・6は，「倒れろ」と命じた行為が「脅迫」にあたるとし，脅迫から結果が生じた場合であるとしたうえで，強盗致傷罪の成立を認めている。この裁判例は，Z説，W説を否定しているようにもみえるが，具体的事案との関係では，そのように言い切れるかどうか，なお議論の余地があろう（展開質問8(ii)参照）。

展開問題 3

1. 事後強盗罪の成立要件として，暴行・脅迫が「窃盗の機会」になされたことが必要とされている（近時の判例として，最二小決平成14・2・14刑集56巻2号86頁［百選II各論38事件］。解説として，朝山芳史「判解」曹時55巻11号194頁）。そこでの「機会」は，犯行現場からある程度離れているなど，厳密な意味で窃盗現場との「時間的・場所的接着性」がなくとも認められる場合があるというのが判例・通説である。具体的には，被害者による追跡が継続されている間は認められることが多い。また，行為者の犯意が継続している場合にも認められやすくなるとする見解もある（学説の状況に関しては，朝山・前掲のほか，例えば，嶋矢・後掲㉖）。では，ここにいう「機会」と，240条の強盗の「機会」とは同じ概念と考えるべきか，それとも異なったものと考えるべきか（前田・各論209頁，井田・後掲㉑132頁も参照）。

2. A説を採用したとしても，強盗は窃盗行為をも含んでいるから，強盗も事後強盗罪にいう「窃盗」にあたると考えれば（平野・後掲⑳52頁参照），あえてC説を採用する必要はないのではないか。このような解釈とC説とではどのような場合に結論が異なるか。

3. 以下の事例で強盗殺人罪は成立するか。A－D各説からの帰結を考え，そうした帰結をふまえたうえで，各説の当否を考えよ。
   (i) 強盗が，被害者から追われたため，逮捕を免れるために彼を殺害した。
   (ii) 強盗が，現場を通りがかった通行人に顔を目撃されたと思い，後日証言されることをおそれて彼を殺害した。
   (iii) 強盗が，抵抗した被害者を縛り上げ，金品を奪った後，その抵抗を不快に思って，彼を殺害した（斎藤・後掲①209頁参照）。
   (iv) 被害者宅に侵入し，被害者を縛り上げて強盗した者が，隣に幼児が寝ていたのをみつけ，泣かれるとまずいと思い，殺害した。
   (v) 路上強盗をしたら，被害者がたまたま日頃から私怨を抱いていた人物であることに気づいたので，強取後に彼を殺害した（斎藤・各論132頁，井田・後掲㉑132頁参照）。

4. 以下の事例で240条の罪は成立するか。A－D説およびX－W各説からの帰結をふまえ，どのような組み合わせによるのが望ましいか考えよ。
   (i) 強盗のため被害者にナイフを突きつけたところ，被害者が刺されまいとしてその刃をつかみ取り，怪我をした（最一小決昭和28・2・19刑集7巻2号280頁参照。さらに，原田・後掲㉗41頁以下も参照）。
   (ii) 逃走中の強盗を追跡していた被害者が転倒し，負傷した（神戸地姫路支判昭和35・12・12下刑集2巻11・12号1527頁参照）。
   (iii) 強盗目的で，被害者に果物ナイフを突きつけて，自動車に監禁して走行中，被害者が隙を見て車から飛び降りて負傷した（福岡地判昭和60・11・15判タ591号81頁）。
   (iv) 強盗が，被害者を脅迫したところ，被害者が逃げ出し，転倒して負傷した。
   (v) 強盗が，被害者を脅迫したところ，被害者が逃げるために車道に飛び出し，たまたま通りがかった自動車に轢き殺された。
   (vi) 強盗が，侵入した家の中で寝ていた幼児を誤って踏み殺してしまった。

5. Z説は，原因行為の客観的属性に関するB説あるいはD説を前提として，そこから生じる処罰範囲の拡張傾向を暴行の故意を要求することで制限しようとするものである。同説に対しては「240条の成立範囲を限定しようとするのであれば，それは行為者の主観面の考慮か

らではなく，客観的側面からなされるのが筋」（橋爪・後掲㉒173頁）という批判がある。しかし，客観的側面だけ限定することで本当に十分か。単独犯だけでなく，現場にいない共犯者のことをも念頭において考えよ（最三小判昭和26・3・27刑集5巻4号686頁［百選I総論77事件］も参照）。

6. 240条後段について，殺意のない場合に死刑，無期懲役しか科すことができないのでは，罪刑の均衡を失することを理由として，後段の適用は，殺意のある場合に限るべきだとする見解がある（井上・後掲㉘383頁。さらに，神山・後掲㉙284頁は，殺意のない場合に後段を適用するのは憲法違反であり，前段を適用すべきとする）。この見解の当否を検討せよ。

7. 暴行・脅迫のほか，強取行為も強盗罪の実行行為である。では，強取行為から死傷結果が生じた場合，例えば，「財物奪取行為の際にタンスが転倒して被害者が死傷した場合」（橋爪・後掲㉒172頁）には，強盗致死傷罪の成立を認めるべきか。これまでの検討をふまえ，考えよ。

8. 以上の検討をふまえたうえで，設例Ⅲがどのように解決されるべきかを考えよ。その際，以下の点に留意すること（佐伯・後掲㉕159頁も参照）。
   (i) Xのいずれの行為が問責対象とされるべきか。
   (ii) 「倒れろ」と言った行為を暴行と解釈する余地はないか。被害者利用の間接正犯が認められる要件を思い出しながら検討せよ。

9. 設例Ⅲを若干修正し，
   (i) Aが倒れた際に膝をすりむいただけだった場合
   (ii) 負傷した時点で，パトロール中の警察官に見つかり，かばんを奪う前に逮捕された場合におけるXの罪責を考えよ。

─── 出口の質問 ───

1. 強盗罪に関しては，強盗殺人罪，強盗傷人罪，強盗強姦罪といった加重類型が認められている。そのことの立法論的当否を，法定刑も考慮に入れたうえで，検討せよ。
2. 準強盗罪として，事後強盗罪，昏酔強盗罪が規定されている。ことに前者について，現在の通説は，強盗罪の解釈論のうち，どの部分があてはまり，どの部分があてはまらないと考えているのか。また，どのように考えるのが妥当か，検討せよ。

参考文献

（☆は特に読んでほしいもの）

全体にわたるものとして

☆① 斎藤信治「強盗罪の諸問題」芝原邦爾ほか編・刑法理論の現代的展開各論（日本評論社，1996）198頁

設例Iにつき

☆② 酒井安行「暴行，脅迫後の領得意思」阿部純二ほか編・刑法基本講座(5)（法学書院，1993）101頁

③ 長島敦・刑法判例研究(1)（大学書房，1966）358頁

④ 藤木英雄「強盗罪」注釈刑法(6)（有斐閣，1966）83頁

⑤　塩見淳「判批」判例セレクト '86-'00（有斐閣，2002）487頁
⑥　出田孝一「強盗罪をめぐる二つの問題」刑事裁判の理論と実務・中山善房判事退官記念（成文堂，1998）483頁
⑦　河上和雄=髙部道彦「強盗罪」大コンメ12巻325頁
☆⑧　髙山佳奈子「暴行，脅迫後の領得意思」刑法の争点（3版，2000）168頁
⑨　西原春夫=野村稔「暴行・脅迫後に財物奪取の意思を生じた場合と強盗罪の成否」判タ329号（1976）22頁
⑩　西田典之「承継的共犯」刑法の基本判例（1988）68頁
⑪　佐久間修「暴行後の財物奪取と共犯者の責任」事例解説・現代社会と刑法（啓正社，2000）156頁
⑫　臼井滋夫「強盗罪における脅迫と財物奪取の関係」研修253号（1969）47頁，254号（1969）55頁

設例Ⅱにつき

⑬　谷口正孝「いわゆる2項強盗罪の成立要件」法セ33号（1958）78頁
⑭　鈴木左斗志「詐欺罪における『交付』について」松尾浩也先生古稀祝賀論文集(上)（有斐閣，1998）515頁
☆⑮　前原捷一郎「判批」判タ737号（1991）31頁（前掲東京高判平成2・2・27が破棄差戻した後の第1審判決が紹介されている。）
⑯　木村光江「2項強盗罪の問題点」現代刑事法44号（2002）4頁
⑰　中森喜彦「二項犯罪」中山研一ほか編・現代刑法講座(4)（成文堂，1982）297頁
⑱　髙部道彦「判批」東條伸一郎ほか編・刑事新判例解説(2)（信山社，1992）272頁

設例Ⅲにつき

⑲　川口浩一「刑法第240条の適用要件」姫路36号（2002）4頁
⑳　平野龍一「刑法各論の諸問題10」法セ213号（1973）51頁
☆㉑　井田良「強盗致死傷罪」阿部純二ほか編・刑法基本講座(5)（法学書院，1993）127頁
☆㉒　橋爪隆「強盗致死傷罪をめぐる論点」刑法の争点（3版，2000）172頁
㉓　中野次雄「強盗致死傷罪，強盗強姦罪」総合判例研究叢書・刑法⑽（有斐閣，1958）182頁
㉔　日野正晴「強盗致死傷罪」大コンメ12巻（2003）399頁
㉕　佐伯仁志「判批」昭和60年度重判解159頁
㉖　嶋矢貴之「判批」ジュリ1247号（2003）166頁
㉗　原田明夫「傷害の故意が認められない場合における刃物による傷害罪の成否」研修441号（1985）41頁
㉘　井上祐司「強盗殺人・強盗致死」福田平ほか編・演習刑法各論（青林書院新社，1983）378頁
㉙　神山敏雄「強盗致死傷罪」中山研一ほか編・現代刑法講座(4)（成文堂，1979）269頁

　　　　　　　　　　　　　　　　　　　　　　　　　　　　（島田聡一郎）

20 詐欺罪

論点
1. 詐欺行為
2. 処分行為
3. 財産上の損害

1 詐欺行為

設例 I 同和商品先物取引事件
　穀物等の先物取引の受託業務を行っていたD社の取締役や従業員であったXら11名は，共謀して，同社の下記営業方針に従い18名の顧客を取引に勧誘し，誠実に売買を助言指導してもらえると信じたYらから，委託証拠金として現金等の交付を受けた。同社の営業方針は，先物取引に無知な主婦・老人等に外務員の指示どおりに売買すれば儲かると強調し，これを信用した顧客には外務員の意のままに相場の動向に反する取引を反復させ，いわゆる「客殺し」を用いて顧客に損失と委託手数料を増大させて，委託証拠金の返還および利益金の支払いを免れようとするものであった。【最三小決平成4年2月18日刑集46巻2号1頁［平成4年度重判解刑法6事件，セレクト'92刑法8事件］参照】

入口の質問
1. 「行為者に欺かれなかったとすれば，その相手方が財物または財産上の利益を処分（交付）しなかったであろう」という条件関係が認められるとき，詐欺罪の（客観的）構成要件が成立する。このような見解によれば，詐欺罪の成立範囲は不当に拡がり，「財産法益の保護」を超えることになるか。また，「客殺し商法」で確実に顧客に損失を発生させることが可能かという問題は，「欺罔」（欺く行為）または「財産の交付」の成否に影響するか。
2. 「欺罔」の基準は，「平均人」か「取引相手」か。
3. 「不作為」の「欺罔」も成立するか。支払いの意思も能力もないのに，それを秘して注文する行為は，作為・不作為のいずれか。また，取引相手に対する「告知義務」は，どのような根拠により発生するか。

設例 I 解題　欺罔の意義

(1) 判　例
　第1審は，客殺し商法が用いられたとは認めがたいとして，「損益にかかわらず元金は保証する」，「銀行並みの利子をつけて返す」などの虚

言を用いた行為者のみに詐欺罪の成立を認めた（神戸地判昭和60・3・29刑集46巻2号158頁）。

これに対して最高裁は，「被告人らは，……いわゆる『客殺し商法』により，先物取引において顧客にことさら損失を与えるとともに，向かい玉を建てることにより顧客の損失に見合う利益をDに帰属させる意図であるのに，自分達の勧めるとおりに取引すれば必ずもうかるなどと強調し，Dが顧客の利益のために受託業務を行う商品取引員であるかのように装って，取引の委託方を勧誘し，その旨信用した被害者らから委託証拠金名義で現金等の交付を受けたものということができるから，被告人らの本件行為が刑法246条1項の詐欺罪を構成するとした原判断は，正当である。先物取引においては元本の保証はないこと等を記載した書面が取引の開始に当たって被害者らに交付されていたこと，被害者らにおいて途中で取引を中止した上で委託証拠金の返還等を求めることが不可能ではなかったことといった所論指摘の事情は，本件欺罔の具体的内容が右のとおりのものである以上，結論を左右するものではない」として，Xら全員に詐欺罪の成立を認めた（前掲最三小決平成4・2・18）。

(2) 「欺罔」と「財産上の損害」との関係

判例によれば，「被害者が真実を告知されたならば財物を交付しなかった場合」に財物を交付して，行為者が領得すれば，1項詐欺罪が成立する（最二小決昭和34・9・28刑集13巻11号2993頁［百選II各論44事件］参照）。すなわち，「欺罔」により「取引目的」（効用実現）が不達成に終われば，「財産上の損害」が発生し「不法領得」が成立する（その後の取引過程における行為者の任務違背で生じた「損害」は，「背任罪」としても論じられる）。

本設例では，「客殺し商法」の成否が争点ともみえるが，これは委託証拠金が「委託の趣旨」どおりに運用されないことを基礎づける1つの事情にすぎない。確実に顧客を「殺せたかどうか」は決定的ではない。「客殺し商法」であろうがなかろうが，交付された証拠金を被告人らが委託の趣旨通りに運用しないとすれば，被害者の「取引目的」は不達成となり，「錯誤による財産交付」が成立するからである。

「錯誤による財産交付」は，「Dが顧客の利益のために受託業務を行う商品取引員である」との仮装によって生じたのであるから，これが「欺罔」となる。これに対して，第1審は，先物取引の勧誘として取引上許されない虚言のみを「欺罔」としている。しかし，「先物取引には元本の保証はない」こと等を記載した書面が取引開始時に被害者らに交付されていたのであるから，「元本保証」・「銀行並の利子」という虚言が「欺罔」となりうるか疑問である。以上のように，「欺罔」の内容と「錯誤による財産交付」・「財産上の損害」とは密接な関係に立つ。

(3) 欺罔の基準

本設例で最高裁決定は，被害者がおもに先物取引に無知な老人や主婦であったことを前提として，詐欺罪の構成要件を通じて弱者救済的な解決を図ったのか（京藤哲久「時の判例」法教145号142頁）。そもそも，顧客の利益のために受託業務を行うとの仮装は，先物取引の知識とは無関係であり，その仮装が一般人でも見抜けないとすれば，顧客全員に詐欺罪が成立する（垣口・後掲①102頁）。したがって，最高裁決定が弱者救済の観点を取り入れている，とするのは疑問である。

「欺罔」については，「一般人」・「平均人」を錯誤に陥れ財産を処分させる程度のものであるかを基準に判断する見解（団藤・各論611頁，西田・各論189頁など）が有力であるが，「取引相手」の知識・経験を基準に判断すべきだと思われる。これに対して，取引は当事者の対等を前提としており，それに見合う能力がないのに取引に参加した者を保護する必要はない，とする批判がある。しかし，客体が病弱な高齢者なので死亡することを認識しつつ，健康な一般人には致死量に満たない毒薬を用いて死亡させた場合には，殺人が成立するのとパラレルな問題であろう（長井圓・セレクト'9238頁）。

(4) 欺罔における作為・不作為の区別

本設例の「欺罔」について,「客殺し等の違法な行為をする意図までも告知する義務」は認められないので, 不作為の「欺罔」が成立しえないとすれば, 当該受託業務における財産損害の発生時に背任罪を認めるべきとする見解がある（神山・後掲②88頁）。しかし, 例えば, 当初から支払能力がないのにこれを秘して商品を注文する「取込詐欺」について,「商品買受の注文をする場合においては, ……代金を支払う旨の意思表示を包含しているものと解するのが通例である」（最二小決昭和43・6・6刑集22巻6号434頁）, また, 無銭飲食でも支払いの意思・能力がないのにこれを秘して注文する行為も欺罔となる（後掲最一小決昭和30・7・7［設例II判例］）。これらの判例を前提とすれば, 本設例でも顧客の利益のために受託業務を行うと仮装した作為（挙動）が欺罔行為になる（江藤孝・平成4年度重判解179頁）。

欺罔における作為と不作為との限界は流動的である。行為前に相手がすでに錯誤に陥っている場合, 行為以外の事実から錯誤が引き起こされた場合に, 告知義務があることを前提として, 錯誤を是正しないときに不作為の欺罔を認める見解がある（林・各論233頁）。また, 告知義務の根拠として, 判例では, 継続的な取引関係では「信義則上の告知義務」が要求されることが多い（高橋省吾・大コンメ13巻36頁参照。また, 大谷・各論255頁）。さらに, 取引内容に関する重要な事実か否か, 相手方の知識・経験調査能力などを考慮して告知義務を決すべきとする見解も有力である（西田・各論190頁）が, 本説のいう一般人基準と調和しうるか疑問であろう。

そもそも, 犯意先行型の無銭飲食での注文行為は,「支払いの意思」については何も言及していないにもかかわらず, その「定型化された取引」の社会的意味から作為（挙動）による欺罔と解しうる。そうでない取引形態において, 取引前から取引相手自ら不知・錯誤に陥っている場合が特に問題となる。しかし, 財産取引でも当事者間の知識情報に格差がある場合には, インフォームド・コンセントの法理が妥当し, 業者には消費者に対する説明義務が生じる。その根拠は信義則すなわち「取引における配分的正義」に求められよう。

展開質問1

1. 「豊田商事事件判決」（大阪地判平成元・3・29判時1321号3頁）は, 現物まがい商法について, 約定どおりの純金等の償還が不可能になった時点以降の勧誘行為のみを「欺罔」としている。本設例の最高裁決定の「欺罔」および「財産上の損害」の認定となぜ相違が生じたのか。

2. 単なる「駆け引き」は欺罔ではないと主張されるとき, どのような取引相手が基準とされているか。また, 欺罔の標準を具体的な取引相手とするとき, 詐欺罪（刑246）と準詐欺罪（248）との区別はどうなるか。さらに, 特定商取引所法34条・70条, 商品預託取引所法4条・14条は, 勧誘に際して, 当該業務・取引に関して取引相手・顧客の判断に影響を及ぼすことになる重要事項につき, 業者の不告知・不実告知を刑事罰の対象としている。これらの行為と詐欺罪の「欺罔」とはいかなる関係にたつか。

3. 千円の品物を購入する際, 5千円札を出したところ, 売主が1万円札と誤信していることに気づいたが, それを告知せず9千円のつり銭を受け取った場合,「不作為の欺罔」が認められるか。告知義務が認められる根拠は何か。また, 当該行為を作為による「欺罔」と解する余地はあるか。

② 処　分　行　為

> **設例II** 無銭飲食・宿泊事件
> Xは，所持金および支払意思もないのに，あるように装って料亭T方において，宿泊1回，飲食3回をなし，自動車で帰宅する知人を見送ると申し欺いて，店先に立ち出たまま逃走し，代金3万2290円の支払いを免れた。【最一小決昭和30年7月7日刑集9巻9号1856頁［百選II各論47事件］参照】

入口の質問
1. 詐欺罪と窃盗罪との競合を認めてもよいか。これを否定すべき根拠は何か。
2. 詐欺罪における「処分（交付）行為」は，窃盗罪とを区別する要件である。例えば，上着の試着をしたまま，小便に行くと偽って逃走した事例では，「処分行為」が欠けるので詐欺罪は成立しないとされる。しかし，詐欺罪の未遂にもなりえないか。
3. 処分行為の成立には「処分意思」が必要か。それはなぜか。必要として，その内容をいかに解すべきか。

設例II解題 錯誤による財産交付の要件

(1) 判　例

最高裁は，「詐欺罪で得た財産上不法の利益が，債務の支払を免れたことであるとするには，相手方たる債権者を欺罔して債務免除の意思表示をなさしめることを要するものであつて，単に逃走して事実上支払をしなかつただけで足りるものではない」とする一方で，「逃亡前すでにTを欺罔して，代金3万2290円に相当する宿泊，飲食等をしたときに刑法246条の詐欺罪が既遂に達した」と判示した（前掲最一小決昭和30・7・7）。Xの行為は「犯意先行型」の無銭飲食・宿泊であり，その提供自体が財産の交付と認められるからである（設例I解題(4)参照）。そこで，最高裁は，「犯意後行型」の代金支払免除の「処分行為」として被害者による「意思表示の必要性」に言及した。この判示は，2項詐欺罪において処分行為の必要性に言及した「りんご事件」の最高裁判例（最二小判昭30・4・8刑集9巻4号827頁［百選II各論51事件］）とともに，処分行為に関する指導的判例とされている。

(2) 2項詐欺罪での処分行為の機能

2項詐欺罪の処分行為には，2つの機能がある。(a)「財物」と比べて「移転」の範囲が不明確な「財産上の利益」を限界づける機能，(b)「不可罰な利益窃盗」とを区別する機能である。「りんご事件」での最高裁決定も，債権の一時的猶予が「財産上の利益」を得たというためには，「債権者がもし欺罔されなかつたとすれば，その督促，要求により，債務の全部または一部の履行，あるいは，これに代りまたはこれを担保すべき何らかの具体的措置が，ぜひとも行われざるをえなかつたであろうといえるような，特段

の情況が存在したのに，債権者が，債務者によって欺罔されたため，右のような何らか［の］具体的措置を伴う督促，要求を行うことをしなかつたような場合にはじめて，債務者は一時的にせよ右のような結果を免れたものとして，財産上の利益を得たものということができる」としたが（前掲最二小判昭和30・4・8），これは(b)の機能を確認したものである（伊達秋雄・最判解刑事篇昭和30年度114頁）。

「財産上の利益」の処分行為の典型例としては，①何らかの債務負担，②債務履行としての役務提供（無銭宿泊），③債務履行としての一定給付の受領（過少の債務額を正規の額として受領），④債務免除（犯意後行型の無銭宿泊），⑤債務弁済の延期，履行請求の一時的猶予などがあるとされている（井田・後掲③174頁）。

(3) 処分意思

まず，交付対象となる物・財産的利益自体について，被欺罔者が認識する必要があるか。すなわち「財産処分の対象」についての認識である。例えば，1万円札が挟まっていることを知らずに本を交付した場合や，15匹の魚が入っていた箱を，10匹入りと思って交付した場合である。ここでは「特定対象」を限界づける「外枠」（本，箱自体）の認識が必要だが，その具体的な量・内容・価値についての認識は必要ない。なぜならば，多様な錯誤のうち「意思による交付財産の範囲を画するための最小限の特定」が要件となるからである。それは「概括的故意」の限界に等しい。

これに対して，処分意思不要説では，詐欺罪が広く成立することになる。しかし，客観的な処分行為のみでは，財物の手渡しがない場合には，常に窃盗になってしまうが，財物の持去りを相手に認めたときにも処分行為を肯定すべきであろう。一方，「占有弛緩の認識」では足りないとする見解によれば，設例Ⅱでは，利益の移転が被害者の意思行為に基づいておらず，Ｘの逃走行為によって生じたから，支払免除の処分行為が認められないことになる。これに対して，

「金を取りに戻るが，今晩必ず戻る」といって逃亡した場合には，行為者が戻って支払うことを債権者が認めたから，支払の一時猶予という「利益」が行為者に移転したとして，2項詐欺罪の成立を認める（東京高判昭和33・7・7高刑裁特5巻8号313頁参照）。

(4) 詐欺罪と窃盗罪との区別の検討

被欺罔者にとっては，欺罔が「見送りに行く」か「金を取りに戻る」かにせよ，これを容認すると債権行使が困難・不能になることに何ら変わりはない。相手は，すでに提供した財貨・労務につき代金支払免脱の利益を得たことになる。そこで，飲食物・労務の提供が先になされていれば，「事実上代金債務等を免れる結果となる事実行為」を処分行為とする見解もある（井田・後掲③175頁，齋野彦弥・百選Ⅱ各論99頁）。また，「りんご事件」でも同様に，「債権の実現をもっぱら債務者側に依存させること」について意識した以上，被害者の処分行為は存在した，とする見解もある（高山佳奈子・百選Ⅱ各論105頁，中森・後掲④307頁）。

詐欺罪と窃盗罪との区別について，従来の処分意思必要説は，処分行為を犯罪の既遂（最終的な占有移転）と捉えている。しかし，いわゆる「占有の弛緩」，すなわち財物を一時的に相手方に手渡してはいるが，なお被害者の占有支配下にある場合でも，直接所持を容認して相手方にその「処分可能性」を委ねる行為は，「処分行為」である。この時点では処分行為はあったが，占有移転（領得）が既遂に達していないにすぎない。例えば，上着の試着をしたまま小便に行くと偽って逃走した事例（広島高判昭和30・9・6高刑集8巻8号1021頁）では窃盗罪が認められている。しかし，代金を払わず逃走すると知っていれば上着の直接所持を認めなかった，という点では被害者に「欺罔による錯誤」が生じており，それに基づいて相手方に上着の「移転可能性」を委ねたのだから，「処分行為」はあったとしてもよい。この場合も被害者には「占有弛緩」の認識があったにすぎないが，少なくとも財物を直

接所持した相手の立去りを許容した際には，処分行為者の排他的な占有が相手方に「移転させられる危険」を容認している（この点につき，鈴木・後掲⑤574頁参照）。したがって，詐欺罪の未遂が成立するのみならず，実際に行為者が持逃げした場合には占有移転時に既遂となると解するならば，詐欺と窃盗との区別は不可能になるだろうか。この基準によれば，債務免脱等についても2項詐欺罪により，財産上の利益が最大限保護可能になる。

> **展開質問 2**
> 1. いわゆるキセル乗車（大阪高判昭和44・8・7刑月1巻8号795頁［百選II各論48事件］参照）では，処分行為の対象と時点はどうなるか。鉄道の約款では，乗車券は目的地まで前払い購入すべきことになっている。改札入場時点での詐欺罪の成立を肯定しえないか。
> 2. 処分行為者と財産上の被害者，または錯誤者と処分行為者とが異なる「三角詐欺」は成立するだろうか。「訴訟詐欺」の場合（最一小判昭和45・3・26刑集29巻3号55頁［百選II各論50事件］参照），「処分権限」はどうなるか。
> 3. 機械化された営業システムを採用し，係員と顔を見合わせる必要のないホテルでも，管理員室のチャイム・ランプ等で被告人の入室が確認できるとして，処分行為を認め，その無銭宿泊につき2項詐欺罪を肯定する裁判例がある（大阪高判平成2・4・19判時1392号159頁，東京高裁平成15・1・29判時1838号155頁）。「処分意思」との関係でその結論は妥当か。

③ 財産上の損害

> **設例III** 大阪府くい打ち請負工事事件
>
> Xは請負工事の現場所長，Yは同工事の主任技術者であった。その工事代金の支払いを受けるには，大阪府の係員の完成検査を受けてこれに合格し，検査調書を作成させなければならなかった。しかし，同工事現場から排出の汚泥が不法投棄等により大阪府の積算量の1割に満たなかったため，これをそのまま申告すれば合格の検査調書を作成してもらえないと思い，あたかも汚泥を適正に処分したかのように装い，同工事の下請け業者Zらと共謀して，汚泥が正規に処理された旨記載された内容虚偽の汚泥処理排水処理券を作成したうえ，同処理券を大阪府の検査員に真正なもののように装って提出し，同人をして汚泥がすべて正規に処理されたように誤信させ，適正に行われた旨の検査調書を作成させ，平成4年5月6日ころ会社支店長名義で工事完成代金を請求し，大阪府建築部役員を前同様に誤信させ，同年6月5日ころ請負工事完成払金として7288万円を振替入金させた。【最一小判平成13年7月19日刑集55巻5号371頁［百選II各論45事件］参照】

> **入口の質問**
> 1. 財産とは，客体たる「物・経済的利益」それ自体か，それとも「人と物・利益との関係」（占有・本権）をいうのか。あるいは，「財産」は，その法益主体たる所有者・占有者が個人と

して客体に対して認める効用（主観的価値，使用目的の自己決定）ゆえにその排他的支配が法的保護に値するのか（人的個別財産説）。それとも，「財産」は，国家ないし社会が客体に「客観的交換価値」を認めて初めて法益として保護されるのか。
2. 「実質的個別財産説」は，財産の占有移転があるだけでは「財産上の損害」の発生を認めない。このような限定に合理的根拠があるか。
3. 「取引目的の不達成」としての財産交付に詐欺罪の「財産上の損害」を認める見解が有力である。「目的達成」の有無について「付随的事情についてのみ錯誤」があるにすぎない場合には，「法益関係的錯誤」が成立しないとする見解もある。これは理論的に可能であるか。

設例III解題　財産上の損害と個別財産説

(1) 判　例

本設例の第1審は，汚泥の処理量・処理費については本件契約に定めがないので，代金が減額されえたとは認められないが，内容虚偽の処理券提出によって工事代金の支払時期を不当に早めた，として代金領得につき1項詐欺罪の成立を認めた（大阪地判平成9・9・17刑集55巻5号500頁）（被告人側控訴）。大阪高裁は，第1審判決を，支払時期に差異が生じる点で詐欺罪が成立するとしながら，その期間を何ら判示していないのは理由不備に当たるとして，破棄したが，「不法投棄した汚泥処理との関係において，本来であれば，一部減額されるべきはずの本件工事代金を一体不可分のものとして騙取した」点に，1項詐欺罪の成立を認めた（大阪高判平成10・6・3刑集55巻5号508頁）（被告人側上告）。弁護人の上告趣意は，「完成検査合格が遅延したとしても，大阪府が代金支払期限の利益を害されることはな」く，「詐欺罪の成立する余地はない」というものであった。最高裁は，①本件工事は定額・一括請負契約であって，汚泥処理費用の実際額が発注者の見積額を大幅に下回ったとしても，特段の約定がない限り，発注者は減額請求をすることはできない，②汚泥の場外搬出は請負契約上の義務にあたるが，その処理を関係法令に従って行ったか否かは，業者としての公法上の義務に係るもので，請負代金の支払請求権と対価関係にたつものではない，として控訴審判決の根拠であった請負代金の減額請求権を否定した。さらに最高裁は，「請負人が本来受領する権利を有する請負代金を欺罔手段を用いて不当に早く受領した場合には，その代金全額について刑法246条1項の詐欺罪が成立することがあるが」，そのためには「欺罔手段を用いなかった場合に得られたであろう請負代金の支払とは社会通念上別個の支払に当たると言い得る程度の期間支払時期を早めたものであることを要する」ところ，第1審判決は工事代金の支払時期をどの程度早めたかを認定していないので，判示として不十分である，として大阪高裁に差し戻した（前掲最一小判平成13・7・19）。

(2) 個別財産説の意義

原審は，本来受領すべきでない額を含めた代金全額を「財産損害」としたのに対して，第1審は，支払時期を早めて交付させた代金自体を「財産損害」とみている。最高裁判決も基本的に第1審の判断枠組みを肯定している。前述のように，判例は，行為者から相当対価物が提供されても，真実を告知されたならば財物を交付しなかったといえる場合には，1項詐欺罪が成立するとしている（前掲最二小決昭和34・9・28参照）。このような見解を「形式的個別財産説」という（これに対して，被害者の財産が全体として減少することを必要とする見解を「全体財産説」という。林・各論150頁）。それゆえ，当該請負工事が瑕疵なく完成していても，大阪府が工事代金を「真実を知ったならば支払わなかったであろう」といえる限り，詐欺罪が成立するはずである。な

お，「形式的個別財産説」においても，領得した財産自体につき詐欺罪が成立するとはいえ，提供された対価などの実質的得喪を考慮して適正な量刑判断がなされるので，この点では全体財産説と決定的な差異が生じるわけではない。

(3) **実質的個別財産説**

本説によれば，判例の「形式的個別財産説」では，未成年者には売る意思のない本屋から，成年と偽り代金を支払って成人用図書を購入する行為までも詐欺罪が成立することになり，これでは詐欺罪が財産犯であることを否定しかねないとする（前田・各論241頁，西田・各論199頁）。そこで，本設例でも最高裁判決が第1審と結論を異にしたのは，「実質的個別財産説」を採用したからだとする（伊藤渉・百選II各論93頁，前田雅英・平成13年度重判解163頁）。

また，「法益関係的錯誤説」では，「交換」・「取引目的の達成」とは直接関係のない付随的事情については，錯誤の成立が否定される（佐伯・後掲⑥102頁，山口・各論264頁）。当事者の交換関係の設定は，「効用」にいかなる対価を支払うかであるとして，「効用」に関する欺罔・錯誤があった場合にのみ財産交付を損害とする説もある（伊藤・後掲⑦36頁）。

しかし，個人の「目的達成手段」として財産が保護されるとすれば，被害者の目的とするあらゆる「効用」が「法益関係的」になるはずである。この「目的・効用」に該当しない「付随的事情」を画する基準を明らかにしない限り，「形式的個別財産説」と同様の結論に至る。そこで取引相手の「主観的効用」のうち，社会的に相当と認められる効用に限定すべきだとすれば，結局あいまいな「一般人標準」に帰することになる（酒井・後掲⑧183頁）。そうすると，このような限定がそもそも妥当か。人間には個性があり，それは憲法13条が前提とする人格的な自己決定に基づいて発揮される。取引の「目的・効用」達成のための財産交付も，本人の自由な選択に委ねられる。それを社会的基準を用いて国家が限定することの当否が，問われる。これを否定するのが，個人の財産を主観的効用価値として最大限尊重する「人的個別財産説」である。

(4) **最高裁判決の検討**

本設例では，大阪府にとって汚泥の正規処理も，重要な「取引目的」である。しかし，最高裁は，請負契約は定額・一括請負契約であり工事代金が減額されないし，汚泥の不法投棄は本件契約とは無関係であるとしている。すなわち，汚泥処理について債権者が一定の目的を有していても，それは契約上の効力を欠くので，その達成につき被告人に協力義務はないとしたものとみることができる（樋口・後掲⑨160頁）。そうだとすると，契約目的である請負工事自体は達成されており，工事代金の支払（時期）は「社会通念上の別個の支払い」に該当するとはいえず，「財産損害」を基礎づけないことになる。最高裁判決は，「形式的個別財産説」にたちつつ，「財産損害」・「不法領得」を基礎づけるだけの根拠に乏しいとしたのであろう。つまり，取引目的は，当事者により自由に設定しうるとしても，詐欺罪で保護するには，取引の対価として契約内容に客観的に明示される必要がある（長井・後掲⑩312，314頁）。すなわち，最高裁は，本件の一括請負契約の特殊性を考慮して財産損害を基礎づける「欺罔」の成立を否定したのであろう。

展開問題3

1. 本設例の「財産上の損害」を「期限の利益」（利息）としたうえで，これには2項詐欺罪の可罰的違法性が欠けるとする見解がある（木村光江「時の判例」法教258号120頁）。この見解は，どこが全体財産説と異なるか。可罰的違法性を欠くので，2項詐欺が成立しないとすれば，代金支払いにつき1項詐欺はどうなるか。
2. 「客観的交換価値」も各個人の主観的効用についての「合意」の存在に由来するものではな

いか。そうすると，詐欺罪でも「財産」と「取引・処分の自由」とは，密接不可分の関係にたつことにならないか。

3. 窃盗罪では，「財産上の損害」は問題とならないか。例えば，未成年者が，店主がいない隙にレジに代金を置いたうえで成人用図書を奪取した場合でも，窃盗罪は成立するか。また，「背任罪」における「財産上の損害」とその内容は異なるか。

4. 判例上，郵便局の簡易保険証が騙取された場合，詐欺罪の成立が認められているが（最二小決平成12・3・27刑集54巻3号402頁［百選II各論46事件］），旅券の騙取については詐欺罪の適用が否定されている（最一小判昭和27・12・25刑集6巻12号1387頁）。この結論の相違は，「財産上の損害」と関係するか。また，生命保険会社から保険詐欺の目的で保険証書を騙取し，それを使用して生命保険金を騙取した場合，両者の罪数関係をどのように考えるか。

―――【 出口の質問 】―――

1. 支払いの意思・能力がないにもかかわらず，自己名義のクレジットカードを使用して加盟店から商品を購入する行為は，加盟店に対する1項詐欺罪またはカード会社に対する2項詐欺罪のいずれが成立すると解すべきか（東京高判昭和59・11・19東高刑事報35巻10・11・12号86頁［百選II各論49事件］参照）。詐欺罪の各要件と関連させて答えよ。
2. 詐欺罪においては「財物の占有移転」以上の「財産上の損害」を要件とする学説が有力であるが，1項詐欺罪では窃盗罪と同じく「財物」の移転が要件となっていることとの関係はどうか。各財産犯ごとに財産（法益）概念が異なることはあるか。
3. 詐欺罪の「財産損害」・「不法領得」の客体・範囲につき，「個別財産説」と「全体財産説」とでどのような差異が生じるか。また，1項では前者であるが，2項では後者であるとする見解があるが，相反する基準を併用することが論理的に妥当であるか。

参考文献

① 垣口克彦・消費者保護と刑法（成文堂，2003）
② 神山敏雄・日本の経済犯罪（日本評論社，1996）
③ 井田良「処分行為（交付行為）の意義」刑法の争点（3版，2000）174頁
④ 中森喜彦「二項犯罪」中山研一ほか編・現代刑法講座(4)（成文堂，1982）297頁
⑤ 鈴木左斗志「詐欺罪における『交付』について」松尾浩也先生古稀祝賀論文集（上）（有斐閣，1998）515頁
⑥ 佐伯仁志「被害者の錯誤について」神戸法学年報1号（1986）51頁
⑦ 伊藤渉「詐欺罪における財産的損害(2)」警研63巻5号（1992）28頁
⑧ 酒井安行「詐欺罪における財産的損害」刑法の争点（3版，2000）182頁
⑨ 樋口亮介「判批」ジュリ1249号（2003）156頁
⑩ 長井圓「消費者取引と詐欺罪の法益保護機能」刑雑34巻2号（1995）293頁

（長井　圓）

21 横領罪と背任罪

論 点
1. 横領罪における不法領得の意思
2. 横領と背任
3. 背任罪における事務処理者

1 横領罪における不法領得の意思

> **設例Ⅰ** 国際航業事件
>
> 仕手筋Aのオーナー Bは，経営陣の対立等で不安定な状況にあるC社の株を買い占めてその経営権を奪取しようと企て，同社の取締役経理部長であった被告人Xに接近した。Xは，Bへの協力を約束し，これとは別に，会長Dと対立していた社長Eも，自己の地位を保障するBへの協力を了承した。しかし，その後，社長Eは，銀行の協力が得られなかった等の事情から翻意，Bとの覚書きを反古にして防戦買いに転じ，発行済株式の過半数である51.2％を確保することに成功した。
>
> しかし，Xはその後も株式の買取り工作を進め，裏工作のベテランといわれる人物に対し，政治家や暴力団への働きかけ等の工作費用として，数回にわたり，C社の資金合計約9億円を交付するなどしていた。ところが，B配下の者によって，XがC社株の売却で私腹を肥やしていると吹き込まれた会長Dは，Xを解任し，さらに，自己が支配するC社株をBに譲渡した。この結果，次回の株主総会でBが経営権を掌握するのは必至の情勢となった。経理部長の職を解かれたXは，経理部次長であったFと共謀のうえ，さらに数回にわたり，C社の資金合計約3億円を交付して買取り工作を行ったが奏功せず，臨時株主総会において，Bの推薦による新取締役が就任した。
>
> Xは，業務上横領罪（刑253）で起訴されたが，上記資金の交付は，C社の方針に従い，そのイメージや信用の維持等をはかるべく，C社のために行ったものであると主張した。【最二小決平成13年11月5日刑集55巻6号546頁［百選Ⅱ各論60事件］参照】

入口の質問
1. 横領行為には，どのようなものがあるか。
2. 業務上横領罪における「業務」には，どのようなものが含まれるか。
3. 上記資金の交付はC社のために行ったものであるというXの主張は，業務上横領罪の成否に関して，どのような意味をもつのか。

設例Ⅰ解題　不法領得の意思の具体的内容

(1) 判例

　最高裁は，設例Ⅰの題材となった事件において，Xが行った資金交付は業務上横領罪にあたるとした（第1審は無罪とし，控訴審は業務上横領罪を肯定した）。最高裁は，当該交付の「意図が専らC社のためにするところにあったとすれば，不法領得の意思を認めることはできず，業務上横領罪の成立は否定される」としつつ，結論として，当該交付の意図は，そのようなものではなかったとした。この判断の理由は，おおよそ次のようなものであった。

　すなわち，Xが目指していた株式買取りは，工作費用だけで25億5000万円，これを含めた買取費用の総額は595億円にのぼるものであった（C社の1事業年度の経常利益は20億円から30億円程度であった）。このような重大な経済的負担を伴い，しかも違法行為を目的とするものとされる可能性がある支出であったにもかかわらず，Xは，当該交付に際して，交付先の素性，工作内容の具体的内容，成功の見込みを調査するなどした形跡がほとんど認められない。加えて，原判決（東京高判平成8・2・26判時1575号131頁［平成8年度重判解刑法6事件］）の認定によれば，①C社においては，Xが進めたような株式買取りの方針は固まっておらず，社長Eも，買取りの可能性を探るための工作を了承したにとどまる。②Xは，当該交付について，社長Eに報告する機会がたびたびあったのに，これをしていない。③Xは，当初Bに協力し，C社株の売却で多額の利益を得たほか，Bから利益の分配として2億3000万円を受け取っていたが，後にBと対立するに至ったため，裏切り者として攻撃され，脅迫を受けた。この脅迫の直後に，第1回目の資金交付が行われている。

　なお，原判決は，当該交付がもっぱら会社のためになされたものであったか否かを判断するには，「その支出行為が委託者である会社自体であれば行い得る性質のものであったか否かという観点からも検討する必要がある」とした。そのうえで，Xが企図した買戻しは商法に違反し，また，この手段として計画されていた裏工作が，それ自体，名誉毀損等の犯罪となりかねないような行為であって，いずれもC社としてもこれを行うことはできない，したがって，Xは，もっぱらC社のために当該交付を行ったとはいえず，不法領得の意思を認められるとした。しかし，最高裁は，行為の客観的性質と行為者の主観とは別異の問題であって，行為者が，もっぱら会社のためにするとの意識のもとに違法行為を行うことはありうると述べて，原判決のこの論理を否定した。

(2) 「不法領得の意思」と「もっぱら本人のためにする意思」との関係

　判例・通説は，横領罪が成立するためには，行為者に不法領得の意思が認められることが必要であるとする。ここでの不法領得の意思は，判例によれば，「他人の物の占有者が，委託の任務に背いて，その物につき権限がないのに所有者でなければできないような処分をする意志［思］」である（最三小判昭和24・3・8刑集3巻3号276頁［百選Ⅱ各論59事件］）。そして，この意思は，行為者が，もっぱら本人のために当該行為を行った場合には，その存在が否定されている（最二小判昭和28・12・25刑集7巻13号2721頁，最二小判昭和33・9・19刑集12巻13号3047頁）。設例Ⅰの題材となった事件における平成13年最高裁決定も，結論的には不法領得の意思を肯定しているものの，この立場を前提としている。

　ところで，「もっぱら本人のためにする意思」（平成13年最高裁決定の表現によれば，「意図が専らC社のためにするところにあった」）が認められる場合には，なぜ，不法領得の意思が否定されるのだろうか。判例が示した上記の不法領得の意思の定義（不法領得の意思の「空洞化」［平野・後

掲①1683号8頁以下］，あるいは，「拡張された定義」［西方・後掲②17頁参照］ともいわれる）には，「もっぱら本人のためにする意思」という要素は含まれていない。それにもかかわらず，なぜ，このようなことが認められるのだろうか。

また，「本人のため」という言葉の意味は，必ずしもひと通りではない（林・各論291頁参照）。例えば，倒産を覚悟した会社経営者から残債務弁済のための資金の保管を委託された者が，倒産を回避する最後の手段としてその資金で商品のTVコマーシャルを製作するのは，「本人のため」であろう。他方，親の遺産を食いつぶして生活する放蕩息子に目を覚ましてもらおうと，その家に長年仕え，財産を管理してきた執事がこれを匿名でユニセフに寄付してしまうのも，「本人のため」であろう。不法領得の意思の存否を左右する「本人のためにする意思」は，前者の例のような，その物の処分から生じる経済的利益を帰属させる意思に限られるのだろうか。それとも，これに限らず，後者の例のように，その物の処分から生じる何らかの利益を本人に帰属させる意思でも足りるのだろうか。

(3) 当該行為に対する規制の有無と「もっぱら本人のためにする意思」との関係

前述のように，設例Ⅰの題材となった事件の控訴審判決は，当該交付がもっぱら会社のためになされたものであったか否かを判断するには，「その支出行為が委託者である会社自体であれば行い得る性質のものであったか否かという観点からも検討する必要がある」とした。平成13年最高裁決定がこの論理を否定したことは，すでにみたとおりである。

ところで，判例は，従来から，当該行為が本人が適法に行いうる行為であるか否かを，横領罪の成否ないしは不法領得の意思の存否の判断に際して問題としてきた。例えば，取締役が，株主総会の議決に基づいて会社の資金を贈賄に使用した事案において，大審院は，株主が会社の資産を会社の営業範囲に属さない事項に使用することを議決しても，これは違法なのであり，この議決に従って会社の資産を不法目的に費消した取締役は，横領の罪責を免れないとした（大判明治45・7・4刑録18輯1009頁）。また，森林組合の組合長が，組合員以外への転貸が法律で禁じられていた資金を，組合名義で町に貸し付けた事案（設例Ⅱ参照）において，最高裁は，「使途の規正に反し貸付の目的以外の目的に使用したときは……業務上横領罪の成否を論じる余地のあることは当然」としたうえで，「特に本件貸付のための支出は，……手続違反的な形式的違法行為に止まるものではなくて，保管方法と使途の限定された他人所有の金員につき，その他人の所有権そのものを侵奪する行為に外ならないことにかんがみれば」などとして，不法領得の意思を肯定している（後掲最二小決昭和34・2・13）。

そして，平成13年最高裁決定も，「当該行為ないしその目的とするところが違法であるなどの理由から委託者たる会社として行い得ないものであることは，行為者の不法領得の意思を推認させる1つの事情とはなり得る」とする。すなわち，当該行為に対する規制の有無を不法領得の意思の認定に際して考慮することまで否定しているわけではない。そうすると，同決定は，控訴審判決が，規制の有無を，「もっぱら本人のためにする意思」の存否との関係で問題にした限度で，その論理を否定したということになろう。

ところで，当該行為が本人にも禁止されていることなどが，「不法領得の意思を推認させる1つの事情とはなり得る」のはなぜだろうか。このような考え方は，横領を越権行為として理解すること（越権行為説）の帰結だろうか。あるいは，横領を領得行為とする理解（領得行為説）からも，このように考えることが可能だろうか。

> **展開質問 1**
> 1. Xが支出したC社の資金が銀行預金である場合にも，Xには，当該資金に対する占有が認められるか。Xによる資金の支出が，C社の預金からの振替によって行われた場合にも，業務上横領罪が成立しうるか。
> 2. 最高裁は，いわゆる納金スト事件で（前掲最二小判昭和33・9・19。労働争議の手段として，組合が，会社に納めるべき金員を組合執行委員長名義で預金した），「本件電気料金の預金は，専ら，会社側のためにする保管の趣旨の下になされた」などとして，不法領得の意思を否定した。この事案において，「もっぱら本人のためにする意思」を肯定できるのだろうか。

2 横領と背任

> **設例II** 森林組合員外貸付事件
> A町森林組合の組合長Xは，政府から同組合に貸し付けられた金員を保管していた。この貸付金は，組合が造林事業を営む組合員に対して転貸交付するための資金であり，これ以外の用途に使用することは，法律上，許されていなかった（この違反があった場合，政府は一時償還を命じうるとされていたが罰則はなかった）。ところが，Xは，年末の諸経費の支払いに窮していたA町の要請に応えて，この資金の一部を，組合名義でA町に貸し付けた。【最二小判昭和34年2月13日刑集13巻2号101頁［百選II各論〈4版〉57事件］参照】

> **入口の質問**
> 1. 横領罪と背任罪との区別に関しては，どのような考え方が存在するか。
> 2. 判例は，横領罪における不法領得の意思を，どのように定義しているか。

> **設例II解題** 横領・背任の区別に関する具体的基準

(1) 判　例

設例IIのXは，使途を制限された本件貸付金を森林組合のために保管する任にあたっていたのであるから，A町への貸付は，A町の利益を図る目的でなされた任務違背行為である。また，本件貸付により，組合員への貸付資金は一時的にせよ減少するから，組合がA町に対して債権を取得することや，A町からの返済の確実性がどの程度であるかとは無関係に，財産上の損害を肯定することも不可能とはいえない（最一小決昭和58・5・24刑集37巻4号437頁［百選II各論65事件］，東京高判昭和37・9・24高刑集15巻7号540頁参照）。そうすると，Xの行為は，背任罪（刑247）にあたるようにもみえる。

しかし，最高裁は，設例IIの題材となった事件において，結論として，業務上横領罪の成立

を認めた（第1審はXを無罪とし，原審は業務上横領罪の成立を肯定していた）。横領罪と背任罪とは法条競合の関係にあるとされ，行為が両者の構成要件をともに充足している場合には，より重い横領罪が成立すると解されている（大判明治43・12・16刑録16輯2214頁参照）。最高裁は，Xの行為には横領罪が成立することから，「背任罪の成立を論じる余地も存しない」としたことになる。とはいえ，設例IIにあるように，Xは，（法律の禁止には触れるが）組合名義で本件貸付を行っており，X自身には何らの経済的利益も帰属していない。最高裁は，どのような論理によって，Xの行為が（業務上）横領罪の構成要件をみたす（より端的には，不法領得の意思に基づく領得行為である）としたのだろうか。

最高裁の論理は，以下のようなものであった。まず，①当該貸付は，もっぱらA町の利益を図るために実行されたものであり，本人たる組合の利益のためではなかった。また，②当該貸付は，Xの正当な権限に基づくものではなかった。すなわち，組合役員会の決議の趣旨に反し，組合本来の目的を逸脱していた（監事の承認はあったが，これは監事の権限外のことであり，これによってXの行為が正当権限に基づくものとはならない）。そうすると，③本件貸付は，結局のところ，Xが，「委託の任務に背き，業務上保管する組合所有の金員につき，組合本来の目的に反し，役員会の決議を無視し，何ら正当権限に基かず，ほしいままに被告人ら個人の計算において……なしたものと認むべきである」。そうすると，「A町に対する貸付が組合名義をもって処理されているとしても……保管方法と使途の限定された他人所有の金員につき，その他人の所有権そのものを侵奪する行為に外なら」ず，横領罪の成立に必要な不法領得の意思が肯定される。

(2) 第三者への領得と横領罪の成否

まず，上記①についてみるならば，ここで，最高裁は，Xの本件貸付の目的が，（第三者たる）A町の利益を図るためであり，本人たる組合の利益を図るためではなかったことを指摘している。

これの後半部分（本人の利益を図るためではなかった）は，行為者が，本人の利益を図る目的で当該行為を行っていた場合には，横領罪は成立しないとする判例の立場（前掲最二小判昭和28・12・25，前掲最二小判昭和33・9・19など参照）に沿ったものである。本件貸付との関係では，横領罪成立の消極的根拠にすぎないが，ともかく，その論理は，横領罪は自己が領得する罪であるとする理解（領得行為説）と整合的である。

他方，前半部分（第三者の利益を図るためであった）は，これとは趣きが異なる。確かに，判例には，行為者が第三者の利益を図った場合について横領罪を肯定するものもある（例えば，大判大12・12・1刑集2巻895頁）。しかし，これは，指摘されているように（例えば，西田・各論235頁，山口・探究各論191頁），間接的な自己領得といえるようなケースであった。これとは異なり，設例IIのXは，自らは何らの経済的利益も受けていない。設例IIの事案で，最高裁は，いわば純然たる第三者領得のケースについて横領罪成立の余地を認めたようにみえる。これは，（上記後半部分の判示と齟齬を生じることになるが）領得行為説を採らず，横領罪成立のためには自己領得は不要であるとしたものだろうか。それとも，領得行為説が（本来の姿ではないにせよ）なお維持されているとみる余地があるだろうか。

(3) 権限の逸脱と不法領得の意思

次に，最高裁は，上記②で，本件貸付が，本人である組合にとっても法律上禁じられた行為であり，Xの正当な権限に基づくものではなかったことを指摘して，これを，横領罪成立の根拠とした。ところで，判例は，横領罪における不法領得の意思に関して，「他人の物の占有者が委託の任務に背いて，その物につき権限がないのに所有者でなければできないような処分をする意志［思］をいう」（前掲最三小判昭和24・3・8）としている。この定義からすれば，自己への経済的領得は認められないが明らかな権限逸脱があるXについて，最高裁が不法領得の意思を

肯定したのは（つまり，越権行為説的な方向に進んで行ったのは），当然のことのようにもみえる。

しかし，上記の定義は，領得行為説を採る見解からも基本的には支持されている（山口・探究各論189頁，西田・各論234頁以下参照）。これをどのように考えるべきだろうか。領得行為説を採り，本件のXについて不法領得の意思を肯定できないとする立場からは，上記定義の意義は，どのように理解されることになるのだろうか。

(4) 「計算」の主体

さらに，最高裁は，上記③において，本件貸付は，X「個人の計算において」なされたとする。「個人の計算」であるか否かは，自己領得の存否の判断基準であり（大判昭和9・7・19刑集13巻983頁［百選II各論62事件］，最二小判昭和33・10・10刑集12巻14号3246頁参照），横領罪を領得罪とする理解と親和的ではある。

しかし，すでにみたように，Xは，本件貸付を自己名義で行ったのではない。貸付名義は，本人である組合である。そうすると，ここでなおX「個人の計算」を認めた最高裁は，形式的な貸付名義が本人であっても，いわば，実質的な貸付名義が行為者であり，したがって，「個人の計算」であるとすべき（領得を認めるべき）場合があるとしたことになる。この考え方は，一般論としては正当であろう（林・各論289頁参照）。問題は，どのような基準で実質的な名義ないし計算を判断するのかである。

すでにみたように，Xの行為については，少なくとも経済的な意味では，自己への領得を肯定することができない。最高裁は，どのようにしてX「個人の計算」を肯定したのだろうか。この判断は，領得行為説から説明可能だろうか。あるいは，「個人の計算」という判断枠組みを用いてはいるが，その中身は越権行為説的である（西田・各論256頁参照）とみるべきだろうか。

展開質問2

1. 窃盗罪に関しては，他人の物を第三者に無償譲渡して「恩を売る」場合にも，不法領得の意思を肯定しうるとする見解がある（山口・探究各論124頁）。横領罪の場合にも，同様に考えることができるだろうか。設例IIのXが，当該貸付によってA町に個人的な恩を売ることを意図していた場合には，不法領得の意思を肯定できるだろうか。
2. 近時主張されている「背信的権限濫用説」，「意思内容決定説」は，それぞれ，どのような考え方か。また，どのような問題点が指摘されているか。

③ 背任罪における事務処理者

設例III 質入株券除権判決事件

A社の代表取締役Xは，B社から受けた1億円余の融資の担保として，A社等の株券をB社に入質交付した。ところが，Xは，B社が所持するこれらの株券を失効させ，別途再発行を受けたうえで売却しようと企て，当該株券を紛失したとして，裁判所に対して公示催告の申立てを行い，公示期間満了後に除権判決を得て当該株券を失効させ，B社の質権を喪失させた。【最三小決平成15年3月18日刑集57巻3号356頁参照】

入口の質問

1. 背任罪に関する権限濫用説とはどのような考え方か。背信説とはどのような考え方か。
2. 権限濫用説にはどのような問題があるか。背信説にはどのような問題があるか。

設例Ⅲ解題　背任罪にいう「事務」の存否・範囲

(1) 判　例

設例Ⅲの題材となった事件において，最高裁は，Xの行為に背任罪の成立を認めた。すなわち，「株式を目的とする質権の設定者は，株券を質権者に交付した後であっても，融資金の返済があるまでは，当該株式の担保価値を保全すべき任務を負い，これには，除権判決を得て当該株券を失効させてはならないという不作為を内容とする任務も当然含まれる。そして，この担保価値保全の任務は，他人である質権者のために負うものと解される。したがって，[本件のような場合においては]背任罪が成立するというべきであるから，これと同旨の見解の下に，被告人が刑法247条にいう『他人のためにその事務を処理する者』に当たるとして背任罪の成立を認めた原判決の判断は，正当である」とした（上記解釈の根拠は特に示されていない）。

(2) 対抗要件の具備と「事務」の存否

刑法247条は，背任罪の主体を「他人のためにその事務を処理する者」に限っている。したがって，行為者がこれにあたらなければ，当然ながら，背任罪は成立しない。上記最高裁決定の事案で，被告人側は，Xはこの「他人の……」にはあたらないと主張していた。その趣旨は，株式に対する質権は，株式の交付によって第三者への対抗要件を備える（商207）から，B社に対する株券交付が完了している以上，質権設定者であるXは，質権者であるB社のためにする何らの任務も負わないというところにある。

この主張を裏付けるものとして，被告人側は，二重抵当に関する最高裁判例（最二小判昭和31・12・7刑集10巻12号1592頁［百選Ⅱ各論63事件]）を援用した。これは，抵当権設定者が，一番抵当権者が抵当権の登記を完了していないうちに新たに抵当権を設定し，これが一番抵当権として登記されたという事案について，最高裁が，「抵当権設定者はその登記に関し，これを完了するまでは，抵当権者に協力する任務を有することはいうまでもないところであり，右任務は主として他人である抵当権者のために負うものといわなければならない」としたものである。ここからすれば，抵当権設定者は，その登記完了後は（対抗要件を備えるに至った後は），抵当権者のためにする任務を負わないことになる。株式を目的とする質権の場合には，交付によって対抗要件が備わるから，株券の交付以後，Xには，B社のために処理する事務がない，というのである。

この主張は簡単に退けられたが（原判決は，上記最高裁判決は，対抗要件を具備するまでのことについて判示しただけであり，対抗要件を具備した後のことについては判示していないとし，最高裁は，事案を異にするとした），上記最高裁判決の趣旨が被告人側の主張するようなものであったかどうかはともかく，上記の二重抵当の事案と設例Ⅲの事案との間には違いがあり，同じに扱うべきではないというのは，ありえない主張ではない。二重抵当の事案では，行為者がこれから行うべき特定の行為（抵当権登記への協力）がなお存在するが，質権の目的である株券の引渡しがすでに完了している設例Ⅲの事案では，このような特定の行為は存在しない。この意味で，質権設定者が処理すべき事務は，すべてすでに処理済みであるようにもみえるからである。しかし，最高裁は，質権設定者は，（質権者に対抗要件を具備させた後も）当該質権を保全する任務を負

い（最高裁は，「事務」ではなく「任務」とした），これに背けば背任罪が成立するとした。これに対しては，設例ⅢのXは，「質権者の質権を何らかの意味で管理しているとはいい難いように思われる」とする批判もあるが（伊藤渉「時の判例」法教278号123頁），どのように考えるべきだろうか。

(3) 「他人のためにその事務を処理する者」の範囲

ところで，すでにみたように，刑法247条の主体は，「他人のためにその事務を処理する者」である。これは，「他人のために他人の事務を処理する者」と読むのが自然であると思われる（平野・後掲①1689号28頁）。しかし，このような読み方は，「一つの読み方にすぎない」とする見解もある（林・各論270頁）。そして，判例は，後者のような読み方をしているかどうかはともかく，「他人の事務」であるといえるかがかなり微妙な場合についても，背任罪の成立を肯定している（設例Ⅲの事案，上記二重抵当の事案のほか，大判昭和7・10・31刑集11巻1541頁，最三小決昭和38・7・9刑集17巻6号608頁［百選Ⅱ各論〈2版〉59事件など］）。

確かに，行為者の行為が背信的行為であるか否かは，その事務が，「他人の事務」であるか否かとは関係がない。例えば二重抵当の事案についてみれば，抵当権の順位を下げられてしまった抵当権者は，抵当権登記への協力が抵当権設定者自身の事務であろうとなかろうと，裏切られたと思うであろう。また，質権設定者自身の行為により質権の目的である株券を失効させられてしまった質権者は，質権の保全が質権設定者自身の事務であろうとなかろうと，これを許しがたい背信行為だと思うであろう。この意味で，判例が事務の他人性にこだわらず（平野・後掲①1689号27頁以下参照），背信行為を広く処罰することには，それなりの合理性はある。

しかし，このようにした場合，単なる債務不履行についても背任罪が成立することになりはしないだろうか（山口・探究各論200頁以下）。死んでも返すと固く約束して借金をした者がこれを返済しない場合，これは，やはり背信的行為なのではないだろうか。借りた金を返さないことはよくあることだからという理由で（林・各論270頁），背任罪を否定することは可能だろうか。「相手方の財産を直接的に左右できる」者（西田・各論247頁）ではないとして，背任罪を否定することは可能だろうか。

> 展開問題3
> 1. 設例ⅢのXについて背任罪を肯定した上記平成15年最高裁決定に対しては，「虚偽の公示催告の申立てによる質権の侵害は，質権設定者でなくとも行いうる」とする批判がある（伊藤渉「時の判例」法教278号123頁）。上記最高裁決定を支持する立場からは，どのような反論が考えられるか。
> 2. 二重抵当の事案に背任罪を肯定するなど，背任罪における他人の事務処理者の範囲を広く理解する場合には，前述のように，単なる債務不履行が背任罪とならないことの説明に困難が生じる。これにもかかわらず，このように考える見解の背後には，どのような考慮が存在するのだろうか。

> 出口の質問
> 1. 設例Ⅱの事案に関する河村大助裁判官の少数意見は，「本件組合の財産たる金員を町に貸付けることは組合が組合財産を処分することであつて，たとえ前記融通法に違反する行為であつても代表者等個人が個人のためにこれを処分するものではないから，代表者等個人に不法領得の意思を認むる余地は存しないものというべきである。然るに組合から町への貸付であること明らかな本件におい

て唯流用禁止違反の事由があるからといつて，卒然として個人を業務上横領罪に問擬するのは，不正領得という財産犯罪の本質を逸脱するものであつて，到底是認し得ない」とする。結局のところ，多数意見のように考えるのが妥当なのだろうか。少数意見のように考えるのが妥当なのだろうか。

2．結局のところ，背任罪における事務処理者の範囲は，どのように限定するのが妥当だろうか。

参考文献

① 平野龍一「横領と背任，再論（1）〜（4・完）」判時1680号（1999）3頁，1683号（1999）3頁，1686号（1999）11頁，1689号（1999）23頁
② 西方健一「判批」研修655号（2003）17頁
③ 上嶌一高「判批」百選Ⅱ各論122頁

（近藤和哉）

22 盗品等関与罪

論 点
1 追 求 権
2 本犯被害者への運搬，有償処分のあっせん
3 財産犯の共犯と盗品等関与罪

1 追 求 権

設例Ⅰ 自転車サドル売却あっせん事件
　Xは，Aが窃取してきた中古婦人用自転車1台の車輪2個（タイヤーチューブ付）および「サドル」を取り外して，これらをAが持参した男子用自転車の車体に組み替え取り付けて，男子用自転車に変更し，これをYに代金4千円で売却するあっせんをした。【最一小判昭和24年10月20日刑集3巻10号1660頁［百選Ⅱ各論71事件］参照】

入口の質問
1. 盗品等関与罪（刑256）の罪質については，学説上，現在どのような対立があるか。
2. 民法上の加工（民246Ⅰ），付合（243）とはどのようなものか。
3. 加工・付合が盗品等関与罪の成立に影響をもつとしたら，それはなぜか。

設例Ⅰ解題 盗品等関与罪の罪質と追求権

(1) 判 例
　最高裁判所は，設例Ⅰの事案につき，「組替え取付けて男子用に変更したからといって両者は原形のまま容易に分離し得ること明らかであるから，これを以て両者か［が］分離することできない状態において附合したともいえないし，また，もとより……婦人用自転車の車輪及び『サドル』を用いて……［Aの］男子用自転車の車体に工作を加えたものともいうことはできない。されば中古婦人用自転車の所有者たる窃盗の被害者は，依然としてその車輪及び『サドル』に対する所有権を失うべき理由はなく，従って，その贓物性を有するものであること明白である」として，被告人の売却あっせん行為につき，「贓物牙保罪」（刑256Ⅱ）の成立を認めた原審の判断を維持した。
　本判決が成立を是認した「贓物罪」は，刑法の平易化を主たる目的とした平成7年の刑法改正により，「盗品等に関する罪」と改められ，現在では，以前用いられていた「贓物」，「収受」，

「寄蔵」、「故買」、「牙保」の語に代えて、それぞれ「盗品その他の財産に対する罪に当たる行為によって領得された物」、「無償譲受け」、「保管」、「有償譲受け」、「有償処分あっせん」の語が用いられるようになっている。したがって、贓物牙保罪は現在の「盗品等有償処分あっせん罪」であることになる。

窃盗等の財産犯にあたる行為により領得された物について、民法上、動産の付合により主たる動産の所有者に所有権が移転した場合や、加工により加工者に所有権が移転した場合には、窃盗等の本犯の被害者はその物の所有権を失う。そこで、このようにして被害者が物に対する所有権を失った後にも、その物に盗品等関与罪の客体に必要とされる性質（盗品性＝贓物性）が認められ、盗品等関与罪が成立しうるのかが問題になる。

本犯の被害者が所有権を失ったとき、盗品性が失われ盗品等関与罪が成立しないのか、あるいは、それにもかかわらず盗品性が肯定され、盗品等関与罪が成立しうるのかは、盗品等関与罪の罪質をどのように捉えるかによる。判例は、これにつき、本犯被害者の盗品等に対する追求権の実現を困難にするものであるとしている（例えば、大判大正11・7・12刑集1巻393頁）。このように盗品等関与罪を追求権を保護するものとみる以上、被害者の追求権の存在が不可欠である。したがって、仮に加工や付合によって被害者が所有権を失ってしまった場合には、もはや保護法益である追求権が存在しないのであるから、その物は盗品性を有しないとされ、盗品等関与罪の成立は否定されることになる。最高裁は、設例Ⅰの事案について、このような盗品等関与罪の理解を前提とし、加工・付合による所有権移転を否定することによって、被害者のサドルに対する所有権の存在を肯定して、その盗品性を認め、盗品等有償処分あっせん罪が成立するという結論を導いているのである。

(2) **追求権説と盗品等関与罪の本犯助長的性格**

通説もまた、盗品等関与罪の罪質について、本犯被害者の追求権を保護法益とし、それを侵害する行為を処罰するものであるとする追求権説にたっているといわれる。これとかつて対立していたのは、何らかの犯罪によって生じた違法な財産状態を維持する行為を処罰するものであるとする違法状態維持説である。後者は、例えば、収賄や賭博などによって得られた物も「贓物」であるとするものであったが、平成7年の刑法改正により「贓物」が「盗品その他の財産に対する罪に当たる行為によって領得された物」とされたことによって、主張しえない見解となっている。

もっとも、盗品等関与罪を純粋に追求権侵害のみから理解することができるかは問題である。256条1項の無償譲受けは3年以下の懲役、2項のそれ以外の盗品等関与罪は10年以下の懲役および50万円以下の罰金と規定され、法定刑にかなりの開きがある。2項の場合には罰金の併科が可能であるから、本犯になりうる窃盗や詐欺より重く処罰することもできる。そこで、追求権侵害のみからこのような法定刑のあり方を説明するのは困難であるとの主張がなされている。

すなわち、盗品等関与罪によって処罰されている行為は、財産犯を制度的に助長するものである。財産犯で得られた物について、運搬、買受け、その売却のあっせんをしてくれる者がいるならば、財産犯を行う者にとって、犯罪の発覚を免れつつ、そこから比較的容易に利益を得ることができるようになる。盗品等関与行為は、いわば財産犯を行う者を事後的に援助し、彼らをバックアップする事後共犯的性格、本犯助長的性格を有するものである。また盗品等関与行為は、財産犯で得られた物を無償で譲り受けたり、その処分に関与し、自らもそこから利益を得るという利益関与的性格も有している。盗品等関与罪は、追求権侵害があるためだけではなく、これらの事後共犯的性格、本犯助長的性格、利益関与的性格が考慮されているために、上記のような法定刑が規定されているというのであ

判例もまた，特に盗品等有償処分あっせん罪について「法が贓物牙保を罰するのはこれにより被害者の返還請求権の行使を困難ならしめるばかりでなく，一般に強窃盗の如き犯罪を助成し誘発せしめる危険があるからである」（最三小判昭和26・1・30刑集5巻1号117頁）と判示しており，追求権の侵害のみならず，強盗・窃盗などの犯罪を助成・誘発させる危険をも処罰根拠としている。

(3) 本犯助長説

学説ではさらに，追求権侵害を切り捨て，盗品等関与罪は本犯助長的性格からのみ理解されるべきとする見解も主張されるに至っている（井田各論134頁）。盗品等関与罪の処罰規定は，本犯助長行為を禁止して，本犯者を「孤立」させ，財産犯への誘因を除き，ひいては盗品処理ないし売却等のための非合法的な仕組み（例えばブラック・マーケット）の形成を阻止するためのものであり，盗品等関与罪を「財産領得罪を禁止する刑法規範の実効性」という法益に対する罪と把握するのである。このように追求権侵害を不要とし，その財産犯性を否定する見解に対しては，盗品等関与罪が財産犯の一連の規定のなかに置かれていること，財産犯性を完全に否定することは，従来の議論の前提自体の変更を伴うドラスティックな「視座の転換」を迫るものであり，解釈論としては採用することが困難である，事後共犯的性格，本犯助長的性格，利益関与的性格を考慮することは必要ではあるが，追求権の侵害に付加して考慮されるべきものであり，それに取って代わるものではないなどの批判がある（山口・探究各論214頁）。

(4) 追求権説，本犯助長説それぞれの帰結

盗品等関与罪において，追求権侵害的側面を捨て去ることなく維持する以上は，盗品性を肯定するにあたり，追求権の存在が不可欠である。設例Ⅰの事案で，仮に加工・付合により所有権の移転が認められ，被害者が所有権を失ったならば，盗品等有償処分あっせん罪は成立しない。これに対して，盗品等関与罪から追求権侵害を完全に排除する見解によると，被害者が所有権を失ったとしても，盗品等有償処分あっせん罪が成立しうることになる。

> 展開質問1

1. 盗品等関与罪の成立につき追求権侵害を必要とする見解と不要とする見解で，どのように本罪の成立範囲が異なるか。以下の事例につき検討せよ。
   (a) Aは窃取した絵画を，Bに売り渡した。BはAが無権利者であることについて善意無過失であった。その絵画をCが有償で譲り受けた。Cはその絵画が盗まれたものであることを知っていた。
   (b) (a)の事例で，Aは絵画を窃取したのではなく，横領したという場合。
   (c) AはBから覚せい剤を窃取したが，それはBが違法に所持しているものであった。Aはその窃取した覚せい剤を，Cに売り渡した。Cはそれが盗品であることを知っていた。
   (d) Aは，Bが描いた絵をくれたら，かわりにコカインを交付するともちかけたところ，Bはそれに応じ，絵をAに引き渡したが，Aは最初からコカインを交付する気などなかった。その後Aは，事情をすべて知っているCに絵を売り渡した。
2. 即時取得制度（民192参照）により第三者が所有権を取得した後でも，盗品等関与罪の成立が認められるか。民法193条の返還請求権が認められる期間を過ぎた後に，あるいは民法193条の適用がそもそも問題にならない場合に，本罪の成立が認められると解したとき，即時取得制度との関係で不都合が生じることはないか。
3. 禁制品や不法原因給付物について盗品性は認められるか。また，本犯の行為が詐欺や恐喝

であり，民法96条により取消しができるにすぎない場合に盗品性は認められるか。
4．盗品等を処分して得た代替物について盗品性を認めることができるか。判例では，詐取した小切手により取得した現金について盗品性を認めたものがあるが（大判大正11・2・28刑集1巻82頁），妥当か。

② 本犯被害者への運搬，有償処分のあっせん

設例Ⅱ 盗品手形買取り要求事件
　Aは，何者かによって約束手形181通（額面額合計約7億8578万円）を盗まれた。被告人X・Yは，この盗難があったころから，氏名不詳者らに，この盗難被害品の一部である約束手形131通をAへ売却することを依頼され，それがAから盗まれた盗品であることを知りながら，共謀のうえ，手形を売りつけることを考え，Aと買取りの条件などを交渉したうえ，盗難の被害品である約束手形131通（額面額合計5億5313万4290円）を代金合計8220万円と引替えに交付して，Aに売却した。【最一小決平成14年7月1日刑集56巻6号265頁［平成14年度重判解刑法6事件］参照】

入口の質問
1．盗品等関与罪によって処罰されている行為類型にはどのようなものがあるか。それらの成立時期はどのように解されているか。判例は，有償処分あっせん罪の成立時期について，あっせん行為の存在だけで足りるとしているが（最三小判昭和23・11・9刑集2巻12号1504頁［百選Ⅱ各論69事件］），妥当か。学説を参照しつつ考察せよ。
2．盗品等関与罪の罪質につき追求権説による以上，設例Ⅱの事案につき有償処分あっせん罪の成立は否定されるのではないか。本罪の成立が認められるとするならば，それはどのように理由づけられるのか。
3．盗品等関与罪の成立につき追求権を不要とする見解からは，設例ⅡのAにも，有償譲受け罪が成立するのではないか。成立しないとするならば，それはなぜか。

設例Ⅱ解題 本犯被害者への運搬・有償処分のあっせんと追求権の内容

(1) 判　例
　設例Ⅱのような事案について，最高裁は，「盗品等の有償の処分のあっせんをする行為は，窃盗等の被害者を処分の相手方とする場合であっても，被害者による盗品等の正常な回復を困難にするばかりでなく，窃盗等の犯罪を助長し誘発するおそれのある行為であるから，刑法256条2項にいう盗品等の『有償の処分のあっせん』に当たると解するのが相当である」として，盗品等有償処分あっせん罪の成立を認めた原審の判断を是認した（前掲最一小決平成14・7・1）。
　判例は，前述のとおり，盗品等関与罪につき

追求権侵害を要求する追求権説に依拠しているといわれるが、このように本犯によって得られた物が、本犯被害者のところに戻っている場合にも、盗品等関与罪の成立を認めている。本決定以前にも、製革用ミシン等の盗難にあった被害者が知人である被告人に盗難品の取戻しを依頼し、被告人はミシン等のありかを突き止め、窃盗犯人と交渉して窃盗犯人からミシン等を取り戻し、ミシンにつき8万円を被害者に出費させたうえ、被害者のもとへ運んだという事案につき、盗品等運搬罪の成立を認めたものがある。最高裁はその際、「原判決は、……本件賍物の運搬は被害者のためになしたものではなく、窃盗犯人の利益のためにその領得を継受して賍物の所在を移転したものであつて、これによって被害者をして該賍物の正常なる回復を全く困難ならしめたものであると認定判示して賍物運搬罪の成立を肯定したものであるから何等［賍物罪の本質を本犯被害者の追求権侵害とする］所論判例と相反する判断をしていない」としている（最一小決昭和27・7・10刑集6巻7号876頁［百選II各論68事件］）。

これら2つの判例は、盗品等関与罪の成立には追求権侵害が必要であるとしつつ、しかしその内容としては、「正常な回復を困難にすること」で足りるとしているものと読むことができる。もっとも、判例のいう「正常な回復を困難にすること」が意味するところは、必ずしも明らかではないが、（不当な）費用負担をしなければ回復できない場合がそれに含まれていることは、看取される。

(2) **厳格な追求権説**

追求権説を前提としつつ、本犯被害者のところに盗品等が戻っている場合であっても、盗品等関与罪の成立を肯定する判例の立場に対して、学説では、この場合、追求権の侵害がなく本罪の成立を否定すべきとする見解が有力である。代価を支払わなければならなかったという財産的な損害はあるが、「盗品返還行為をもって、盗品に対する追求権（返還請求権）を害する行為だ

② 本犯被害者への運搬，有償処分のあっせん　99

とすることはできない」（林・各論304頁）とするのである。

(3) **本犯助長説**

これに対して、およそ追求権を問題にせず、盗品等関与罪の罪質は本犯助長行為を禁止するものと理解する見解では、設例IIの場合において、盗品等関与罪の成立を認めるのに何の障害もない。金銭と引換えに被害者のもとに盗品等を返還する行為は、窃盗犯人を利するものであり、それが自由になされ制度化されたならば、盗犯等の財産犯を助長することは明らかであるからである。もっとも、この考え方によるならば、本犯の被害者についても盗品等関与罪が認められてしまうのではないかが問題となる。約束手形を買い戻した設例IIのAは、盗品等を買い戻したことによって、X・Yと同様に本犯を利し、ひいては窃盗等を助長している。盗品等関与罪を本犯助長行為を処罰するものとみる見解からは、Aの行為は違法であることになる。このときAに有償譲受け罪の成立が否定されるとするならば、それは本犯被害者がそのような行為に出ることにつき、類型的に責任が欠けるためにすぎない（深町晋也・百選II各論139頁参照）。さらに問題は、第三者が返還の過程などに関わった場合、被害者のように責任阻却を認めるのは困難なため、無制限に盗品等関与罪の成立が認められてしまいかねないことにある。もっぱら被害者に返還するために盗品を買い受けた場合や（東京高判昭和28・1・31東高刑時報3巻2号57頁はこのような事案につき盗品等有償譲受け罪の成立を否定している）、被害者の積極的な依頼を受け、本犯との間にたって有償処分のあっせんをした場合にも、この見解からは盗品等関与罪の成立を否定する理由はない。また、本犯が無償での返還を意図し、ただ身元の発覚をおそれて、第三者に盗品等を運搬させるという場合にも、運搬行為は本犯を助長するものと認めうるならば、第三者には盗品等関与罪が成立しうることになる。

(4) **穏やかな追求権説**

他方，追求権侵害を不要とするのではないが，しかし，判例と同様に，本犯被害者に物が回復されている場合にも，追求権侵害を考えうるとする見解も存在する。

第1に，盗品等関与罪は，無償の追求権行使を保護すると解するものがある（河上和雄＝渡辺咲子・大コンメ13巻481頁）。本犯被害者が，盗品等を回復する際，何らかの負担を負っていれば盗品等関与罪の成立に足りるとするのではなく，取り戻すためにお金を払うなど財産的負担を負っている場合に，盗品等関与罪が成立するとするのである。この見解によると，例えば，窃盗等の犯罪があったことを「水に流せ。不問にせよ」という条件を付けて盗品等を返還する場合には，盗品等関与罪は成立しない。盗品等関与罪が財産犯であるということから，このような限定を付すことは理解できる（深町晋也・百選II各論139頁参照）。

第2に，本犯被害者の追求権は，本犯の特定，所在の発覚を通して実現されるものでもあり，盗品等関与行為はそのリスクを減少させることによって被害者の追求権行使を困難にするものであると理解する見解がある（鈴木・後掲①207頁）。これは，盗品等関与罪のもつ事後従犯的性格，本犯助長的性格を，追求権の内容に読み込もうとするものである。このような見解にたつときには，無償の追求権行使の侵害に限られず，広く本犯を庇護する行為が追求権を侵害するものとして，盗品等関与罪で処罰されうることになる。もっともこの見解に対しては，追求権と全く無関係に，ただ本犯を庇護しているにすぎない場合であっても，盗品等関与罪の成立を認めることになるのではないかとの批判もある（髙山佳奈子・ジュリ1246号156頁）。

第3に，盗品等関与罪を追求権行使に対する抽象的危険犯と捉え，その危険の発生の有無を，追求権の権利主体である本犯被害者の意思を考慮して決定する見解がある（東雪見「判批」上法47巻2号［2003］149頁）。本犯被害者へ盗品等を回復させる行為であっても，本犯被害者の意向に反する可能性のあるような場合には，追求権行使が危殆化されており，盗品等関与罪は成立する。設例IIのように，買い取らなかったときの損失を考え，やむなく買取りに応じている場合には，被告人の行為が本犯被害者の意向に反する可能性のあるものであるから，盗品等有償処分あっせん罪の成立が認められる。他方，盗品等を回復させる行為が追求権の権利主体である本犯被害者の意向に添っており，それに反する可能性がないような場合には，追求権行使の危殆化は認められず，盗品等関与罪は成立しないと解するものである。

展開質問2

1. 盗品等関与行為により，本犯被害者にとってたまたま発見しやすいところに盗品等が移転された場合において，厳格に追求権侵害を要求し，本犯被害者に盗品等が戻っている限り盗品等関与罪を不成立とする立場から，本罪の成立は認められるか。

2. 本犯被害者の依頼に基づき盗品等の買取交渉を行った場合，被害者の承諾があるため盗品等有償処分あっせん罪が成立しないとする見解がある（朝山芳史「時の判例」ジュリ1239号136頁）。盗品等関与罪の成立にはおよそ追求権侵害は不要であるという見解にたっても，このようにいうことはできるか。

3. 民法194条は，盗品・遺失物の特則として「占有者ガ盗品又ハ遺失物ヲ競売若クハ公ノ市場ニ於テ又ハ其ノ物ト同種ノ物ヲ販売スル商人ヨリ善意ニテ買受ケタルトキハ被害者又ハ遺失主ハ占有者ガ払ヒタル代価ヲ弁償スルニ非ザレバ其ノ物ヲ回復スルコトヲ得ズ」と規定している。すなわち，窃盗の被害者に対しては，必ずしも全面的に無償の追求権が認められているわけではない。このような規定がおかれていても，盗品等関与罪は無償の追求権行使を保

護するものであるとする見解は採りうるか。
4. 本犯の特定や所在発覚のリスクを減少させることによっても，追求権は侵害しうるとし，本犯庇護的性格を追求権のなかに読み込むことは，追求権を切り捨てることなく維持したその出発点と相容れるか。

③ 財産犯の共犯と盗品等関与罪

> **設例Ⅲ** 本犯幇助者による盗品保管事件
> 　Xは，Aに対し，犯行の用に供するため器具類を貸与して窃盗を幇助し，Aは窃取した物の保管をXに依頼，Xはそれを受けてその物を保管した。【最二小判昭和28年3月6日裁集75号435頁参照】

入口の質問
1. 不可罰的事後行為（共罰的事後行為）とはどのようなものか。
2. 本犯の正犯者について，盗品等関与罪は成立しうるか。どのような根拠からその結論が導かれるのか。
3. 本犯と共同して盗品等関与行為を行った者について，盗品等関与罪は成立するか。

設例Ⅲ解題 財産犯の共犯と盗品等関与罪

(1) 判 例

設例Ⅲのような事案において，弁護人は，本犯者が盗品等を運搬，保管処分しても別に盗品等関与罪を構成すべきものではないとするのが判例であり，その趣旨からは，窃盗を幇助した者が，盗品を自宅に預かっても保管罪を別に構成するものではないと主張した。これに対して最高裁判所は，弁護人の主張は刑訴法405条の上告理由にあたらないとしながら，「なお，犯行の用に供するため器具類を貸与して窃盗を幇助した者がその盗贓を寄蔵した場合においては，正犯者間における贓物の分配寄蔵と異なり，窃盗幇助と贓物寄蔵の二罪が成立するものと解するのを相当とする」と判示して，窃盗幇助と盗品等保管罪の成立を肯定し，両者を併合罪とした。

(2) 本犯者

窃盗等の本犯者が，運搬，保管，有償処分あっせん行為を行っても，盗品等関与罪は成立しないとされる。本犯が盗品等関与行為を行っても，新たな追求権の侵害がない（山口・各論342頁），あるいは，本罪の本犯助長的性格から本犯者は主体たりえない（西田・各論258頁）ためである。これを，盗品等関与罪は成立しているが本犯である窃盗等の処罰に吸収されているため改めて処罰されることはないと解する見解（大谷・各論343頁）と，そもそも盗品等関与罪の構成要件該当性が欠けるため同罪は成立していないとする見解がある（西田・各論258頁，林・各論305頁など）。

前者と解するか後者とするかによって，本犯行為に責任がない場合や，公訴時効が到来しているなど，本犯行為が処罰されない場合に，結論が異なることになる。

なお最高裁は，本犯者とともに盗品等を運搬した者について本罪の成立を認めている（最三小判昭和30・7・12刑集9巻9号1866頁参照）。

(3) 財産犯の共犯者

対立があるのは，本犯の共犯であった者が，盗品等関与行為を行うという設例Ⅲのような場合である。盗品等関与罪成立否定説は，本犯の共犯者は，直接的な占有・所有権侵害に関わっているのであるから，新たに盗品等関与罪の成立を認めるに足る追求権侵害があったとは認められない，また，本犯の共同正犯に本罪の成立を否定する以上，狭義の共犯の場合も本罪で処罰すべきでないとする。後者では，特に，共謀共同正犯を肯定するなら，見張り行為が共同正犯と幇助犯のいずれになるかにより，その後の盗品等関与行為の可罰性が左右されるのは不合理であるとされる（西田・各論259頁）。もっとも，このような考慮は，例えば，本犯の計画指導をした黒幕が，それによって得た財物の処分をもあっせんしたような場合，本犯の（共謀）共同正犯と本罪の成立をともに認めるのが妥当とし，広義の共犯全般に盗品等関与罪の成立を肯定する見解（林・各論305頁）に対しては意味をもたないことになろう。

肯定説は，本罪の不法・責任内容を完全に実現していながら，ただ本犯に関与したというだけで本罪の成立を否定する理由はない（林・各論305頁），本犯の共犯者が盗品等関与罪にあたる行為を行った場合には，先の共犯行為を超えた不法があるといえる（中森・各論181頁）とする。肯定説にはさらに，本犯の共犯と本罪とを併合罪とする見解と，牽連犯とする見解がある。この点については，牽連犯に必要とされる，典型的な目的手段，原因結果の関係が認められるかによって判断されることになる。

> **展開問題3**
>
> 1. 設例Ⅲの場合においても，学説上，追求権侵害という観点と，本犯助長という観点とが援用され，結論が導かれている。どこでどのように援用されているか，確認せよ。
> 2. 本犯の共犯者につき盗品等関与罪の成否が問題になる事例として，本犯が窃盗の場合，強盗の場合，横領の場合を想定し，成立否定説，肯定・併合罪説，肯定・牽連犯説から，それぞれどのような処断刑になるか考えよ。また，それらと本犯者，盗品等関与のみを行った者の法定刑を比較せよ。

> **出口の質問**
>
> 1. 組織的な犯罪の処罰及び犯罪収益の規制等に関する法律は，犯罪収益の仮装・隠匿（いわゆるマネーロンダリング罪）や収受を処罰している（10, 11）。条文を確認せよ。前者は，犯罪行為を行った者自身が，その犯罪から得た収益を仮装・隠匿した場合でも成立するとされている。盗品等関与罪との罪質の相異を検討せよ。
> 2. 学説・判例は追求権説を基本的に維持しつつ，盗品等関与罪の本犯助長的性格，事後従犯的性格，利益関与的性格を適宜考慮するという立場をとっている。後者の考慮の仕方は妥当か。また，このような立場を今後も維持すべきか。
> 3. 解釈論としては2で述べた立場を維持することが妥当であるとしたとしても，立法論としてはどうか。本犯助長的・事後従犯的行為そのものを処罰するとした場合，どのような立法が考えられるか。

参考文献
① 鈴木左斗志「盗品等の意義」刑法の争点（3版, 2000）206頁
② 井田良「盗品等に関する罪」芝原邦爾ほか編・刑法理論の現代的展開各論（日本評論社, 1996）253頁
③ 林美月子「贓物罪——追求権説と事後従犯的理解——」刑法の基本判例（1988）164頁
④ 平野龍一「刑法各論の諸問題12」法セ215号（1973）81頁
⑤ 山口厚「盗品等の返還と盗品等関与罪の成否」法教284号（2004）87頁

（東　雪見）

23 放火罪

論点
1. 焼損の意義
2. 建造物の一体性
3. 現住性
4. 公共の危険

1 焼損の意義

設例Ⅰ 東京交通会館放火事件

　Xは，多数の人が現在する東京交通会館に放火しようと考え，某日，同会館地下2階じんかい処理場の可燃性じんかい集積区画内に集積されていた多量の紙くず等にライターで点火し，じんかいを全面にわたって燃え上がらせ，その火力によって，じんかい処理場コンクリート内壁表面の厚さ約2.5センチメートルのモルタルを合計12.9平方メートルにわたってはく離，脱落させるとともに，同所のコンクリート天井表面に吹き付けてあった厚さ約1センチメートルの石綿を合計約61.6平方メートルにわたって損傷・はく離させたほか，天井に取り付けられていた蛍光灯6本，白熱電灯2個，差動式スポット型感知器3個，定温式スポット型感知器2個を溶融・損傷し，さらに同所の吸気ダクトの塗装約14平方メートル，排気ダクトの塗装約10.1平方メートルを損傷させたが，上記建造物そのものを焼損するまでには至らなかった。【東京地判昭和59年6月22日刑月16巻5・6号467頁，判時1131号156頁参照】

入口の質問

1. 放火罪の性格（罪質）は何か。財産犯的性格を重視して放火罪を理解することは妥当か。
2. 放火罪が抽象的危険犯としての類型（刑108，109Ⅰ，116Ⅰ）と具体的危険犯としての類型（刑109Ⅱ，110，116Ⅱ，117Ⅰ前）に区別される根拠は何か。
3. 放火罪一般の保護法益とされる「公共の危険」とは何か。
4. 抽象的危険犯類型と具体的危険犯類型のそれぞれにおいて，どの時点で放火罪の既遂が認められるか。
5. 焼損概念に関して，どのような考え方が主張されているか。

設例Ⅰ解題　焼損の意義と不燃（難燃）性建造物

(1) 独立燃焼説にもとづく判断

わが国の刑法は、いくつかの類型の放火罪を規定しているが、そのいずれについても、構成要件的結果としての「焼損」（平成7年改正前は「焼燬」）を要求している。判例は、焼損概念について、小規模な木造住宅を典型とするわが国の伝統的な建築事情の特殊性を重視するところから、いわゆる独立燃焼説の立場を一貫して採用してきた。しかし、近時、大規模な不燃（難燃）性建造物が増加していることとの関係で、判例理論としての独立燃焼説は維持できないのではないかという疑問が生じるようになった。設例Ⅰに対する東京地裁判決は、下級審で確定したものであるが、独立燃焼説の立場から焼損（独立燃焼）を否定したものであり、焼損概念を考察するのに格好の素材を提供するものである。

東京地裁は、「刑法108条所定の現住建造物放火罪は、目的建造物に火を放ってこれを『焼燬』することにより既遂に達するものであるところ、この『焼燬』とは、同罪が財産罪の側面があるとはいえ、本質において公共危険罪であることに鑑み、犯人の放った火が、媒介物を離れて当該目的建造物の部分に燃え移り、爾後その火が独立して燃焼を維持する程度に達したことをいうものと解するを相当とする」として、独立燃焼説の立場を明示し、じんかいに放たれた火力による損傷の状況を詳細に認定したうえで、「本件において検察官主張のようにモルタルの剥離、脱落等は認められるが、火が媒介物を離れてそれら、ひいては建造物自体に燃え移り、独立して燃焼を維持する程度に達した事実を認めさせる証拠はない」とした（未遂罪の成立だけを肯定）。その一方で、「仮に『焼燬と同視すべき毀損』を既遂の基準として採り入れるとしても、媒介物の火力により建造物の主要部分につき毀損が生ずるなどして、建造物本来の効用を失う程度に至っていることが必要であって、判示程度の毀損では足りない」として、いわゆる新効用喪失説的な主張にも言及したうえで、それによっても焼損が否定されるべき事案であったとしている。

(2) 判例理論としての独立燃焼説

焼損概念については、従来の学説において、①独立燃焼説（火勢が放火の媒介物を離れて目的物に移り、独立して燃焼作用を継続しうる状態に達したことをもって焼損を認め、目的物の効用が害されることまでは要求しない）と、②効用喪失説（火力によって目的物の重要部分が焼失し、その本来の効用を失う程度に毀損された状態をもって焼損を認める）とを両極としながら、両者の中間的な立場として、③重要部分燃焼開始説（①を修正する方向から主張される考え方で、物の重要な部分が燃焼を始めたこと、俗に言う燃え上がったことをもって焼損とする）と、④一部損壊説（②を修正する方向から主張される考え方で、火力によって目的物が毀棄罪における損壊の程度に達したときに焼損があったとする）が主張されてきた。これらの見解は、放火罪の本質を何にみるか（公共危険犯的側面を重視するか、財産犯的側面を重視するか）の対立を出発点としながら、抽象的危険犯類型の放火罪の既遂（未遂）をどの段階で認めるかという点で相違する。それぞれの見解には一長一短があり、通説が形成されるまでには至っていない（村瀬均・大コンメ7巻21頁以下参照）。

他方、判例は、旧刑法時代から今日に至るまで、放火罪の公共危険犯的側面を重視するところから、一貫して独立燃焼説を採ってきている。例えば、「放火罪ハ静謐ニ対スル犯罪ナレハ苟クモ放火ノ所為カ一定ノ目的物ノ上ニ行ハレ其状態カ導火材料ヲ離レ独立シテ燃焼作用ヲ営ミ得ヘキ場合ニ於テハ公共ノ静謐ニ対スル危険ハ既ニ発生セルヲ以テ縦令其目的物ヲシテ全然其効用ヲ喪失セシムルニ迨ハサルモ刑法ニ所謂焼燬ノ結果ヲ生シ放火ノ既遂状態ニ達シタルモノト

謂ハサルヘカラス」とする判示に（大判大正7・3・15刑録24輯219頁［羽目板等焼損事件］），その趣旨が明確に示されている。そして，具体的には，家屋の押入内壁紙に放火して天井板約1尺四方を焼いた事案（最三小判昭和23・11・2刑集2巻12号1443頁［天井板焼損事件］）や，家屋の一部である3畳間の床板1尺四方ならびに押入床板および上段各3尺四方を焼いた事案（最一小判昭和25・5・25刑集4巻5号854頁［床板等焼損事件，百選II各論77事件］）などで，目的物全体に対する独立燃焼（焼損）が認められている。目的物の独立燃焼と焼損とを同視する独立燃焼説に対しては，焼損によって既遂が認められる抽象的危険犯類型の放火罪について，（中止）未遂が認められる余地がほとんどなくなって不当だとの批判がなされている。確かに一般的にはそのようにいいうるが，他方では，易燃性の木造建造物が主流をなすわが国においては，目的建造物の独立燃焼によって公共の危険はすでに発生していることも否定できない。「家屋建造物ノ一部ニ伝ハリテ之ヲ燃上ラシメタル火力ハ爾後独立シテ焼燬ノ作用ヲ継続シ家屋又ハ建造物ノ全部ヲ烏有ニ帰セシムヘキハ必然ナ［リ］」とする旧法時代の判示は（大判明治35・12・11刑録8輯11巻97頁［ひさし部分焼損事件］），このことを示すものである。独立燃焼説については「天井板約1尺四方だけの焼損で既遂になってしまう」という結論だけがひとり歩きしている感があるが，実際には，燃焼の一定程度の継続性や発展性，火勢の強さといった要素を考慮した判断がなされている。これまでの判例に現れた具体的な事案をみる限り，またわが国の伝統的な建築事情を念頭におく限りでは，独立燃焼説も，必ずしも不当に早い段階で既遂を認めるものとまではいえないように思われる。

(3) 独立燃焼説の処罰拡張機能？

ところが，近時，不燃（難燃）性建造物が一般化してきたことによって，易燃性建造物を念頭において展開されてきた独立燃焼説が，2つの方向から深刻な問題に直面することになった。

1つの問題は，不燃（難燃）性現住建造物の一部を構成する可燃部分が独立燃焼した後に，公共の危険が全く認められないような状況で自然鎮火したような場合にも，独立燃焼があったことを根拠として108条の既遂を認めてよいかということである。もちろん建造物の従物である畳建具の類だけが燃焼した場合は建造物自体の独立燃焼は認められないが（最一小判昭和25・12・14刑集4巻12号2548頁［畳建具焼損事件］参照），建造物から取外しできない柱が独立燃焼したような場合が問題となる。もう1つの問題は，放火のための媒介物（導火材料）に放たれた火（力）によって，不燃性建材等から有毒ガスが発生して人命が危険にさらされたり，建造物としての使用が不能になる程度の損壊が生じながらも，建造物自体の独立燃焼は認められない場合に，独立燃焼のないことを根拠に108条の未遂としてよいかということである。設例Iは，前者の問題と後者の問題にそれぞれ関わるものである。

前者の問題について，判例は，独立燃焼説の立場から焼損を判断しているといってよい（札幌高判昭和47・12・19刑月4巻12号1947頁［北大本館放火事件］，東京高判昭和49・10・22東高時報25巻10号90頁［東大列品館放火事件］，最二小決平成元・7・7判時1326号157頁［エレベーター放火事件］参照）。ただ，具体的な事案においては，公共の危険が全く認められないような状況で自然鎮火するという典型的事例の想定が困難なことに注意しなければならない。北大本館放火事件と東大列品館放火事件は，いずれも，延焼の可能性などから公共の危険が認められる事案であった。また，設例Iも，建造物の一部が独立燃焼していさえすれば，108条の既遂が当然に認められる事案である。他方，エレベーター放火事件においては，公共危険の存在は疑わしいように思われるが，エレベーターの機能などを強調することによって公共の危険の存在が認定されている。こうした事情があるためか，学説においても，エレベーター放火事件における独立燃焼の肯定を疑問視するものを別にして，独立燃焼説を前

提とすること自体には特に疑問は提起されていない。前者の問題は，現在までのところ仮定的なものであるが，108条および109条1項が抽象的危険犯とされていることの意味や公共危険の内容を考えるうえで重要なものである。

(4)　「焼損」概念の修正？

これに対して，後者の問題は，まさに現実味を帯びている。この問題にいち早く着目した論者によって，「放火罪が，放火罪たる由縁は，建造物を損壊し，公共の危険を生ぜしめるところにあるのであるから，建造物本体が独立に燃焼することがなかったとしても……媒介物の火力によって建物が効用を失う程度に至った場合には……放火罪としてとらえるべき」だとする新たな焼損概念が主張された（河上・後掲①42頁以下）。これは，放火罪の財産犯的側面を重視するものであり，新効用喪失説とよばれる。設例Ⅰに対する東京地裁判決が，「『焼燬と同視すべき毀損』を既遂の基準として採り入れるとしても」という仮定的な言及をしているのも，新効用喪失説を意識したからである（損壊の程度が低い事案での言及は，リップ・サーヴィスの感がないわけではない）。こうした新効用喪失説を契機として，不燃（難燃）性建造物における独立燃焼説を疑問視し，新たな焼損概念を提示しようとする立場は，学説において次第に有力になってきている。ただ，最近の学説は，財産犯的側面を重視する新効用喪失説の立場を離れて，公共危険犯的側面を特に強調するものであることに注意を要する。火力による有毒ガスの発生等によって人の生命や身体に危険が現実に生じている以上，建造物の損壊の程度は必ずしも重視されてはいないのである（井田・後掲③190頁，前田・各論314頁以下，林・各論332頁以下，大谷・各論373頁以下）。したがって，問題は，独立燃焼を伴わない建造物の重大な損壊の場合ではなくて，独立燃焼を伴わない重大な公共危険の発生の場合にこそ深刻なものとなる。

新効用喪失説ないしはそれを発展させた学説の見解に対しては，その趣旨や実質的な妥当性は了解できるとしながらも，「焼損」という文言との関係で無理があるとの批判が加えられている（中森・各論200頁，曽根・各論221頁，西田・各論292頁以下，山口・各論382頁）。問題は，建造物に火が燃え移らなければ「焼損」が認められないかどうかであり，焼損に基づいて（焼損を前提として）公共危険が発生しなければならないとされている放火罪の構造（抽象的危険犯類型においても，焼損と公共危険が同時に認められるだけで，両者の順番が逆転しているわけではない）をどのように考えるかということである。この意味では，新効用喪失説的な見解は，独立燃焼説を批判するものというよりは，従来の焼損概念に関するすべての見解を批判するものである。焼損概念に関する従来の見解を前提とするならば，新効用喪失的な見解が指摘するような問題のある事案は，建造物等に対する放火罪（刑108，109）ではなしに，建造物等以外放火罪（110）や建造物損壊罪（260），殺人罪（199），傷害（致死）罪（204，205），重過失致死傷罪（211Ⅰ）で処断されるべきことになる（村瀬均・大コンメ7巻25頁，山口・探究各論236頁）。

展開質問1

1. 現住建造物の一部が独立燃焼したものの，公共の危険が全く存在しないという事態は，想定することができるか。想定できる場合には，抽象的危険犯としての108条の成否はどのように判断されるべきか。
2. 新効用喪失説的な見解の主張は，拡張解釈なのか，類推解釈なのか。平成7年の刑法改正で従来の「焼燬」が「焼損」に改められたが，このことによって結論が異なるか。
3. 焼損と公共危険の発生は，時間的にどのような関係にあるか。

2 建造物の一体性

> **設例Ⅱ** 平安神宮放火事件
> Xは，平安神宮の本殿等への放火を企て，某日深夜，社殿の一部を構成する祭具庫西側板壁付近にガソリンを散布し，ライターで点火して放火し，祭具庫および接続の西翼舎，内拝殿等に燃え移らせて，その全部または一部を炎上させた。平安神宮は，中央の広場を囲むように多くの建物が配置され，内廻廊や歩廊，外廻廊づたいに各建物を一周しうる構造になっていた。建物のうち，外拝殿では一般参拝客の礼拝，内拝殿では特別参拝客の祭事等が行われ，夜間には，宿直の神職・守衛らが社務所や守衛詰所で執務・就寝するほか，社殿の建物等の巡回も行われていた。Xが焼損したのは人の現住・現在しない祭具庫等であり，人の現住する社務所，守衛詰所まではかなりの距離（廻廊経由で約230メートル，直線にして約140〜165メートル）があったが，構造上，現住部分への延焼の可能性は否定できなかった。【最三小決平成元年7月14日刑集43巻7号641頁［百選Ⅱ各論79事件］参照】

> **入口の質問**
> 1. 建造物の定義は何か。
> 2. Xは，現住建造物等放火罪（刑108）で起訴された。現住建造物の非現住部分に放火した場合に，現住建造物等放火罪が成立する根拠は何か。

設例Ⅱ解題 建造物の一体性の判断基準

(1) 最高裁の判断

設例Ⅱの事案において，弁護人は，平安神宮社殿は一体として現住建造物を構成していたわけではなく，被告人が放火して焼損した建物（祭具庫等）と人が現住していた建物（社務所等）とは別個の建造物であったのだから，本件においては非現住建造物放火罪が成立するにとどまると主張した。それに対して，最高裁は，①平安神宮を構成する各建物の構造，それらの位置関係や接続状況，②各建物の材質，③現住部分への延焼可能性，④外拝殿祭事および内拝殿祭事への人の出入りの状況，⑤夜間における宿直・執務状況，巡回状況などを詳細に認定したうえで，「以上の事情に照らすと，右社殿は，その一部に放火されることにより全体に危険が及ぶと考えられる一体の構造であり，また，全体が一体として日夜人の起居に利用されていたものと認められる。そうすると，右社殿は，物理的に見ても，機能的に見ても，その全体が一個の現住建造物であつたと認めるのが相当である」と判示した。

(2) 問題の所在

現に人の住居に使用している建造物（現住建造物）または現に人の現在する建造物（現在建造物）の非現住（非現在）部分に放火した場合には，現住（現在）部分と非現住（非現在）部分との間に建造物としての一体性が認められる限りで，非現住建造物放火罪ではなしに現住建造物放火

罪の成立が認められる。このような結論自体については異論がないといってよい。設例IIの事案における弁護人の主張も、このような考え方を前提としたうえで、平安神宮の建造物としての一体性を争うものであった。これまでに建造物の一体性が認められた事案としては、学校の校舎の一室を宿直室にあてて宿直員を夜間に宿泊させている学校（大判大正 2・12・24刑録19輯1517頁［学校校舎放火事件］）、一棟の家屋が数個に区画されている長屋（大判昭和 3・5・24新聞2873号16頁［空家放火事件］）、人が寝泊りしている劇場（最二小判昭和24・2・22刑集 3巻 2号198頁［劇場便所放火事件］）、待合業を営む家の母屋と別棟にある営業用の離れ座敷（最三小判昭和24・6・28刑集 3巻 7号1129頁［離れ座敷放火事件］）などがある。これらの判例においては、一般に建造物の構造上の一体性（物理的一体性）が重視されてはいるが、一体性の判断基準について特に意識的な言及がみられたわけではない。

他方、学説においては、一体性の判断基準との関係で、従来から、2つの問題点が意識されていた。1つは、建造物の一体性という場合に、物理的一体性と機能的一体性の関係をどのように考えるかということである。もう1つは、一体性判断に際し、現住（現在）部分への延焼可能性を問題にすべきかということである。これまでの事案は、いずれも比較的小規模な建造物が問題になったものであり、現住建造物放火罪を認めることに大きな困難はなかったといってよい。それらについては、物理的観点と機能的観点のいずれにおいても一体性が認められると同時に、現住部分への延焼可能性も当然に肯定しうるものだったからである。他方、設例IIのような大規模建造物であり、しかも複数の建物が独立しているかのような外観を呈するものについては、何を基準として一体性を判断するかという問題が表面化してくる。

(3) 物理的一体性と機能的一体性

最高裁は、設例IIの事案について、機能的一体性に明確に言及した。また、その直前に出された前掲エレベーター放火事件決定においても、機能的一体性を強調することによって、建造物の付属物とも考えうるエレベーターを含めた建造物としての一体性が肯定されている。このような機能的観点からの一体性判断について、学説は、物理的一体性と機能的一体性が択一的に認められればよいとする少数説（前田・各論316頁）を別として、一般に極めて批判的である。択一的な一体性で足りるとすると、物理的一体性が認められない場合であっても、機能的一体性が認められる以上は建造物としての一体性が認められることになり、物理的には全く別の建物を一個の建造物として評価することが可能になりうるし、単なる付属物を建造物の一部として評価することにもなりうるからである。この意味で、機能的一体性の強調は、建造物の一体性判断における限定機能を緩める方向に作用することになる（西田・各論289頁、山口・各論375頁）。このため、学説の多くは物理的一体性と機能的一体性の両方を必要とする立場を採るのである（曽根・各論222頁、林・各論334頁、大谷・各論377頁）。しかし、機能的一体性だけでは充分でないとすることは、物理的一体性と機能的一体性の両方を同等に必要とすることまでを意味するわけではない。物理的一体性だけで判断することも可能であるし、物理的一体性を前提として機能的一体性を補充的に要求することも可能だからである。重要なのは、建造物としての一体性が認められる限りで、非現住（非現在）部分への放火が現住（現在）者に対する危険をもたらすということの意味と内容である。このことは、延焼可能性を考慮すべきかどうかという問題にも関わっている。

平安神宮放火事件決定は、「物理的に見ても、機能的に見ても、その全体が一個の建造物であった」とするが、その趣旨は必ずしも明確なものではない。物理的一体性と機能的一体性が択一的に認められれば足りるとする立場から、（択一的であっても構わない）両方の一体性がともに認められる場合だとしたもののようにも読みう

るし（香城敏麿・最判解刑事篇平成元年度240頁，中森・各論202頁），両方の一体性を要求する学説と同様の立場から，両方の一体性がともに認められるから建造物としての一体性が認められるとしたもののようにも読みうるからである（曽根・各論222頁，北川佳世子・百選Ⅱ各論161頁）。本決定に対する学説の評価は，この部分の趣旨をどのように理解するかによって大きく異なることになる。

(4) 延焼可能性の意義

建造物の一体性判断に際して，現住（現在）部分への延焼可能性を考慮すべきであろうか。この問題は，これまで，建造物の一体性の判断基準というよりは，むしろ，物理的に一体として評価される建造物の内部的独立性の問題として議論されてきた。判例は，内部的独立性を否定するものも（仙台地判昭和58・3・28判時1086号160頁［マンション内病院放火事件］），肯定するものも（東京高判昭和58・6・20判時1105号153頁［マンション内空室放火事件］，前掲東京交通会館放火事件判決，前掲エレベーター放火事件決定），現住（現在）部分への延焼可能性の有無を正面から問題にするの（積極的認定）ではなしに，「延焼する可能性が全くなかった」といえるかどうかを問題にしている（消極的認定）。「［現住部分としての］社務所，守衛詰所にも延焼する可能性を否定することができなかった」とする平安神宮放火事件決定は，延焼可能性を消極的に問題にする一方で，延焼可能性が否定しえないことを建造物の一体性判断における考慮要素の1つとしている。ただ，一体性判断に際して延焼可能性を問題にする場合には，延焼可能性が否定される限りは建造物としての一体性も否定されるのかということと，延焼可能性が認められる以上は当然に建造物としての一体性を肯定してよいのかが問題になる。

前者の問題については，そもそも延焼可能性を考慮すべきでないとする立場がある。それは，抽象的危険犯である現住建造物等放火罪においては危険の存在が「擬制」されているのであって，建造物としての一体性が認められるだけで足りると考えているのであろう。このような見解に対しては，現住建造物であるからこそ危険の抽象化が許されるのであって，抽象的危険犯であることを理由に延焼可能性を問題にしなくてよい（すべきでない）とするのは論理が逆転しているとの批判が加えられることになる（西田・後掲④284頁，山口・探究各論233頁）。こうした批判的な立場によれば，延焼可能性が完全に否定される場合には，建造物の一体性も否定されることになろう。また，後者の問題との関係では，延焼可能性の認定は，機能的一体性の場合ほどではないにしても，また現実的には具体例が想定しにくいにしても，建造物の一体性の範囲をゆるめる方向に作用しうるものであることに注意を要しよう。

展開質問 2

1. 建造物の一体性の判断に際して物理的一体性と機能的一体性が問題にされるが，両者はどのような関係にあるか。いずれか一方だけを重視して一体性を判断することは許されるか。
2. 抽象的危険犯である現住建造物放火罪は，一体的な建造物の現住部分への延焼可能性が全く認められない場合にも成立するか。
3. 延焼可能性を要するとした場合，どの程度の可能性が必要か。
4. 外観上は一体とみられる建造物の内部的独立性の高い部分に放火した場合は，どのように扱われるか。

③ 現住性

> **設例Ⅲ** 保険金騙取目的放火事件
> XはYと共謀のうえ，火災保険金騙取の目的で，X所有の家屋をYに放火させ，全焼させた。本件家屋は，日常生活に必要な設備を有するとともに，家屋・敷地に対する競売手続の進行を妨害しようとするXの指示に基づいて，犯行前の約1か月半の間に十数回，Xの経営する会社の従業員5名が交代で宿泊し，近隣の住民から見ても「人が住み着いた」と感じ取れる状態になっていた。従業員5名は放火の実行前からXによって沖縄旅行に連れ出され，留守番役の従業員も留守中の宿泊は不要と告げられていたため，放火当時，本件家屋には人が現在していなかった。ただ，旅行に行った従業員は，本件犯行について何も知らされていなかったため，旅行から帰れば再び本件家屋への宿泊が継続するものと思っていた。【最二小決平成9年10月21日刑集51巻9号755頁［平成9年度重判解刑法7事件］参照】

入口の質問

1. Xは，現住建造物等放火罪（刑108）と詐欺未遂罪（246，250）で起訴された。両罪はどのような罪数関係にあるか。
2. 現住建造物等放火罪に殺人罪（刑199）よりも重い法定刑が予定されている根拠は何か。同罪の保護法益は何か。
3. 現住建造物と現在建造物の定義は何か。両者が108条によって同等に処断される根拠は何か。
4. 放火を実行したYの罪責は，Xとの関係でどのようなものが想定されるか。

設例Ⅲ解題 現住建造物等放火罪の保護法益と現住性

(1) 最高裁の判断

設例Ⅲにおいては，放火の客体が刑法108条にいう現住建造物にあたるか否かが問題になる。最高裁は，①被告人が転売目的で取得した家屋の内部が日常生活用に整備されていたこと，②自己の経営する会社の特定の従業員を継続的に家屋に宿泊させていただけでなく，他の従業員も自由に出入りが可能な状態であったこと，③近隣の住民から見ても人が住み着いたと感じ取れるような状態になっていたこと，④旅行前夜および旅行中の宿泊を不要と告げたのは放火の準備や実行を従業員に気づかれないようにするためだけのものであったこと，⑤従業員は旅行後には宿泊が継続されるものと認識していただけでなく，家屋の鍵も回収されず，1本は従業員が旅行に持参していたことを認定したうえで，「以上の事実関係に照らすと，本件家屋は，人の起居の場所として日常使用されていたものであり，右沖縄旅行中の本件犯行時においても，その使用形態に変更はなかったものと認められる。

そうすると，本件家屋は，本件犯行時においても，平成7年法律第91号による改正前の刑法108条にいう『現ニ人ノ住居ニ使用』する建造物に当たると認めるのが相当である」と判示した。最高裁は，本件家屋が現住建造物にあたることを前提としたうえで（①②③の認定），本件のような事情のもとでは現住性の喪失が認められないとしたのである（④⑤の認定）。

(2) 現住性の意義

わが国の刑法は，現住建造物等と現在建造物等に対する放火を，それら以外の物件に対する放火に比べて重く処罰する（刑108）。同じように公共危険犯とされる放火罪が内部的にこのように区別されている理由は，108条の保護法益が建造物内に存在する（はずの）人の安全であるのに対して，108条以外の放火罪の保護法益がより一般的な公共の安全であることに求められよう。108条における公共危険については，建造物内部の人に対する危険性だけではなく，単に建造物を訪れる人に対する危険に着目するという考え方もありうるが，それは108条以外の放火罪における危険と同様のものとなり，108条の重い法定刑を根拠づけることができないように思われる。

108条は，現住建造物に対する放火と現在建造物に対する放火とを並列的に処罰する抽象的危険犯として規定されている。文理上，内部に「現に人がいる」建造物はすべて現在建造物として保護されるから，現住建造物については，「現に人がいる」ことは要件とされず，「現に人が住居に使用」していることだけが要件となる。人が住居として使用している建造物である以上，放火の時点では内部にたまたま人が存在しなくても，人が存在する可能性があったことを根拠として（香城敏麿・最判解刑事篇平成元年度249頁），現在建造物と同等に保護されるのである（大判明治44・12・25刑録17輯2310頁［留守宅放火事件］，大判昭和4・2・22刑集8巻95頁［独居者不在時放火事件］。同等に保護することの必要性や妥当性については議論の余地がある）。したがって，現住建造物については，内部に人が存在する可能性と

いうこととの関連で，「住居」性が唯一の限定要件だということになる。現在建造物放火罪が建造物内部の特定の（具体的な）人に対する抽象的危険犯であるのに対して，現住建造物放火罪は，内部に存在する可能性のある人に対する抽象的危険を問題にするものであり，2重の意味で抽象的危険犯性をもつのである（西田・各論287頁）。このため，「現に人が住居に使用し」とは，現に人の起臥寝食の場所として日常的に使用することで足り，昼夜間断なく人の現在することまでは要しないとされることになる（前掲学校校舎放火事件判決，大判大正14・2・18刑集4巻59頁［夜間工場放火事件］，前掲離れ座敷放火事件判決）。ただ，具体的には，どの程度の継続的な使用（どのような態様の使用）があれば現住性を肯定できるかは一義的に確定できず，シーズンオフで閉鎖されている別荘や長期の海外出張のために閉ざされている家屋などについて現住性が争われている。

他方，本来は住居として使用されていなかった建造物であっても，「現に人が住居に使用し」ていると評価できるような状況が認められる場合には，その時点で現住性を獲得したものといわなければならない。最高裁の認定した①②③の事実からすれば，設例ⅢのX所有の家屋は，宿泊や出入りが許されていたXの会社の従業員が現に「住居に使用」している建造物にあたるといってよい。他方，学説のなかには，住居としての「使用形態」が認められるということは，形式的ないし日常用語的に現住建造物の文言にあたりうることを意味するだけであり，現住建造物放火罪の成立を肯定することの妥当性を実質的に基礎づけるものではないとするものもある（山口・探究各論230頁）。

(3) 現住性の喪失？

現に人が住居に使用している建造物であっても，事情によっては，例外的に現住性を失うことがある。犯人だけが住居として使用している建造物に放火した場合がその典型的事例であり，内部における人の存在の可能性が全くないため

に現住性が否定され（山口・探究各論228頁），非現住建造物放火罪が成立するにとどまる（大判昭和7・5・5刑集11巻595頁［独居者自宅放火事件］）。このことから，108条にいう「人」は犯人以外の者を指称するとされ（最二小判昭和32・6・21刑集11巻6号1700頁［工場放火事件］），家人を皆殺しにした後にその住居に放火した場合にも非現住建造物放火罪が成立することになる（大判大正6・4・13刑録23輯312頁［一家皆殺し放火事件］）。また，現住性の喪失は，独居居住者の同意に基づく放火の場合や（曽根・各論219頁，前田・各論310頁），居住者が居住意思を完全に放棄したような場合にも認められる。これらの場合は，いずれも，108条で保護されるべき客体の存在が否定されるのである。他方，単に住居を訪れる可能性のある人に対する危険だけで108条の公共危険を認定してよいとする立場によれば，これらの事案のいずれにおいても現住建造物放火罪が成立することになろう。

設例Ⅲにおいて最高裁は，④⑤の事情を認定したうえで，住居としての「使用形態には変更がなかった」とした。最高裁は，現住性が認められる建造物においては，居住形態に変更がない以上は現住性が喪失することがないとしたのである。ただ，最高裁が現住性の喪失の有無を何に基づいて判断したのかは，必ずしも明確ではない。最高裁は，この点について，これまでの判例が居住意思の有無を重視する傾向を示していたのに対して（村瀬均・大コンメ7巻34頁以下），判断基準に明確には言及しなかったのである。このため，最高裁の判示に対しては，居住者の意思が使用形態の変更を認定するための一事情になっているとの指摘がある一方で（中谷雄二郎・最判解刑事篇平成9年度221頁），居住意思を重視することから最高裁の結論を積極的に支持する立場もみられる（井田良・平成9年度重判解164頁，西田・各論288頁）。他方，Xの居住意思を重視する立場からも，設例Ⅲは独居者自宅放火事件と実質的に同じであるとの指摘がみられ（林・各論336頁），従業員等の居住意思を問題にする立場からも，居住意思が喪失していたとする可能性が指摘されている（橋田久・百選Ⅱ各論163頁）。居住意思だけを強調するのであれば，シーズンオフの別荘のように，一定時期に限っては明らかに居住意思をもつ者が存在しない建造物の扱いが問題になろう。これらに対して，最高裁の立場を「抽象的危険犯としての放火罪の危険を形式的に捉える考え方に極めて近い」としたうえで，従業員が家屋内に現実的に立ち入る可能性があったという客観的事情こそが強調されるべきことを指摘する立場もある（山口・探究各論230頁）。

展開質問3

1. シーズンオフのために閉鎖中の別荘は，108条の現住建造物にあたるか。
2. 建造物の現住性の判断に当たって，居住意思を重視することは妥当か。居住意思以外に考慮すべき事情はあるか。
3. どのような場合に，現住建造物性が否定されるか。それは，108条の要求する公共の危険とどのように関連するか。

4 公共の危険

> **設例Ⅳ** 駐車車両放火事件
> Xは，Yと共謀のうえでA所有の自動車（被害車両）に放火しようと考え，某日午後10時頃，駐車場に無人で駐車中の被害車両にガソリンをかけたうえ，ライターで点火して放火した。消防による消火活動が開始される直前，被害車両左後方の火炎は高さ約1メートル，幅約40-50センチメートルに達していた。これにより，被害車両は，タイヤの一部，エンジンルーム内の配線，フロントガラス，リアランプ，トランク内部の一部等が焼損するとともに，車体に焼け穴も生じた。なお，本件駐車場は市街地のなかにあり，公園や他の駐車場に隣接し，道路を挟んで小学校や農業共同組合の建物にも隣接していた。また，被害車両の近くには，駐車中の2台の車両とともに，一般家庭から出された可燃性のゴミ約300キログラムが置かれたゴミ集積場もあった。【最三小決平成15年4月14日刑集57巻4号445頁［判例セレクト'03刑法9事件］参照】

入口の質問

1. 110条における公共の危険として一般に想定されるものは何か。
2. 108条，109条，110条のそれぞれにおける公共の危険は，どのように共通し，どのように相違しているか。
3. Yの罪責としては，どのようなものが想定されるか。

設例Ⅳ解題　公共の危険および認識の要否

(1) 最高裁の判断

弁護人は，110条の成立を認めた原審判決に対して，110条における公共の危険の解釈に関する判例違反と重大な事実誤認を主張して上告した。最高裁は，「［刑］法110条1項にいう『公共の危険』は，必ずしも同法108条及び109条1項に規定する建造物等に対する延焼の危険のみに限られるものではなく，不特定又は多数の人の生命，身体又は前記建造物等以外の財産に対する危険も含まれると解するのが相当である」として，110条1項の公共の危険について，従来の判例の立場を文言的に広げる解釈を示した。そのうえで，具体的な結論として，①駐車車両への放火の状況，②他車両の駐車の状態，駐車場の位置関係や周囲の状況，③火勢と消火の際の状況，④放火された車両の被害状況，⑤他車両およびゴミ集積場への延焼の可能性に言及し，本件の具体的な事実関係のもとでは，「同法110条1項にいう『公共の危険』の発生を肯定することができる」とした。最高裁は，公共の危険の解釈とその認定のいずれについても，原判決の判断を「正当」だとしたのである。

(2) 「公共の危険」の意義

110条にいう公共の危険について，先駆的判例は，「一般不特定ノ多数人ヲシテ前掲第百八条及第百九条ノ物件ニ延焼スル結果ヲ発生スヘキ虞

アリト思料セシムルニ相当スル状態ヲ指称スル」と判示していた（大判明治44・4・24刑録17輯655頁［積みわら放火事件］）。それによれば，110条にいう公共の危険は，108条と109条に規定する物件への延焼の危険性に限られ，その他の物件への延焼の危険性や周囲の人々に対する危険などは含まれないことになろう。こうした態度は，その後の最高裁判例にも引き継がれているようである（最一小決昭和59・4・12刑集38巻6号2107頁［普通自動車放火事件，百選Ⅱ各論82事件］，最一小判昭和60・3・28刑集39巻2号75頁［オートバイ放火事件，百選Ⅱ各論81事件］参照）。他方，学説においては，近時，110条の公共危険は108条・109条に規定する物件への延焼の危険性に限定すべきではなく，客体の周囲に存在する人々に対する危険や消火活動に従事する消防士等に対する危険をも含めるべきだとの主張が有力になっている（井田・後掲③185頁以下，林・各論329頁）。設例Ⅳにおける原審判決も，そのような立場を前提とするものであった。このため，弁護人は，従来の判例における理解を前提として，判例違反を主張して原審判決を批判したのである。この点について，最高裁は，「不特定又は多数の人の生命，身体又は前記建造物等以外の財産に対する危険も含まれる」として原審の判断を支持した。最高裁は，従来の判例と比べて，少なくとも文言として110条にいう公共の危険の拡張を認めたことになる。

これに対して，学説においては，このような拡張的な解釈を疑問視する立場も強い。例えば，設例Ⅳにおける最高裁のような理解は放火罪の類型的な危険を問題にするものであって，極めて重い罪責を基礎づける根拠は，あくまでも「延焼の危険」に求めるべきだとされる（山口・探究各論239頁）。また，111条が109条2項および110条2項の結果的加重犯として，108条および109条1項に規定する物件への延焼を処罰していることとの整合性から，従来の判例における限定的な解釈を妥当だとする立場もある（西田・後掲④292頁）。こうした立場によれば，110条にいう

公共の危険は，燃え拡がりの危険（建造物等への延焼）によって，不特定または多数の人の生命・身体・財産に対する危険として理解されることになる（山口・各論383頁）。もっとも，設例の事案を含めて，公共の危険の存否が問題になったこれまでの事案は，110条の要求する具体的公共危険の内容を限定的に解しても，拡張的に解しても，具体的な結果としては同様になりえたものであったといえよう（村瀬均・大コンメ7巻69頁以下参照）。ただ，危険の内容が文言的に拡張されたことによって，個別事案の判断においてその内実が薄められる可能性が生じたことは否定できず，ひいては，具体的危険犯として立法されている110条が抽象的危険犯化していく可能性もある。

なお，具体的危険の判断者について，設例Ⅳの原審判決は，「一般通常人からみて」として，通常人による判断であることを明示していた。この点について，最高裁は特に言及していないが，原審の判断を追認するものといえよう。

(3)　「公共の危険」の認識の要否

具体的危険犯として規定されている110条については，客体を「焼損し，よって公共の危険を生じさせた」ことが構成要件的に要求されるために，109条2項の場合と同様に，公共危険の発生についての行為者の認識を必要とするかどうかが争われる。判例は，認識を不要とする点でほぼ一致している（大判昭和6・7・2刑集10巻303頁［こたつ布団放火事件］，前掲普通自動車放火事件決定，前掲オートバイ放火事件判決）。設例Ⅳの最高裁決定は，この点について特に言及していないが，認識が必要であることを判示していないから，従来の判例と同じように，認識不要説の立場を前提とするものといえよう。他方，学説においては，認識必要説が通説的見解であるが，認識不要説も有力に主張されている（村瀬均・大コンメ7巻12頁以下参照）。公共危険の発生が構成要件要素とされている以上，理論的には，その認識を要求することによって責任主義との調和を達成することが望ましい。改正刑法草案

は、責任主義との調和という観点から、判例における認識不要説を修正して、認識必要説の立場からの立法を提案している（草案178, 179）。ただ、この問題の実際的な意義は、具体的公共危険の発生の認識と延焼可能性の認識はそれぞれどのような内容のものとして捉えるべきか、そもそも両者の区別は可能なのか、という点にある。

展開質問4

1. 110条の要求する「公共の危険」は、108条および109条に規定する物件への「延焼の危険」だけに限られるか。
2. 110条の公共の危険について、判例は一般人の感覚を基準として判断すべきだとするが、その具体的内容はどのようなものか。また、それは妥当か。
3. 110条は具体的危険犯として構成されているが、実務上、公共の危険の認識を要しないとされている。このような理解の根拠は何か。「よって公共の危険を生じさせた者」という結果的加重犯類似の規定方法は、その結論を左右するか。
4. 公共の危険の認識を要求する場合（多数説）、その内容はどのようなものになるか。

出口の質問

1. 1個の放火行為により、処罰規定を異にする数個の客体（現住建造物、非現住建造物、建造物以外の物件）を焼損した場合には、どのような放火罪が、どのような形で成立するか。
2. 放火罪の諸類型とそれぞれに要求される抽象的公共危険・具体的公共危険の内容、焼損との関係は、どのように整理されるべきか。

参考文献

① 河上和雄「放火罪に関する若干の問題について」捜査研究26巻3号（1977）36頁
② 丸山雅夫「判例理論としてのいわゆる『独立燃焼説』（上）（下）」判時1394号（1991）2頁、1397号（1991）2頁
③ 井田良「放火罪をめぐる最近の論点」阿部純二ほか編・刑法基本講座(6)（法学書院、1993）182頁
④ 西田典之「放火罪」芝原邦爾ほか編・刑法理論の現代的展開各論（日本評論社、1996）280頁
⑤ 星周一郎・放火罪の理論（東京大学出版会、2004）
⑥ 山口厚「放火罪の諸問題」探究各論225頁

（丸山雅夫）

24 文書偽造罪——有形偽造と無形偽造

論 点
1. 名義人の承諾
2. 通称名の使用
3. 同姓同名の利用

1 名義人の承諾

設例Ⅰ 交通事件原票事件

酒気帯び運転等で運転免許停止処分になったXは、友人Aから「免許がないと困るだろう。俺が免許を持っているから、もしもの場合には俺の名前を使え」と勧められ、Aの本籍、住所、氏名、生年月日をメモした紙を渡された。その後、Xは運転免許の効力停止中にもかかわらず運転を行い（無免許運転）、交通取締りの警察官から免許証の提示を求められた際、「免許証は家に忘れてきました」と言ってAの氏名を名乗り、免許証不携帯を理由とする交通反則切符中の交通事件原票の下欄にある供述書部分の「私が上記違反をしたことは相違ありません」と印刷されたその氏名欄に「A」と署名して警察官に提出した。なお、Xは直ちに右反則金を納付し、翌日Aに以上の経過を説明したが、Aから抗議を受けることはなかった。【最二小決昭和56年4月8日刑集35巻3号57頁［百選Ⅱ各論94事件］参照】

入口の質問

1. わが国の刑法は偽造罪について「形式主義を原則とし、実質主義を補充的に採用している」といわれるが、これは偽造に関する具体的な犯罪類型がどのようになっているからか。特に文書の偽造において、有形偽造と無形偽造とを区別する実益はどこにあるか。わが国の刑法が、有形偽造の処罰を原則としたのはどのような理由によると考えられるか。
2. 交通事件原票の供述書部分は、刑法上どのような種類の文書にあたるか。また、この文書は、警察に提出された後どのような機能を果たすか。
3. 文書の作成権限とはどのような権限か。看護師甲が、医師のみが作れる刑法160条所定の文書を自分の名義で作成することは、作成権限のない者が行った行為として私文書偽造になるのだろうか。
4. 一般に、被害者の承諾があれば犯罪の成立が否定されることが認められている。この論理によって、Xの刑事責任を否定することはできるだろうか。

設例Ⅰ解題 名義人の承諾があれば私文書偽造にならないか？

(1) 問題の所在

伝統的な理解によれば，有形偽造とは「作成権限のない者が，他人の名義を冒用して文書を作成すること」だとされている。そして，私文書の場合には，甲が乙を名義人とする文書を作成したときでも，そのような文書を作成することについて乙から事前に承諾を得ていれば，作成権限が授与され名義の冒用はないので，少なくとも有形偽造は成立しないと一般に解されてきた。しかし，この理が及ばない場合がありうるのではないか，あるとすればどのような場合かが，判例・学説上問題になっている。

(2) 判 例

最高裁第二小法廷は，設例Ⅰの事案について「交通事件原票中の供述書は，その文書の性質上，作成名義人以外の者がこれを作成することは法令上許されないものであつて，右供述書を他人の名義で作成した場合は，あらかじめその他人の承諾を得ていたとしても，私文書偽造罪が成立すると解すべきである」として，Xの作成した文書が不真正文書（有形偽造文書）であることを認めた（前掲最二小決昭和56・4・8）。この決定の直後に，第一小法廷も，設例Ⅰとほぼ同様の事案について「このような供述書は，その性質上，違反者が他人の名義でこれを作成することは，たとい名義人の承諾があつても，法の許すところではないというべきである」という理由で，私文書偽造罪の成立は免れないという決定を下している（最一小決昭和56・4・16刑集35巻3号107頁）。これらの最高裁決定は，いずれも簡潔な判示にとどまっているのでその論理構成がどのようなものかは必ずしも明らかではないが，注目されるのは，(私)文書のなかには，その性質上，名義人自身によってしか作成することが許されていないものがあるのであり，交通事件原票中の供述書はまさにそのような文書であるという考え方である。これは，冒頭に掲げた承諾に関する従来の一般的な理解，すなわち「名義人の承諾があれば作成権限が与えられる」との理解に「文書の性質が許す場合には」という限定を加え，一定の修正を図ったものということができよう。

そこで次に問題となるのは，文書にいかなる性質があるとき，このような制限が働くのかということである。しかしこの点については，第一小法廷決定に「本件供述書は，その性質上作成名義人たる署名者本人の自筆を必要とする文書であると考える。法律上もそうなつている（刑訴法322条，刑訴規則61条2項参照）。従つて，他人名義でこれを作成することは許されず，他人の同意，承諾を容れる余地のない文書というべきである」という谷口判事の補足意見が付されているのみで，それ以上の情報をこれらの判例から得ることはできない。もっとも，すでに下級審には，設例Ⅰと同種の事案について，最高裁と同様に「文書の性質」を理由として私文書偽造罪を肯定する手法をとった判例がいくつか存在していた。そして，リーディング・ケースとされる東京高判昭和50・1・28高刑集28巻1号22頁は，交通事件原票中の供述書部分は，①内容が違反事実の有無等当該違反者個人に専属する事実に関するものである，②もっぱら道路交通違反事件処理という公の手続内において用いられるべきものである，③その性質からして，名義者本人によって作成されることだけが予定されており，他人の名義使用が許されないものである，④実際には違反をしていない者につき，違反者としての手続が進められるのを放置すべきでなく，本件のような文書が名義人につき効力を生ずることはありえない，との諸点を挙げていた。その後の高裁判例はほぼこれにならい，例えば第二小法廷決定の原審（東京高判昭和54・8・28高刑集32巻2号173頁［昭和55年度重判解刑法5①事件］）も，また第一小法廷決定の原審（福岡

高宮崎支判昭和55・7・22刑集35巻3号113頁）も，①②③を理由として掲げている（その他の高裁判例については，田中清・昭和56年度最判解刑事篇24頁を参照）。このように高裁レベルではおおむね見解の一致をみていたこと，さらには2つの決定がいずれも原審の判断を同趣旨であり正当として是認していることからするならば，最高裁もまた同様の考え方をしたのであろうと推察されるのである。最高裁の2つの決定は，さらに「法令上許されない」「法の許すところではない」という表現を用いている。このことを捉えて，名義人以外の者が当該文書を作成してはならないという条文上の根拠がある場合に限るとしたのだと読むこともできなくはないであろう。しかし，決定の趣旨は，文書のなかにはその特殊性ゆえに法的な観点からして名義人以外の者が作成すべきでないものがあるということであって，具体的な条文根拠まで要求する趣旨ではないと思われる。

名義人の承諾の限界を「文書の性質」に求め，その性質を上記のように理解すべきだとすると，私文書偽造罪の成否はもっぱら客観的に判断されることになろう。すなわち，取締りを免れようとする目的という主観的要素は，判断を左右しないことになろう。もっとも，上記の「文書の性質」論は交通事件原票中の供述書部分を念頭においたものである。その後の判例は，承諾を得た他人の名義で一般旅券発給申請書を作成した場合（東京地判平成10・8・19判時1653号154頁［平成10年度重判解刑法6事件］）や，替え玉受験者が依頼した本人の名前で入学試験答案を作成した場合にも私文書偽造を認めている（東京高判平成5・4・5高刑集46巻2号35頁。ただし傍論として）が，特に後者についての第1審判決（東京地判平成4・5・28判時1425号140頁［平成4年度重判解刑法7事件］）は，替え玉受験という違法な目的のために与えられた承諾は無効であるから，作成者に適法な作成権限を与えるという性質のものではありえないことを理由として挙げている。

(3) 作成権限からのアプローチ

設例Ⅰの最高裁決定が下された当時は，(1)で述べたような伝統的な有形偽造の定義，すなわち「作成権限のない者が，他人の名義を冒用して文書を作成すること」というものが一般に用いられていた。そこでは「作成権限」がまさにキーワードであった。交通事件原票の供述書についていえば，そこにはAの氏名等が書かれているのだから，そこから読みとれる「外観上の文書の作成者」すなわち名義人がAであることはいうまでもない。しかし実際にこの供述書を作成したのは別人Xである。ところで，一般に甲が甲名義の文書を作るよう乙に依頼して乙がこれを実行した場合，乙を私文書偽造で処罰すべきだと考える人はいない。乙は甲からの依頼によってそのような文書を作ることについての権限が与えられていたのだから，有形偽造の定義には該当しないというのがその形式的な理由であるが，実質的に考えても，文書を見た人がその内容についての責任を問おうと思えば甲のところに行くであろうが，甲はもちろんそれに応ずるので，文書の作成の真正に対する公共の信用という法益は何も害されないため，当罰性に欠けるからである。Aの承諾を得てその名前を書いたXにもこれと同様のことがいえるのではないか。Xはそのような文書の作成権限者だったのではないか。このようにして，作成権限の有無という角度からのアプローチが学説でも展開されてきた。

古くは，木村博士が，欺罔などの違法な目的のために承諾を得た場合は，その承諾は無効であるから作成権限は発生しないと主張されたが（木村・各論248頁），使用目的が違法だったとしても作成の真正を偽っているわけではないから，現在ではこの理由から有形偽造を肯定する見解は少数派である（内田・後掲①9頁を参照）。学説の主流は，判例と同様に当該文書の特殊性を強調し，その理由から承諾の無効を基礎づけるという論法をとっている。例えば，「文書の性質上，表示された意思・観念についての責任の転嫁が

許されず，その名義人自身による作成すなわち自署だけが予定されている文書については，事前に名義人の同意があっても，その名義人は文書の意思・観念の主体となることは出来ないから，その同意に基づいていても，権限なくして他人の名義を冒用したことに当たると解すべきである」(大谷・各論472頁)，「文書の性質上，または法令上，当該文書が直接，本人自身によって作成されること自体が文書の証拠性を決定的に基礎づけている文書については，……名義人の承諾は無効となる」(川端・後掲②211頁)などがその代表といえよう。なお，文書の特殊性は，他人が作成できないにもかかわらず他人が作成した文書は形式上無効であるため「本来使用されるべき手続において名義人の意思表示の証拠とはならず，当該文書の証拠性が害されているということも全く不可能ではないであろう」として結果無価値を重視する立場によっても一定の意義を認められている (山口・探究各論254頁)。

(4) **作成者をめぐる議論からのアプローチ**

ところが，近時，設例Ⅱで扱う後掲最二小判昭和59・2・17が，有形偽造とは「名義人と作成者との間の人格の同一性を偽る」ことであると述べ，この定義が普及するにつれて，従来とは異なるアプローチからこの問題が論じられるようになってきている (この定義が従来の有形偽造の定義と実質的に異なるものでないことについては，設例Ⅱ解題を参照)。この考え方によれば，まず名義人を特定し，次に作成者を特定し，両者が一致しない場合が有形偽造だということになる。設例Ⅰのようなケースでは，名義人がAであることは明白であるので，問題は作成者が誰かである。

作成者に関しては，文書を執筆するなどして実際に作り上げた者をいうとする事実説 (行為説) と，実質的に見て文書の内容を表示させた意思の主体をいうとする意思説 (観念説，精神性説) の大きな対立があるが，事実説に従うと甲が秘書の乙に命じて甲名義の文書を執筆させた場合にも (名義人が甲であるのに対して作成者は乙となり，両者が食い違うので) 私文書偽造罪の構成要件該当性が認められることになって妥当でないため，通説は意思説をとっている。すなわち，上の例では作成者はそのような文書を存在させようとした意思の主体である甲だと考え，名義人と一致するから有形偽造ではないとするのである。もっとも，いまの例で甲を作成者としてよい理由をどのように考えるかで，さらに学説は争われている。通説は，乙によって執筆された文書に表示された意識内容に基づく法律的効果が甲に帰属する (あるいは帰属させることが法的に許される) からだとし，このような関係が認められる場合にのみ甲を作成者としてよいとする。これは規範的意思説と呼ばれている。これに対し，事実的意思説と呼ばれる見解は，乙の執筆した文書の内容が甲の表示意思の範囲内にあるからだとし，このような関係が認められる場合にのみ甲を作成者としてよいとするものである。この対立はおもに代理・代表名義の文書をめぐって議論されてきたが，設例Ⅰのような場面では結論に明らかな差が生じる。規範的意思説によれば，文書の性質上，道交法違反をしたという意識内容およびAの氏名等がそこに書かれていても，その法的効果を実際には違反していないAに帰属させることはできないので，作成者はAではなくXだとすべきことになるが，事実的意思説によれば，Xの作成した文書は「もしもの場合には俺の名前を使え」と言ったAの表示意思の範囲内にあるので，作成者はAだとしてよいことになる。したがって，前者の立場からは有形偽造が認められるが，後者の立場からは有形偽造は認められず「違反者の同一性という『内容』についての偽り，すなわち無形偽造がある」(林・後掲③151頁) にすぎないとされる。近年，事実的意思説の立場から，判例の結論に反対する者が増えつつあるといえよう (例えば，佐伯仁志・百選Ⅱ各論〈4版〉172頁，伊東・後掲④320頁など)。この立場からは，供述書が他人名義で書かれると交通取締りに支障が生ずるというのであれば，それは私文書偽造罪によっ

てではなく，制度維持のための別の法令によっ て解決すべきだということになるのであろう。

> 展開質問1
> 1. 規範的意思説と事実的意思説は，私文書偽造罪の保護法益が具体的にどのようなものであるべきかについての対立であるともいえる。それぞれの説は，何を保護法益と考えているのか。どちらがより妥当だと考えるか。
> 2. いわゆる替え玉受験について判例が私文書偽造を認めていることは(2)で述べた通りであるが，これは妥当か。替え玉受験と設例Ⅰとでは，その事案に本質的な違いはないのだろうか。あるとすれば，それは私文書偽造罪の成否にどのように関係するか，あるいはしないか。
> 3. Xに私文書偽造が成立するとした場合，Aの刑事責任がどうなるかを考えよ（前掲東京地判平成10・8・19を参照）。

② 通称名の使用

> 設例Ⅱ　再入国許可申請書事件
> 昭和24年頃わが国に密入国したYは，昭和25年に自己の顔写真が貼られたB名義の外国人登録証明書を不正な手段によって入手し，その後数度にわたる外国人登録法所定の登録事項確認申請手続を一貫してBの名前で行ってきた。そればかりか，妻子，友人，近隣の人々に対しても自分はBであると名乗り，また新聞記者・団体役員としての活動においてもBの名を用いてきた。そのため，昭和50年頃には，国内で，Bという氏名がYを指称するものであることは，公的生活・一般社会生活のいずれにおいても定着するに至っていた。昭和53年，外国に旅行することとなったYは出国に際して再入国許可を得ておこうと考え，法務大臣宛の再入国許可申請書用紙の申請人署名欄に「B」と記入して入国管理事務所に提出した。【最二小判昭和59年2月17日刑集38巻3号336頁［百選Ⅱ各論91事件］参照】

> 入口の質問
> 1. 日本に在留しようとする外国人が適法な在留資格を得るためには，どのような手続が必要か。外国人登録法の関係で，Xにはどのような違反行為があるか。
> 2. 再入国許可とはどのような制度か。この点に関しては出入国管理令26条を参照。この事件で問題となった再入国許可申請書は，刑法上どのような種類の文書にあたるか。

> 設例Ⅱ解題　通称名を使用した場合の私文書偽造罪の成否

(1) 問題の所在
氏名は人格を特定するための手段にすぎないから，文書を作成するに際して本名を書く代わりに通称名を書いたときでも，その通称名によ

って本人が特定されうるのであれば名義を偽ったことにはならないのではないか。そうでないとしたら、それはどのような場合が問題となる。

(2) 判　例

設例Ⅱの事案に対し、前掲最二小判昭和59・2・17は「原判決が、私文書偽造とは、その作成名義を偽ること、すなわち私文書の名義人でない者が権限がないのに、名義人の氏名を冒用して文書を作成することをいうのであつて、その本質は、文書の名義人と作成者との間の人格の同一性を偽る点にあるとした点は正当である」と述べたうえで、私文書偽造罪の成否について、おおむね次のように判示した。——再入国許可申請書は、再入国の許可という公の手続内において用いられる文書であり、また、再入国の許可は、申請人が適法に本邦に在留していることを前提としているため、その審査にあたっては、申請人の地位、資格を確認することが必要不可欠である。したがって、その申請書は、事柄の性質上、当然に本名を用いて作成することが要求される。ところで、Yは密入国をした不法在留者であるから、YがBという名称を永年自己の氏名として公然と使用した結果、それが相当広範囲に被告人を指称する名称として定着し、他人との混同を生ずるおそれのない高度の特定識別機能を有するに至ったとしても、外国人登録の関係ではBになりすましていた事実を否定できない。前述の再入国許可申請書の性質にも照らすと、本件文書に表示されたBの氏名から認識される人格は適法に本邦に在留することを許されたBであって、密入国をし、何らの在留資格をも有しないYとは別人であることは明らかであるから、本件文書の名義人と作成者との人格の同一性に齟齬を生じているというべきである。——

結論として私文書偽造罪の成立を肯定した本判決にはいくつかの注目すべき点がある。第1は、最高裁として初めて、有形偽造の定義を「文書の名義人と作成者との間の人格の同一性を偽る」ことだとした点である。しかし、これにより従来の「他人の作成名義の冒用」という定義を否定したのではないことは、「その本質は」と述べていることからも明らかである。確かに、権限がないのに勝手に他人の氏名で文書を作成するということは、氏名を冒用された他人がその文書の作成者であるかのように装うものであるが、これはまさに名義人と作成者が（真実は同一ではないのに）同一であると偽ることにほかならない。最高裁があえてこのような定義をもちだしたのは、従来偽造が問題とされてきた「他人の名前を語った」というケースと異なり、「自己の別名である通称を語った」という本件の場合には、同一性を問題にする方がより核心をついた判断を可能にすると考えたためであろう。

第2は、文書の中には性質上本名を用いて作成することが要求されているものがあり、再入国許可申請書はそのようなものだと述べた点である。もしこれが、本名以外の使用が一切禁じられ、それに反した場合は直ちに私文書偽造になるという趣旨であるとするなら、設例Ⅰでとりあげた2つの最高裁決定をいっそう厳格に押し進めたものだということになる。なぜならば、それらの決定では交通事件原票の供述書は「その文書の性質上、作成名義人以外の者がこれを作成することは法令上許されない」などとするだけで、その名義が本名でなければならないとまではしていなかったからである。しかし、本判決がそのように考えたのだとすると、本名を用いなかったYはその理由で私文書偽造とすれば足りたはずであり、さらに人格の同一性を検討する必要はなかったことになる。このように考えるなら、本名の使用云々は原則論にとどまり、最高裁自身も例外のありうることを認めたのだと解することができよう。

第3は、通称が広範囲に定着し、他人と混同するおそれのないほどに特定識別機能をもつに至ったとしても、再入国許可申請書の関係では私文書偽造罪を免れないとした点である。この判決の少し前にも、交通事件原票の供述書を通

称名を用いて作成した行為が問題となり、私文書偽造で有罪とされた2つの判例があった（東京高判昭和54・7・9刑月11巻7・8号760頁［昭和55年度重判解刑法5②事件］、最三小決昭和56・12・22刑集35巻9号953頁［百選Ⅱ各論〈2版〉86事件］）。その理由については必ずしも明らかではないが、通称名の使用期間が短く（2年ないし5年）、またその通用する人的・場所的範囲が限定されていたために、その氏名が被告人の人格を特定識別させる機能を十分果たす程度には至っていなかったためだという理解が学説上有力であったといえよう。これらの事案に比べると、本件の事案は格段に通称名の特定識別機能が高かったから、私文書偽造は否定される可能性があったのである。事実、本件の原判決は、そのことを理由として私文書偽造の点については無罪を言い渡した（大阪高判昭和57・12・6判時1092号154頁）。では、なぜ本判決は有形偽造を認めたのであろうか。本判決は、再入国許可申請書の性質に照らすと、文書から認識される名義人は「適法に本邦に在留するB」であるのに、現実の作成者は「不法在留者であるY」であるから、そこには人格の不一致があるとしている。すなわち、同一性を比較する「人格」とは、単なる人物の「存在」そのものではなく、人物の「属性」までも含めたものだと考えているのである。このように考えるなら、被告人がいかに世間から「B」という氏名で認識されていたとしても、不法在留者が適法在留者になりえない以上、同一性が肯定されることはありえず、有形偽造とすることになろう。もっとも、「再入国許可申請書の性質に照らすと」としていることから、このような論理も、文書の特殊性、さらには再入国許可制度の趣旨などを前提として展開されていることに留意する必要があろう。

(3) **名義人の特定と同一性の判断**

設例Ⅱのようなケースでは、文書の作成者は明らかに行為者（Y）である。したがって、問題なのは文書からイメージされる名義人が何者かであり、これが作成者と一致すれば「同一性の齟齬」は生じていないから、その文書は真正に作成されたものといえ、有形偽造は否定されなければならない。通常、名義人は文書の上に記載された氏名、名称、文書の形態や内容等の情報にもとづいて事後的・客観的に特定される。この場合、氏名が本名であることは必ずしも重要ではない。本名であれば、そこから認識される人格が作成者と一致することは容易に分かるであろうが、芸名や筆名のような「偽名」であっても、そこから認識される人格が作成者の人格と一致すれば、文書の内容の引受け手が分かるのだから、文書に対する信用が害されるおそれもなく、私文書偽造罪に問うべきではないからである。もっとも、その文書を見た人が現実の作成者の人格をイメージできるかどうかが問題なのだとすると、高名な作家が筆名で文書を作成した場合と、無名な作家がそのようにした場合とでは、明らかに事情が異なってくる。無名な作家の場合には、出版社との契約書に筆名を書く分には差し支えないであろうが、多くの不特定な人が見るであろう文書に筆名を書くと、誰がその文書の引受け手であるか分からなくなってしまうからである。もちろん、高名な作家であればどのような文書に筆名を書いても問題が生じないというわけでもない。筆名を用いても許される範囲が、無名作家に比べて広いというだけにすぎない。このように考えると、偽名や通称名の場合には、文書に記載された情報以外の事情が同一性判断に影響せざるをえないことが分かる。すなわち、その文書が流通する範囲や、使われた名称が特定の人物を指し示すことについての人々の知識が問題とならざるをえないのであり、その意味で有形偽造の概念は相対的なものだといわざるをえない。

しかし、そのようなもの以外に、どこまで同一性判断に影響を及ぼす事情として認めるべきであろうか。学説のなかには（特に実務家を中心に）、犯罪的意図で偽名を用いたときは有形偽造になるとする見解がみうけられる（宇津呂英雄「判批」警論36巻2号［1983］151頁、土屋眞一「判

批」研修431号48頁［1984］など）。しかし，このような考え方に対しては「当該の名称により誰が名義人として特定されるか，という客観的な判断が問題となっており，この判断において，行為者の意図それ自体は影響を持ち得ないはずである」（山口・後掲⑤6頁）というように反対する者も多い。さらに，文書の性質・機能・用途が影響するかも問題である。設例Ⅱに関する最高裁判決は，このことをまさに認めたものだといえよう。すなわち，再入国許可申請書に表示されたBという氏名から認識されるのは「適法在留者B」であり作成者とは一致しないという判断は，当該文書にとって出入国管理機能が重要であり，その観点からは名義人の在留資格の有無が無視できないというのである。近時では，「人格の構成要素の一部に齟齬がある場合に，それが全体としての人格の同一性の齟齬を招来するものであるかどうかは，その要素の人格全体に占める地位，つまり，その要素の本質性にかかる」のであり，当該文書の性質がその本質性を決定する（酒井安行「判批」国士舘17号［1984］45頁。ただし判例の結論には反対）として判例の考え方を支持（ないし容認）する論者も多い。しかし他方では，「文書の性質等の考慮は，敢えていえば，『適法に在留する者』というもう一つの（取って付けたような）名義人属性を取り込むことによって（不合理な？）処罰欲求の充足の形式的な正当化をしているだけのように思われる。被告人が適法に在留している者であるにせよ，不法に在留する者であるにせよ，その『存在』自体について名義人として特定されるところは最早何等変わるところはなくなっているし，……関係行政機関にとっても，その『存在』のレヴェルで捉えることによって何の不都合も生じないのである」（伊東・後掲④322頁）という疑問も投げかけられている。このような疑問をもっともだとするなら，設例ⅡでYが行ったのは「内容の偽り」にすぎなかったと解することになろう。

> 展開質問2

1. 最高裁判決の論理に従うと，次のような文書を通称名で作成することは許されるか。ホテルの宿泊者名簿，臓器提供者カード，刑務所等における面会申込書。
2. 設例Ⅱに関する最高裁判決とその原判決とでは，再入国許可制度および再入国許可申請書の目的ないし機能に対する理解が異なっていると考えられる。それはどのように違うのか。どちらが妥当か。
3. 従来，一般の捜査の過程で行われる被疑者の取調べに際して，被疑者が偽名でこれに応じ供述書に署名したとしても私文書偽造として起訴すべきだという実務的感覚は乏しかったとされている（小西秀宣「判批」研修381号［1980］99頁）。しかし，上で述べた一連の最高裁判例の考え方に従うならば，それは不当であり，実は処罰すべきだったのだろうか。不当ではなかったとしたら，どのような理由によって説明できるだろうか。
4. 通称名を用いて文書を作成した行為者が，当該文書の性質について問題がないと誤認していたときはどうなるか。通称名に特定識別機能があると誤認していたとき，文書の流通範囲について誤認していたときはどうか。

3 同姓同名の利用

> **設例Ⅲ** 同姓同名の弁護士事件
> 弁護士資格を有しないZは，第二東京弁護士会に所属する弁護士Zが自己と同姓同名であることを利用して同弁護士であるかのように装っていたが，Zのことを弁護士と信じていた不動産業者Fから弁護士報酬を得ようとして，弁護士会報酬規定に基づき土地調査に関する鑑定料を請求する旨の書面を作成してFに交付した。同書面には，「第二東京弁護士会所属，弁護士Z」との記載があり，さらにZ弁護士の職印に似せた有り合わせの角印が押されていた。【最一小決平成5年10月5日刑集47巻8号7頁［百選Ⅱ各論92事件］参照】

入口の質問
1. 肩書とは何か。文書の名義人として，A大学教授でない甲がA大学教授甲と名乗るのと，A大学学長でない乙がA大学学長乙と名乗ることは，刑法上の問題点は同じか。
2. 設例Ⅲの事案は，設例Ⅱの事案とどのような点で類似するか。反対に異なる点は何か。

設例Ⅲ解題 同姓同名であることを利用した場合の私文書偽造罪の成否

(1) 問題の所在
本件文書の作成人が（非弁護士である）Zであることは間違いない。問題は，作成された文書から認識される名義人が誰かである。「弁護士であるZ」の人格が認識されるのであれば，作成者と名義人の人格の同一性に不一致があるから有形偽造になるといえようが，そうでないのなら，単なる肩書の冒用にすぎず，無形偽造にとどまるからである。

(2) 判例
設例Ⅲの事案について，最高裁は次のように述べて被告人Zの行為は私文書偽造，同行使にあたるとした。「私文書偽造罪の本質は，文書の名義人と作成者との間の人格の同一性を偽る点にあると解されるところ（参照判例として，設例Ⅱに関する前掲最二小判昭和59・2・17を引用），

……被告人は自己の氏名が第二東京弁護士会所属の弁護士Zと同姓同名であることを利用して，同弁護士になりすまし，『弁護士Z』名義で本件各文書を作成したものであって，たとえ名義人として表示された者の氏名が被告人の氏名と同一であったとしても，本件各文書が弁護士としての業務に関連して弁護士資格を有する者が作成した形式，内容のものである以上，本件各文書に表示された名義人は，第二東京弁護士会に所属する弁護士Zであって，弁護士資格を有しない被告人とは別人格の者であることが明らかであるから，本件各文書の名義人と作成者の人格の同一性にそごを生じさせたものというべきである」（括弧内は執筆者による）。

本件もまた名義人の特定が問題となるケースであるが，同姓同名であることを利用した場合

に関しては、これまで最高裁の判例は存在せず、その意味で注目に値する。設例Ⅱ解題でも述べたように、名義人の特定ないし作成者との人格の同一性の判断においては、単に文書上に記載された情報以外にもさまざまな事情が影響を与える。本決定の第1審（大阪地判平成3・11・7判タ779号283頁［セレクト'92刑法4事件］）も結論としては私文書偽造罪の成立を認めたが、そこではかなり立ち入った検討が行われていた。例えば、被告人Ζと弁護士Ζとは本件発覚まで一面識もない関係であったこと、被告人Ζは弁護士Ζの存在を熟知したうえで同姓同名を利用して弁護士資格を偽る意図をもっていたこと、本件文書が弁護士資格と密接に結びついた文書であり、弁護士の資格が関係する領域において現実に使用された文書であること、それが使用されるべき範囲が現実に授受された者の範囲にとどまらないこと、弁護士の肩書のもとに作成された本件文書は日弁連弁護士名簿に登録されたΖ弁護士が作成したものとして通用すべき文書であること、などである。そのうえで、このような本件文書の内容、性質等に照らせば、本件文書の「弁護士Ζ」という表示から認識される人格は被告人とは異なる「弁護士であるΖ」だと判断していた。これに対して、本決定は、「本件各文書が弁護士としての業務に関連して弁護士資格を有する者が作成した形式、内容のものである」という文書の性質だけを理由としたにとどまった。同姓同名であることを利用してΖ弁護士に「なりすまし」たとの表現から犯罪的意図を問題にしたのだと考えることもできなくはないであろうが、それはやや強引すぎるように思われる。いずれにせよ、全体的にみる限り、文書の性質を問題としつつ、文書から認識される人格は「弁護士資格を有するΖ」であるから「弁護士資格を有しないΖ」とは一致しないとした本判決は、設例Ⅱに関する最高裁判決の論理を本件各文書についても及ぼそうとしたものだということができよう。

(3) **有形偽造か肩書の冒用か？**

そもそも、同一性判断において比較されなければならないのは名義人と作成者の「人格」であって、氏名が一致するかどうかではない。したがって、文書上の名義が芸名・通称のような偽名だったとしても直ちに有形偽造になるわけではない反面、同姓同名であることを利用して「同じ氏名」が用いられた場合でも、別人格が認識されるのであればそれは有形偽造文書である。このことは、学説上では当然の了解事項となっているといってよいであろう。そうすると、仮にΖが本件文書に単に「Ζ」と書いただけだったとしても、有形偽造が認められる可能性はある。その意味で「弁護士」という肩書を付したか付さなかったかが、私文書偽造罪の成否を左右する決定的な意味をもつというわけではない。むしろ、単純な肩書の偽り（例えば、医学博士でないＳが私的な領収書に「医学博士Ｓ」と書いたような場合）は、内容の偽り（「私は医学博士である」と虚偽を述べている）として不可罰な無形偽造であると考えられ、一定の場合に、法令により定められた称号を詐称した者を罰する軽犯罪法1条15号や身分・経歴を詐称した者を罰する公職選挙法235条で処罰されるにとどまるというべきであろう。もっとも、肩書（の偽り）自体はそのようなものであるとしても、名義人の特定、さらには同一性判断を行う際に考慮される「文書上の情報」の1つとしてそれが意味をもつことはもちろんである。この点に関し、学説には、「その肩書・資格を付記することによって、当該文書からうかがわれる名義人が、作成者と同一人格者とみられるかどうかによって結論を異にすべきである」として、例えば甲が借用証書を作成する際に医師とか法学士などの虚偽の肩書を付記しても、それにより別段名義人と作成者との同一性が失われない限り偽造にならないのに対し、乙が逮捕状を偽造する際に、自己の氏名の上に何某地方裁判所判事の肩書を冒書した場合には、文書の名義人は何某地方裁判所判事乙であり、作成者との間に人格の同一性が欠けることから偽造が成立するとし、さらに、「文書

の作成者が，その文書を自己と同姓同名の他人の文書に見せかけようとして，ほしいままにその他人の肩書・資格を用いたときには，その作成名義を冒用したものというべきであって，文書偽造罪が成立する」とするものがある（大塚仁・注釈刑法(4)［1965］65頁）。

設例Ⅲに関する判例の結論に賛成する立場からは，最高裁と同様に文書の性質（弁護士としての業務に関連して弁護士資格を有する者が作成した形式，内容のものであること）を強調して，本件文書を見た通常人が名義人として認識するのは「弁護士であるZ」である可能性が高いと論じている（前田雅英「判批」判評435号［判時1521号，1995］78頁，木村・後掲⑥10頁など）。しかし，反対説からは，出入国管理機能が重要でありその関係で在留資格の有無を問題にせざるをえなかった再入国許可申請書とは異なり，本件では「その機能・性質上名義人が弁護士登録を基準として特定される文書，従って作成者とは別の人格を作出することが絶対に必要不可欠な文書が問題となっているのではない。この意味では，弁護士としての属性の作出が問題となっているにすぎないともいえ，……文書の性質だけを根拠として直ちに偽造の成立を肯定することは困難であろう」という反論がある（山口・後掲⑤9頁）。さらに，本件文書の流通範囲は限られており，文書を受け取ったFらにとって「弁護士Z」というのはまさに被告人以外にありえなかったから，人格の「存在」の同一性に齟齬はなく，あったのは肩書をだまされたという無形偽造にすぎないとの批判（林幹人・平成5年度重判解175頁）もなされている。

> **展開質問3**
>
> 1. 単純な肩書や資格の偽りが私文書偽造として処罰されないと考えられている理由を述べよ。
> 2. 本件で問題となった文書は，「一定の資格がない者には作成することができない文書」「およそ資格の有無に関わらず作成できる文書」のいずれに属する（あるいはより近い）と考えられるか。
> 3. 最高裁決定の論理では，「弁護士Z」が実在していたことはどのような意味をもつのか。仮に実在していなかったとしても結論に変わりはないか。また，Fが「弁護士Z」を知っていたかいなかったか，知る可能性があったか否か等の事情は，結論に影響を及ぼすか。
> 4. 私文書偽造罪の故意とはどのような事実の認識か。Zが「弁護士Z」の存在を知らず，たまたま弁護士を名乗った場合でも故意はあるか。

> **出口の質問**
>
> 1. 指名手配されていたWが，自己の所在が捜査機関に把握されることをおそれて，就職するに際して，虚偽の氏名，生年月日，住所，経歴等を記載し，自身の顔写真を貼付した履歴書を作成して雇用先に提出した。Wの行為は私文書偽造・同行使罪を成立させるだろうか（最一小決平成11・12・20刑集53巻9号1495頁［百選Ⅱ各論93事件］を参照）。
> 2. 文書偽造罪の目的・機能に関する伝統的な理解は，「文書に関する社会的信用の保護を通じて経済的取引の安全を図る」というものであった。以上でみてきた近時の判例は，このような理解にとどまっているだろうか。とどまっていないとすれば，判例は文書偽造罪に，新たにどのような目的・機能を求めているのだろうか。判例がそのように考える理由ないし原因はどこにあると考えられるか。文書偽造罪の目的・機能をそのように考えることは妥当だろうか（京藤・後掲⑦22頁を参照）。

参考文献

① 内田文昭「名義人の承諾と文書偽造罪の成否」研修396号（1981）3頁
② 川端博・文書偽造罪の理論（立花書房，新版，1999）
③ 林幹人・現代の経済犯罪（弘文堂，1989）103頁
④ 伊東研祐「偽造罪」芝原邦爾ほか編・刑法理論の現代的展開各論（日本評論社，1996）296頁
⑤ 山口厚「偽造概念における『人格の同一性』をめぐって」研修543号（1993）3頁
⑥ 木村光江「偽造罪の保護法益と人格の同一性」研修554号（1994）3頁
⑦ 京藤哲久「新しい保護法益と偽造罪」法セ391号（1987）22頁
⑧ 平野龍一「文書偽造罪の二，三の問題」犯罪論の諸問題（下）（有斐閣，1983）400頁
⑨ 山口厚「文書偽造罪の基本問題」探究各論241頁
⑩ 「特集　文書偽造罪論の現代的課題」現代刑事法35号（2002）4頁

（清水一成）

25 賄賂罪——職務関連性

論 点
1. 賄賂罪の保護法益・公務員の職務権限
2. 職務密接関連行為
3. 賄賂と職務行為との対価関係
4. 職務権限の変動

1 賄賂罪の保護法益・公務員の職務権限

設例 I　ロッキード事件丸紅ルート

外国の航空機製造会社の我が国の航空会社への航空機売込みにあたり、代理店の社長Xら被告人が内閣総理大臣Yに対し、①当該航空会社に特定機種の航空機の購入を勧奨すべく行政指導をするように運輸大臣を指揮すること（Aルート）、ないし②Y自ら直接航空会社に特定機種の購入を勧奨すること（Bルート）を依頼したところ、Yはそれを承諾し、その後、航空会社が当該機種の航空機の購入を決定したため、5億円の授受が行われた。【最大判平成7年2月22日刑集49巻2号1頁［百選II各論105事件］参照】

入口の質問

1. 賄賂罪の保護法益は何か。また、賄賂罪の保護法益の理解は、賄賂罪の理解においてどのような相違をもたらすか。
2. 一般的職務権限論とは、どのようなものか。
3. 内閣総理大臣の職務権限は、どのようにして認定されるか。

設例 I 解題　賄賂罪の保護法益・一般的職務権限論

(1) 賄賂罪の保護法益

1　賄賂罪の保護法益について、判例は、一貫して、「公務員の職務の構成とこれに対する社会の信頼」であるとする「信頼保護説」の立場をとっている（大判昭和6・8・6刑集10巻412頁、最大判昭和34・12・9刑集13巻12号3186頁など）。本設例についても、最高裁は、「賄賂罪は、公務員の職務の公正とこれに対する社会一般の信頼を保護法益とするものである」と信頼保護説にたつことを明言している。

2　学説においては、「信頼保護説」をとる論者も多い（団藤・各論120頁、大谷・各論621頁、中

森・各論334頁，西田・各論479頁，前田・各論487頁など）が，かつては，これを「職務行為の不可買収性」であるとする「（本来の）不可買収性説」が有力に主張され（木村・各論288頁，香川・各論113頁など），近年，これを「職務の公正・純粋性」であるとする「純粋性説」が有力に主張されている（小暮ほか・各論562頁［神山敏雄執筆］，町野・後掲①349頁以下，林・各論440頁，山口・各論604頁以下など）。なお，「不可買収性説」の主張には，賄賂の公務に対する実体的な影響を問題とする見解（「修正された不可買収性説」平野・概説294頁，内田・各論678頁など）も含まれるが，この見解は，その実体において，純粋性説の主張に近いものである。

(2) 賄賂罪の理解

賄賂罪の保護法益をどのように理解するかという問題は，賄賂罪における法益侵害構造，各成立要件の意義および相互の関係をどのように理解するかという問題に直結する。

1　判例が立脚する「信頼保護説」によれば，職務行為は賄賂の対価としてのみ意味をもつものと解され，賄賂罪における職務の範囲の問題は，公務の公正が侵害・危殆化されるかどうかの問題ではなく，信頼主体の国民の眼という外在的観点からみて公務の公正に対する信頼が損なわれたと認められるかどうかという問題であると解される。すなわち，賄賂罪の不法の核心は職務行為の対価として賄賂の授受等をするという公務員と贈賄者との不法な約定にあり，賄賂罪が成立するためには，この不法な約定が外観的に認められればよいというのが信頼保護説の主張である。このような信頼保護説の賄賂罪の外観的理解からは，賄賂罪が成立するためには，賄賂と職務行為との対価関係が外観的に認められれば足り，公務員が現実にいかなる職務行為を行う権限を有していたか，賄賂の対価としていかなる職務行為を行おうとしていたかというようなことは本質的な問題ではないということになろう。

2　「不可買収性説」および「純粋性説」は，ともに，賄賂罪の不法の核心を職務行為と賄賂との結びつきに見出そうとするものであるが，両者の相違は，職務行為に対する賄賂の影響の理解の仕方の相違にある。

「不可買収性説」は，賄賂の職務行為に対する影響を，賄賂の授受等という賄賂罪の成立要件に還元して理解し，賄賂の授受等が公務員の職務に関するものであると認められれば賄賂罪は成立するとする。賄賂の職務関連性を公務員と贈賄者との不法な約定の表出であると解する点において，不可買収性説は信頼保護説と同じ視座にたっているが，賄賂の職務行為に対する影響を両者の内在的関係において判断しようとする点で異なる。しかし，不可買収性説は，もっぱら賄賂の授受等という成立要件に止目し，賄賂の職務関連性をその属性として理解する。その結果，賄賂と職務行為とは，賄賂の収受等の主体として賄賂と職務行為との間に介在する公務員の地位を媒介項として，間接的に結びつけられることになる。「修正された不可買収性説」は，この点を修正し，賄賂の職務行為への影響を実体的に判断しようとするものである。

3　「純粋性説」は，賄賂の職務行為に対する影響を実体的に判断し，職務行為が賄賂の影響下におかれることにより，公務の公正が少なくとも危険ならしめられるのでなければ，賄賂罪は成立しないと主張する。純粋性説は，賄賂罪の処罰根拠を，賄賂の収受等に基づいて公務員が職務を執行することにより，公務の公正が侵害ないし危殆化されるという点に求めようとする。純粋性説によれば，賄賂の職務関連性こそが賄賂罪の不法の核心をなすものであり，その存否は賄賂の職務行為に対する影響として実体的に判断されなければならないことになる。純粋性説の論者には，公務の公正に対する社会の信頼もまた職務行為の純粋性に包摂される一要素であるとの主張する者（内藤謙・注釈刑法(4)［1965］398頁，曽根・後掲②50頁以下）もあるが，このように職務行為の純粋性を職務執行の価値的前提として理解すると，純粋性説本来の主張

から離れ，賄賂罪の法益侵害構造の理解において，信頼保護説に近づくことになろう。

(3) 一般的職務権限論の意義

1　本設例について，最高裁は，「一般的職務権限論」を基礎に，「公務員が具体的事情の下においてその行為を適法に行うことができたかどうかは，問うところではない」としたうえで，運輸省設置法，航空法等の規定を根拠に，請託事項①における行政指導をすることは運輸大臣の（一般的）職務権限に属するとして，従来，職務密接関連行為であるとされてきた行政指導を職務行為であるとし，内閣総理大臣の憲法上の行政府の首長たる地位と権限，および，内閣法上の閣議の主宰者たる地位と行政各部に対する指揮監督権限に照らし，請託事項①における運輸大臣を指揮することは内閣総理大臣の（一般的）職務権限に属するとした（この点について，職務行為ではなく，職務密接関連行為であるとする4裁判官の意見が付されている）。この判示は，内閣総理大臣の職務権限に関し，最高裁として最初の判断を示したものである。なお，請託事項②についての判断は示されなかった。

2　判例は，賄賂罪における職務は，「公務員がその地位に伴い公務として取り扱うべき一切の執務を指称する」（最三小判昭和28・10・27刑集7巻10号1971頁）ものであり，賄賂の職務関連性は，「単ナル事実認定ノ問題ニ非スシテ其ノ不正ノ利益ニ関係スルコトカ公ノ機関タル公務員ノ職務上ノ地位ヨリ観察シテ職務執行ノ公正ヲ疑ハルルモノナリヤ否ヲ標準トシテ決スヘキ価値判断ノ問題」である（大判昭和9・9・14刑集13巻1405頁）から，職務の範囲は法令に基づいて判断されるものであるが，明確な規定がない場合でも，本来の職務を遂行するために必要とされる事務（最三小判昭和31・9・25刑集10巻9号1355頁など）や，上司の命令によるような場合（大判大正13・1・29刑集3巻31頁など）なども職務に含まれ，その範囲は法令全体の趣旨により決せられるべき問題である（大阪高判昭和54・11・16刑月11巻11号1329頁）としてきた。判例は，その判

[1] 賄賂罪の保護法益・公務員の職務権限　131

断基準の1つとして，職務行為といいうるには，公務員の一般的職務権限に属するものであれば足り，具体的・現実的に担当している事務であることを要しないという，いわゆる「一般的職務権限論」を展開してきた（大判大正9・12・10刑録26輯885頁，最三小判昭和37・5・29刑集16巻5号528頁など）。この一般的職務権限論は，学説においてもおおむね支持されている。

3　「一般的職務権限論」は，賄賂罪の成否にとって，内部的な事務分掌は重要ではなく，公務員が属する行政組織，当該官職の所掌事務であれば，職務行為に含まれるとするものであるが，その意義については，賄賂罪の保護法益をどのように解するかにより，理解の仕方が異なる。信頼保護説の外観的理解によれば，一般職務権限に属する職務行為の対価として賄賂の授受等があれば，職務の公正に対する信頼が害されるということにその意義が見出され，一般的職務権限は職務行為のこのような外観的限界を画するための1つの要件であると解される。これに対し，賄賂の職務行為に対する実体的影響を問題とする純粋性説によれば，一般的職務権限はその範囲内の事項については実際に担当すること，すなわち具体的職務権限の発生が可能な範囲を意味し，一般的職務権限に属する事項であるか否かは，当該事項を具体的に担当することがありうるか否かを基準として実体的に判断されるべきであるということになる。前者の理解では，一般的職務権限は具体的職務権限とは別のそれを包摂する抽象化されたものとして捉えられているが，後者の理解では，一般的職務権限は具体的職務権限の発生可能性を意味し，両者は実体的に結びついているものとして捉えられている。しかし，いずれの理解にたっても，公務員の職務は，法令上定められているものであるが，そのすべてが法令上具体的に定められているわけではなく，また，法令上の定めに基づくものに限定されえない面がある。それゆえに，公務員が自己の職務を達成するために，公務員としての立場に基づいて行う行為

もまた職務に含まれ，その範囲は法令全体の趣旨に照らして判断される必要がある（古田・後掲③192頁以下，中森・各論335頁，西田・各論483頁）。問題は，判例が立脚する信頼保護説が，かかる実質的判断のための基準を提示しうるかどうかにある（町野・後掲①363頁以下，京藤哲久・百選Ⅱ各論213頁参照）。

(4) 運輸大臣・内閣総理大臣の職務権限

1　本設例において，最高裁は，「運輸大臣が民間航空会社に対し特定機種の選定購入を勧奨することができるとする明文の規定は存在しない。しかし，一般に，行政機関は，その任務ないし所掌事務の範囲内において，一定の行政目的を実現するため，特定の者に一定の作為又は不作為を求める指導，勧告，助言等をすることができ，このような行政指導は公務員の職務権限に基づく職務行為であるというべきである」としたうえで，運輸省設置法（昭和47年改正前），航空法および同法施行規則（ともに昭和48年改正前）の規定に照らし，請託事項①の行政指導は運輸大臣の職務権限に属するとした。続いて，これを基礎に，内閣総理大臣の職務権限について，内閣法上，「内閣総理大臣が行政各部に対し指揮監督権を行使するためには，閣議にかけて決定した方針が存在することを要するが」，内閣を統率し，行政各部を統括調整するという日本国憲法上の内閣総理大臣の地位および権限に照らすと，内閣総理大臣は，「閣議にかけて決定した方針が存在しない場合においても，流動的で多様な行政需要に遅滞なく対応するため，内閣総理大臣は，少なくとも，内閣の明示の意思に反しない限り，行政各部に対し，随時，その所掌事務について一定の方向で処理するよう指導，助言等の指示を与える権限を有する」として，請託事項①の運輸大臣への指揮は，その職務権限に属することは否定できないとした。

2　本設例において，最高裁は，従来，職務密接関連行為とされてきた行政指導について，上記のような実体的な判断に基づいて，請託事項①は，運輸大臣，内閣総理大臣の職務行為であるとした。行政指導を職務密接関連行為であるとしてきた従来の判例の立場は，草場良八裁判官ら4裁判官の意見に示されているように，行政指導は職務権限の外にあるが，自己の職務権限に基づく事実上の影響力の行使であると解してきた。そこでは，実質的な具体的職務権限に対し，一般的職務権限はその規範的な外枠であると解され，組織法にその根拠を求め，形式的に論定する傾向を示してきた。これに対し，多数意見は，平成5年に新設された行政手続法を念頭において，一般的職務権限の有無を公務員の地位について組織法的観点から形式的に判断するのではなく，具体的行為について，手続法的観点を加味し，当該行為が公務員の職務権限の行使として行いうるものであるかどうかという，実質的な判断を示したものであり，一般的職務権限は，形式的な権限ではなく，実質的職務権限であるという考え方の方向を示したものと解される（前田・各論489頁以下参照）。最高裁のこのような方向づけそれ自体は，支持されうるものであるが，判例が立脚する信頼保護説本来の主張との整合性が認められるかという問題は残される。

展開質問1

1. 本設例の請託事項②は，内閣総理大臣の職務権限に属する事項といいうるか。
2. 官庁による青田買い防止問題は，内閣官房長官の職務権限に属するか（内閣法12Ⅱ，13Ⅲ参照）。最一小決平成11・10・20刑集53巻7号641頁（リクルート事件政界ルート，平成11年度重判解刑法9事件）参照。
3. 地方財務局の局長官房総務課文書係であったXが，同財務局理財部金融課が行う金融検査の対象となった信用金庫の理事長Aから，検査の日時の事前内報および将来監督上便宜な取

計らいをしてほしいとの請託を受け，金員を供与されたという事案において，賄賂罪は成立するか（最一小決昭和32・11・21刑集11巻1号3101頁参照）。

② 職務密接関連行為

設例Ⅱ 大和郡山市工業団地外土地あっせん事件
　工場誘致に関する事務を担当していたA県とB市の職員Cらが，B市内に工場用地を購入したい旨申し込んだ者を，B市内において開発し工場誘致を図っていた工場団地に案内したところ，希望にそう土地がなかったことから，かねて被告人Xが売却処分を依頼していた土地に案内し，これを購入するようにあっせんしたことに対する謝礼として，被告人がCらに現金を供与した。【最一小判昭和51年2月19日刑集30巻1号47頁［百選Ⅱ各論〈初版〉3事件］参照】

入口の質問
1. 職務密接関連行為という概念は，どのように生成してきたものか。
2. 職務密接関連行為の限界は，どのようにして画されるか。
3. 職務密接関連行為は，どのように類型的に分類され，どのような基準で職務行為性が論定されるか。

設例Ⅱ解題 職務密接関連行為とその諸類型

(1) 判　例
　1　本設例の事案について，最高裁は，「刑法197条にいう『職務ニ関シ』とは，公務員の職務執行行為だけでなく，これと密接な関係のある行為に関する場合をも含むと解すべきであるが，ここに密接な関係のある行為とは，公務員の職務執行行為と何らかの関係があれば足りるというものではなく，公務員の職務に密接な関係を有するいわば準職務行為又は事実上所管する職務行為であることを要する」が，本設例のCらの行為は，これにあたらないとして，職務密接関連行為の対価として賄賂を供与したものとして贈賄罪の成立を認めた原判決（および第1審判決）を破棄自判し，無罪を言い渡した。

　2　判例上，職務密接関連行為という概念が初めて用いられたのは，地方議会の議員の議会外での勧誘説得行為，意見の表明などについてである（大判大正2・12・9刑録19輯1393頁）。その後，職務密接関連行為の概念がその他の公務員一般へと拡大され（大判昭和15・4・13刑集19巻217頁など），最高裁になって，その適用範囲がさらに拡大され，職務密接関連行為という概念の限界が著しく不明確になるおそれすら認められるようになった。そのような状況において，判例は，「準職務行為又は事実上所管する職務行為」という定義を用い，公務性を要件としてその限界の明確化を図ろうとする一連の判例（最一小決昭和31・7・12刑集10巻7号1058頁など），お

よび,「慣習上」ないし「慣行上」所管する行為であるとし,事実上所管する職務行為の一層の明確化を図ろうとする一連の判例(最二小決昭和35・3・2刑集14巻3号224頁など)が出され,職務密接関連行為という概念は判例上定着していった。近年の判例は,職務密接関連行為を職務行為に含まれるものと解する傾向を示し,その限界のさらなる明確化を図ろうとしてる(最一小決昭和59・5・30刑集38巻7号2682頁[大学設置審事件,百選Ⅱ各論104事件]など)。しかし,公務員が公務として取り扱う行為は,そのすべてが法令により明確に定められているわけではなく,また,そこには多くの事実的行為も含まれていることから,法令によって明示的に定められた職務権限に基づく行為以外のものも職務に含まれると解する必要があることを認めるとしても,職務密接関連行為が,職務行為外の行為を指すか,それとも職務行為に含まれる行為を指すかについては,未だ不明な部分が残されていると思われる。

(2) 学 説

1 学説も,個々の事案に対する批判は別として,おおむね判例の展開を追随するかたちで,公務員の本来の職務行為のみならず,職務密接関連行為もまた職務の範囲に含まれると解してきた。職務密接関連行為を論じるにあたり,学説上2つの異なる考え方がある。従来,職務行為との対価関係は賄賂の概念の問題であり,「職務に関し」とは賄賂が公務員の職務に関するものであれば足りるという意味であると解する見解が支配的で,職務密接関連行為は職務行為ではなく,賄賂罪の職務の範囲は職務行為を超えて職務密接関連行為にまで及ぶと解し,「本来の職務行為への影響力」と「公務員たる地位に由来する相手方への影響力」とを要件として,広く職務密接関連性を論定しようとする論理的傾向が強かった。これに対し,近年,「職務に関し」という法の文言を賄賂と職務行為との対価関係を意味するものと解する見解が有力になり,職務密接関連行為も職務行為に含まれると解し,

上記2つの要件を厳格に解するとともに,「公務性」をその要件として職務密接関連行為の範囲を明確化しようとしている(平野・概説298頁,町野・後掲①367頁以下,中森・各論338頁以下,西田・各論485頁以下,平川・各論503頁以下,前田・各論492頁,林・各論443頁以下,山口・各論611頁など)。

2 公務員といえども,私的な生活領域における贈与の授受は法の規制の外におかれている。法は公務員の贈与の収受等のすべてを禁止しようとするものではなく,それが職務関連性を有する場合,公務の公正を確保するために,賄賂罪として処罰の対象とするのである。単に職務と密接な関係を有するというだけでは,行為の性質およびその限界は極めて漠然としたものになり,職務の範囲は無限定に拡がるおそれがある。「公務性」という行為の性質による枠づけと「本来の職務行為への影響力の有無及びその程度」という機能的な評価を通して,職務密接関連性の限界を明確にすべきであろう。「公務性」を要件とするならば,「公務員たる地位に由来する相手方への影響力」という要件は,それ自体として独自の機能を営むものではなくなると思われる。このように解すると,職務密接関連行為もまた,公務員がその地位に伴い公務として取り扱うべき事務,すなわち,職務行為に含まれる行為であると解されよう(平川・後掲④254頁以下,丸山治・百選Ⅱ各論209頁,大越義久・百選Ⅱ各論〈4版〉197頁参照)。

(3) 職務密接関連行為の諸類型

1 職務密接関連行為として論じられてきた行為は,類型的に,①公務員の本来の職務行為から派生する行為と②自己の職務に基づく影響力を利用する行為とに分けられうる。

2 ①の類型に属するのは,本来の職務行為と関連して慣行的に,または,上司の命令などにより事実上担当している職務行為(前掲最一小決昭和31・7・12など),本来の職務行為の前段階の行為・準備行為(最一小決昭和60・6・11刑集39巻5号219頁など)などであり,公務員が常態的に行っている公務性を帯有するこれらの行為

について職務行為性を認めることにはおおむね異論はない。

3　他方，②の類型の行為には，本来の職務行為とはある程度の隔たりがあり，かつ常態的ではなく，公務性を欠くものも含まれうるので，その職務行為性の論定には慎重を要する。②の類型に属する行為は，さらに，(1)自己と同一の権限を有する同僚公務員に対する働きかけ，(2)自己と権限を異にする公務員に対する働きかけ，(3)非公務員に対する行政指導に類する行為，および，(4)非公務員に対するあっせん行為とに分けて考察されている（山口・各論610頁以下参照）。(1)として問題となった多くの事例は，職務密接関連行為という概念の成立の発端となった，議員が議会外で同僚議員を説得・勧誘する行為などで，実質的に本来の職務行為に包摂されうるものであり，これについて職務行為性を認めることに特に問題はない（前掲大判大正2・12・9。なお，最三小決昭和63・4・11刑集42巻4号419頁［大阪タクシー事件，百選Ⅱ各論103事件］参照）。(2)については，公務性を欠く場合が多く，かつ，あっせん収賄罪（刑197の4）との区別を不明瞭にするほど職務の範囲が拡がるおそれがあることから，他の公務員への働きかけが自己の職務権限の行使であるような場合に限り，職務密接関連性が認められよう。(3)については，公務性を有し，かつその結果が本来の職務行為に影響を有する場合に，職務密接関連性が認められよう。(4)については，原則として職務密接関連性を認めることは困難であろう。

本設例について，最高裁は②-(4)の類型に属するものと解し，上述のような考慮から贈賄罪の成立を否定したものと解される。

> **展開質問2**
> 1.　上記②-(2)の類型につき，最一小判昭和32・3・28刑集11巻3号1136頁（復興金融公庫事件，判例各論519頁）と最一小決昭和32・12・19刑集11巻13号3300頁（燃料割当事件）とを比較して，密接関連性の有無の判断の具体的判断基準について検討しなさい。
> 2.　上記②-(3)の類型につき，前掲最大判平成7・2・22（設例Ⅰ），前掲最一小決昭和59・5・30（大学設置審事件，百選Ⅱ各論104事件）を素材に，職務密接関連性の有無の判断の具体的基準について検討しなさい。
> 3.　上記②-(4)の類型につき，職務密接関連性を肯定した最三小判昭和25・2・28刑集4巻2号268頁（板硝子事件，判例各論516頁），および，東京地判昭和60・4・8判時1171号16頁（芸大バイオリン事件，判例各論517頁）について，その当否を検討しなさい。

③　賄賂と職務行為との対価関係

> **設例Ⅲ**　和歌山大学付属中学校ギフトチェック事件
> 中学校教員である被告人Xは，①新規にその学級を担任することとなった生徒の母親から額面5000円の贈答用小切手1通の供与を受け，②父兄らの特別な依頼・要望に応えて，本来の学習指導時間外の深夜の宿直時間や私生活上の時間を割いて学習指導をし，生徒の自宅を訪問したり，家庭教師と指導方針を打ち合わせるなどして，学習・生活面の指導訓育に熱心な努力を傾けたことの謝礼として，

卒業時に、父兄2人から1万円の贈答用小切手各1通の供与を受けた。【最一小判昭和50年4月24日判時774号119頁［百選II各論102事件］参照】

入口の質問

1. 社交儀礼上の贈与について、賄賂罪が成立するか。
2. 対価関係の論定は、どのように行うか。

設例III解題　社交儀礼上の贈与と賄賂罪の成否

(1) 判　例

1　本設例の事案につき、最高裁は、①の事実について、「儀礼的挨拶の限度を超えて、教育指導につき他の生徒に対するより以上の特段の配慮、便益を期待する意図があったとの疑惑を抱かせる特段の事情も認められないのであるから、本件小切手の供与についても、被告人が新しく学級担任の地位についたことから父兄からの慣行的社交儀礼として行われたものではないかとも考えられる余地が十分存する」とし、②の2つの事実について、「右教育指導が、教諭としての職務に基づく公的な面を離れ、児童生徒に対するいわば私的な人間的情愛と教育に対する格別の情熱の発露の結果であるともみられるとするならば、かかる極めて特殊な場合についてまで右教育指導を被告人の当然の職務行為であると速断することは、教育公務員の地位身分とその本来の職務行為とを混同し、形式的な法解釈にとらわれて具体的事実の評価を誤まるものではないかとの疑念を抱かせるものがあることもまた否むことができない」として、事実誤認、審理不尽を理由に、収賄罪の成立を認めた原判決を破棄し、原審に差し戻した。

2　判例は、賄賂と職務執行との対価関係は、一定の職務に関するもので足り、個別的な職務行為との間には必要ではない（最三小決昭和33・9・30刑集12巻13号3180頁）という理解を基礎に、社交儀礼上の贈与についても、職務行為と対価関係が認められる限り、その多寡を問わず、賄賂罪の成立を認めてきた（大判昭和4・12・4刑集8巻609頁、大判昭和10・8・17刑集14巻885頁、大判昭和13・2・25刑集17巻110頁など。なお、傍論においてではあるが、社交儀礼の範囲内であれば賄賂性は否定されるとするものとして、大判昭和5・7・29刑集9巻598頁、大判昭和11・7・15新聞4021号13頁などがあるが、いずれも結論において賄賂性を肯定している）。本設例の事案について、最高裁は、従来の判例の立場を踏襲して、対価関係ないし職務関連性の存否に焦点を合わせ、その存否を実質的に判断して、本件贈与の賄賂性に疑問を呈した（なお、本件においては、事案の特殊性が強調されており、事例判決としての射程の見極めが重要である）。その際、①の事実について、贈与者に職務上有利な取計らいを期待するような対価意思がなかったことが、本件贈与の職務行為との対価関係、賄賂性に疑問を呈する1つの根拠となっている。

(2) 対価関係

1　社交儀礼上の贈与の賄賂性について、学説上、判例の立場と同じく、社交儀礼上の贈与であっても、職務行為と対価関係が認められる以上、当該贈与は賄賂となり、賄賂罪が成立するとする見解（平川・各論504頁、西田・各論481頁、山口・各論614頁など。なお、林・各論442頁）と対価関係が認められるだけではなく、贈与の程度が社交儀礼の範囲を超えることが必要であるとする見解（大谷・各論640頁、曽根・各論329頁、中森・各論338頁、奥村正雄・百選II各論206頁など。なお、前田・各論494頁）とが主張されてきた。両説の相違は、職務行為との間に対価関係が認め

られない場合には、およそ賄賂罪は成立しないことは当然であるとして、職務行為との間に対価関係が認められる場合にもなお賄賂罪の成立が否定される場合がありうるか否かにある。しかし、実質的にみれば、この点における両説の相違は決定的なものではないと思われる。ここでは、社交儀礼上の贈与をやり取りするような職務関連性を超える社会的な人的関係を前提として、なお職務行為との対価関係が認められるか、または、職務の執行がその影響のもとにおかれるような性質の贈与であるか否かが論じられているのである。対価関係の存否の判断と職務行為に対する賄賂としての影響力の有無の判断とはまったく無関係に行われうるものではない（前田・各論494頁参照）。

2　両説の相違は、対価関係の論定の仕方にある。対価関係が認められれば賄賂罪が成立するとする論者は、公務員と贈与者の社会的地位、両者の人的関係、贈与の多寡・時期・態様等を考慮に入れて、対価関係の論定を、形式的にではなく、実質的に行っている。これに対し、対価関係が認められてもなお賄賂罪の成立が否定される場合があるとする論者は、対価関係の論定を形式的に行い、賄賂の職務行為への影響を独立して判断し、そこで上記のような実質的判断を行っている。問題はどちらの立論がより適切であるかということにある。対価関係の存否はまったく形式的に行いうるものではないという点を考慮すれば、前者の主張が妥当であろう。また、賄賂性を否定する際、多くの論者は構成要件該当性を阻却すると解しているが、可罰的違法性を否定する見解（谷口・後掲⑤25頁、内田・各論680頁、植田博・百選II各論〈4版〉195頁など）も主張されている。この問題は構成要件該当判断と違法判断との関係という犯罪論体系の構築に関わる問題であるが、社交儀礼上の贈与の賄賂性の有無は対価関係の存否の問題に帰着するものであるとすれば、構成要件該当性が阻却されると解すべきであろう。

3　本設例について、最高裁は、①の事実について、贈与者に職務上有利な取計らいを期待するような対価意思がなかったことを根拠として、贈与の職務行為との対価関係、賄賂性に疑問を呈している。賄賂罪の不法の核心は職務行為の対価として賄賂の授受等をするという公務員と贈賄者との不法な約定にあり、この不法な約定が外観的に認められれば足りるという、判例が立脚する信頼保護説の理解（設例I解題(1)参照）によれば、当事者の対価意思の有無を基礎に、賄賂と職務行為との対価関係の存否を論定することは、一面においては当然のこととともいいうる（林・各論442頁参照。ただし、信頼保護説が主張する賄賂罪の外観的理解とは矛盾する点を含むものである）。しかし、問題は、客観的に論定されるべき賄賂と職務行為との対価関係の有無を当事者の主観的事情の如何によって否定すること、さらには、そのような修正を加えなければならない信頼保護説による賄賂罪の成立要件の有無の判断の仕方にあると思われる（町野・後掲⑥288頁以下）。

展開質問 3

1. 政治献金について、賄賂罪は成立するか。最三小決昭和63・4・11刑集42巻4号419頁（百選II各論103事件）参照。
2. 社交儀礼上の贈与と賄賂罪の成否の問題との関係で、国家公務員倫理法（平成11年法律第129号）および国家公務員倫理規程（平成12年政令第101号）はどのような意義をもつか。賄賂の目的物の問題と併せて検討しなさい。最二小決昭和63・7・18刑集42巻6号861頁（百選II各論101事件）参照。

4 職務権限の変動

設例Ⅳ 市長の再選後の職務に関する収賄事件

被告人Xは、市長と共謀し、近く施行される市長選挙に立候補の決意を固めていた同市長において、再選された場合に具体的にその職務の執行が予定されていた市庁舎の建設工事などにつき、電気・管工事業者から入札参加業者の指名、入札の執行等に有利な取計らいをされたい旨の請託を受けたうえ、その報酬として、現金3000万円を受け取った。【最三小決昭和61年6月27日刑集40巻4号369頁［百選Ⅱ各論106事件］参照】

入口の質問
1. 賄賂の収受等から請託事項たる職務執行までの間に一般的職務権限の消長がある場合、受託収賄罪が成立しうるか。
2. 「公務員」という収賄罪の主体の限定は、どういう意味をもつか。
3. 受託収賄罪の加重根拠は何か。

設例Ⅳ解題 職務権限の変動と賄賂罪の成否

(1) 判 例

1 本設例における請託事項のうち、「各種工事」は市長の改選後に行われるものに限定されていなかった。改選前に行われる各種工事の入札については、受託収賄罪が成立することは当然である。しかし、本設例においては、主たる請託事項である市庁舎建設工事を始め、多くの入札が改選後に行われる予定であった（実際、改選後に入札が行われた）ため、市長の再選後における具体的職務の執行につき、受託収賄罪の成否が問題となった。最高裁は、「市長が、任期満了の前に、現に市長としての一般的職務権限に属する事項に関し、再選された場合に担当すべき具体的職務の執行につき請託を受けて賄賂を収受したときは、受託収賄罪が成立すると解すべきである」とした。

2 判例は、職務の担当・執行が将来の事情にかかっている事案につき、賄賂の目的事項たる具体的職務の発生が将来の事情にかかっているが、一般的職務権限を有する被告人が当然それを担当・執行することとなる事案（大判明治43・7・8刑録16輯1413頁、大判昭和11・2・21刑集15巻136頁など）、および、賄賂の目的事項たる具体的職務が将来発生する場合に、被告人がその職務を担当、執行することになるか否かが上司の命令など、将来の事情にかかっている事案（大判大正5・6・3刑録22輯884頁、最一小決昭和36・2・9刑集15巻2号308頁など）のいずれについても、収賄罪の成立を認めてきた（なお、いずれの事案も、相当の蓋然性をもって、将来当該職務を担当・執行する客観的事情が認められる事案であった）。また、賄賂罪における職務は、当該公務員の一般的職務権限に属するものであれば足り、現に具体的に担当している事務であることを要

しない（設例Ⅰ解題(2)参照），収賄罪は賄賂の収受等をした時点で成立し，その後公務員が請託事項の発生前にその地位を失っても，収賄罪の成立に消長を及ぼすものではない（大判昭和7・11・17刑集11巻1584頁）という，判例が展開してきたこれらの論理を本件事案に形式的に適用すれば，本件事案に関する最高裁の判断は当然のものとも解されよう。しかし，本設例の事案は，従来の判例の事案と異なり，請託事項たる具体的職務の執行の前に市長の任期満了という形で一般的職務権限を制度上失うことが明白な事案であったという点に注意すべきである。

(2) **公務員という主体の限定の意味**

1 学説においては，本設例の事案について，判例と同様，受託収賄罪が成立するとする見解（大塚・各論637頁，大谷・各論643頁，秋葉悦子・百選Ⅱ各論215頁など）のほか，請託事項との関係では現市長も「公務員になろうとする者」であり，事前収賄罪が成立するにとどまるとする見解（藤木・各論65頁，曽根・各論326頁，林・各論448頁，今井猛嘉「判批」警研61巻4号［1990］72頁など），および，賄賂の収受の時点で現に市長であったことを基礎に，請託事項たる改選後の職務執行については受託収賄罪に要求される職務の公正に対するより高度の危険性は認められず，単純収賄罪が成立するにとどまるとする見解（北野通世・百選Ⅱ各論〈4版〉203頁）が主張されている。

2 学説においては，事前収賄罪が成立するにとどまるとする見解が有力である。この見解は，受託収賄罪が成立するためには，賄賂と請託事項たる職務執行との対価関係が賄賂の収受等の時点で存在することが必要であるという理解を根拠とし，賄賂の収受から請託事項たる職務執行に至る間に一般的職務権限の消長がある場合には，事前収賄罪が成立するにとどまるとする。この見解によると，任期の前後にまたがる一連の職務の執行に関し請託を受けて賄賂の収受等をした場合，受託収賄罪と事前収賄罪とが成立し，それらを一罪として処理すべきであ

るということになるが，同一の職にある者が，一連の具体的職務の執行について，「公務員」であると同時に「公務員になろうとする者」であるという解釈をとることになる。事前収賄罪が成立するにとどまるとする見解は，収賄罪における「公務員」という行為主体の特定は，公務の公正に対し影響を及ぼしうる地位という機能的な要素を示すものであると解している。しかし，公務の公正に影響を及ぼすことは「公務員」以外の者にも可能であり，「公務員」という行為主体の限定は，法の名宛人の限定である。一連の具体的職務の執行に関し，同一の職にある者が公務員であると同時に未だ公務員ではないということには，解釈論上無理があろう。

3 判例と同様，受託収賄罪が成立するとする見解は，賄賂の収受等の時点で請託事項が当該公務員の一般的職務権限に属しさえすれば，一般的職務権限の消長にかかわらず，受託収賄罪が成立するという理解にたつ（なお，本設例について，選挙における現職市長の再選の可能性を根拠としてあげるもの［秋葉・前掲215頁］もあるが，新人の候補者であっても，その当選が有力な場合には受託収賄罪の成立を認めるというのでなければ，根拠としての合理性を欠く）。問題は，賄賂罪が成立するためには，賄賂の収受等の時点において，一般的職務権限が存在することが必要であり，かつ，それで足りるかという点にある。一般的職務権限論の根拠は，事務分担の変更の可能性ないし将来における事務分担の可能性にある（設例Ⅰ解題(2)参照）。賄賂罪が成立するためには，賄賂の対価たる職務執行は，それが行われるとき，当該公務員の具体的職務権限に属すことが可能であると認められれば足りるというのが，一般的職務権限論の考え方にほかならない。収受等の時点において一般的職務権限が要求されるのは，上述のような「公務員」という行為主体の限定に基づくものであり，請託事項たる具体的な職務執行の前提条件としてではないと思われる。また，収受の時点で，一般的職務権限が認められても，賄賂の対価たる職務執行の

時点でそれが失われることが明らかなような場合には，一般的職務権限は具体的職務権限との繋がりを断たれ，賄賂罪の成立要件としての意味を失うものと解されよう。

(3) 受託収賄罪の加重根拠

受託収賄罪の加重根拠は，請託により賄賂と職務行為との対価関係がより明白になり，職務執行の公正に対する社会の信頼がより強く害されること（内藤・後掲⑦ 8 頁，山口・探究各論318頁以下）ないし，職務の公正に対しより高度の危険性が認められることにある。請託事項たる具体的職務の執行前に，市長の任期満了という形で一般的職務権限が失われることが明白な本設例においては，受託収賄罪の加重根拠たりうる程度の公務の公正に対するより高度の危険性が認められるかどうかが，さらに問題とされるべきであろう。

【展開質問 4】

1. 任期制の公務員が，再任後の職務執行について請託を受け，再任前にその対価として賄賂を収受した場合，受託収賄罪が成立するか。
2. 一般的職務権限を異にする他の職務に転職する前に，転任後の職務に関し賄賂の収受等をした場合，収賄罪は成立するか。また，請託を受けて収受等をした場合，受託収賄罪が成立するか。
3. 一般的職務権限を異にする他の職務に転職した後に，転職前の職務に関し賄賂の収受等をした場合，収賄罪は成立するか。大判大正 4・7・10刑録21輯1011頁，最二小決昭和28・4・25刑集 7 巻 4 号881頁，最二小決昭和58・3・25刑集37巻 2 号170頁（百選Ⅱ各論107事件）参照。また，北野・後掲⑧256頁以下参照。

【出口の質問】

1. 賄賂罪における職務の範囲は，公務員の国民に対する権限の限界を明らかにするため，もしくは，行政官庁相互の間の権限の限界を明らかにするために問題となるものではない（内藤・後掲⑨ 8 頁）とすれば，どのような観点から問題とされるのか。
2. 賄賂罪の規定における「職務に関し」という文言は，どのような意義をもつか。

参考文献

① 町野朔「収賄罪」芝原邦爾ほか・刑法理論の現代展開各論（日本評論社，1996）291頁
② 曽根威彦「収賄罪——職務権限論を中心に」刑雑31巻 1 号（1990）50頁
③ 古田佑紀「賄賂罪における職務行為——法令上の根拠と職務上の現実——」刑法の基本判例（1988）192頁
④ 平川宗信「賄賂罪の職務関連性」刑法の争点（3版，2000）254頁
⑤ 谷口正孝「賄賂罪について」判タ18号（1952）20頁
⑥ 町野朔「賄賂と社交儀礼——収賄罪成立要件」藤木英雄編・判例と学説 8 刑法Ⅱ各論（1977）288頁
⑦ 内藤謙「賄賂罪における『請託』の概念（上）」ジュリ149号（1958） 2 頁
⑧ 北野通世「転職と職務関連性」刑法の争点（3版，2000）256頁
⑨ 内藤謙・総合判例研究叢書刑法(14)賄賂の概念（有斐閣，1960）

⑩　北野通世「収賄罪の一考察（一），（二・完）」刑雑27巻2号（1986）5頁，28巻3号（1988）78頁
⑪　北野通世「刑法第197条第1項にいわゆる『其ノ職務ニ関シ』の意義（一），（二・完）」山形大学紀要（社会科学）22巻1号（1991）21頁，23巻2号（1993）97頁
⑫　堀内捷三「賄賂罪における職務行為の意義」平野龍一先生古稀祝賀論文集（上）（有斐閣，1990）495頁
⑬　中森喜彦「職務関連行為概念の機能」論叢128巻4・5・6号（1990）177頁

(北野通世)

〈編集者〉
　町野　朔（まちの・さく）
　　　上智大学法学研究科教授
　丸山雅夫（まるやま・まさお）
　　　南山大学大学院法務研究科教授
　山本輝之（やまもと・てるゆき）
　　　名古屋大学大学院法学研究科教授

〈執筆者〉
　辰井聡子（たつい・さとこ）
　　　横浜国立大学大学院国際社会科学研究科法曹実務専攻助教授
　臼木　豊（うすき・ゆたか）
　　　駒澤大学法学部教授
　川本哲郎（かわもと・てつろう）
　　　京都産業大学大学院法務研究科教授
　鋤本豊博（すきもと・とよひろ）
　　　白鷗大学大学院法務研究科教授
　島田聡一郎（しまだ・そういちろう）
　　　上智大学法学部助教授
　長井　圓（ながい・まどか）
　　　横浜国立大学大学院国際社会科学研究科法曹実務専攻教授
　近藤和哉（こんどう・かずや）
　　　神奈川大学大学院法務研究科助教授
　東　雪見（ひがし・ゆきみ）
　　　成蹊大学法学部専任講師
　清水一成（しみず・かずしげ）
　　　琉球大学大学院法務研究科教授
　北野通世（きたの・みちよ）
　　　山形大学人文学部教授

　　　　ロースクール刑法各論
　　　2004年（平成16年）9月15日　初版第1刷発行
　　　　　　　　　町　野　　　朔
　　　編　者　丸　山　雅　夫
　　　　　　　　　山　本　輝　之
　　　発行者　今　井　　　貴
　　　　　　　　　渡　辺　左　近
　　　発行所　信　山　社　出　版
　　　〒113-0033　東京都文京区本郷6-2-9-102
　　　　　　TEL03(3818)1019　FAX03(3818)0344
　　　　　Printed in Japan
　　　　©2004，町野朔・丸山雅夫・山本輝之
　　　　印刷・製本／東洋印刷・和田製本
　　　　ISBN 4-7972-2297-2　C 3332